归真教育

——教育本真的探索与实践

范通战　著

中原出版传媒集团
大地传媒

大象出版社
·郑州·

图书在版编目(CIP)数据

归真教育：教育本真的探索与实践／范通战著.—郑州：大象出版社，2015.8
ISBN 978-7-5347-8101-8

Ⅰ.①归… Ⅱ.①范… Ⅲ.①基础教育—教育研究 Ⅳ.①G632.0

中国版本图书馆 CIP 数据核字(2015)第 127411 号

归真教育

——教育本真的探索与实践

范通战 著

出版人 王刘纯
责任编辑 梁金蓝
责任校对 钟 骄
书籍设计 王 敏

出版发行 大象出版社(郑州市开元路 16 号 邮政编码 450044)
发行科 0371-63863551 总编室 0371-65597936
网 址 www.daxiang.cn
印 刷 河南省瑞光印务股份有限公司
经 销 各地新华书店经销
开 本 787mm×1092mm 1/16
印 张 17.5
字 数 250 千字
版 次 2015 年 9 月第 1 版 2015 年 9 月第 1 次印刷
定 价 35.00 元
若发现印、装质量问题，影响阅读，请与承印厂联系调换。
印厂地址 郑州市二环支路 35 号
邮政编码 450012 电话 0371-63956290

归真教育宣言

为灿烂生命奠基，为幸福生活铺路！

做真教师，行真教育，育真人才，办真学校！

真教师当有真品格：远大的职业追求，坚定的职业信念，崇高的职业道德，纯洁的职业操守，博爱的职业情怀。

真教师当有真才能：渊博的知识功底，深厚的文化素养，精湛的教育艺术，高超的教学技巧，巨大的发展潜能。

真教师当有真魅力：儒雅方正的人格魅力，春风化雨的语言魅力，阳光甘霖的行为魅力，润物无声的方法魅力，精彩充实的生活魅力。

序

根扎杏坛沃壤　香凝圣园传奇

傅东缨

中原有材，焦作尤盛。2011年年初，河南焦作市教坛青年才俊范通战将其一部名为“归真教育简明讲稿”的书稿发来。我饶有兴趣地逐字逐句阅读后，体味书稿基调不错，所探“归真教育”的命题虽恢宏艰深，却已建构起理据兼备、文道一统的系统框架；但若完成从草根研究到理论著述的嬗变，尚须再精思深索精雕细琢，方可达成化蛹为蝶的超越。

今年1月下旬，通战又将新的书稿《归真教育——教育本真的探索与实践》，发给脑手术后静养的我。怀着愉悦与瞩望，我时断时续地读完这二十余万言文字，觉得该书稿已有较大提升，呈脱胎换骨之相：论理扎实，论辩坚实，论据翔实，论著充实，作者以归真教育为主线，围绕为何倡导归真教育、何谓归真教育、归真课堂运作及归真教育案例等一系列问题，进行了由表及里、条分缕析的透视。

据学者杨东平十年前统计，当时即有658种各色各样的教育理论满天飞。然而，绝大多数因上不着天——缺失理论支柱，下不着地——不接实践地气，一问世便在大浪淘沙中灰飞烟灭，昙花一现也是奢望。能够沉淀下来的素质教育、愉快教育、和谐教育、情智教育、主体教育等，虽旗号各异，外形独特，却心脉相通，内核同质。好教育都有一个共同点：契合教育的本质，适合人的发展规律，即直抵生命，激活灵魂，催化成长，福祉人生。只是视角不同，切入点不同，迸发处不同，正所谓横看成岭，侧观成峰，岭岭毗连，峰峰相望。

通战开掘的归真教育，就是这样一种返璞归真、捍卫常识的新教育，一种开门见山、抓纲带目、牵一发而动全身的大教育。

归真教育针对性极准。它剑指流毒整个教坛的假教育沉疴。此方面的积习我亦深有所感：应试教育的重量轻质、急功近利等根源性弊端，造成当下假教育现象种种——应景德育、“观（官）赏”活动、彩排公开课、讨好式作文、暗箱操作加分、编撰数据、泡沫“工程”、“拍胸脯”科研、“象牙之塔”教改、“顺我者”评优……仅举一例：在一所小学一年级观摩课上，老师启发学生发散性思维——都认识哪些水果，一人说苹果，一人说梨，一人说桃，之后静默许久，一个小男孩站起来“解释”说：“老师，说香蕉的××有病今天没来。”管窥蠡测，以小见大，回答真纯，嘲讽绝妙。

归真教育操作性甚强。中国传统教育有个优点，就是“古之学者为己”（孔子：《论语·宪问》）。讲学问学习都是反身的，修身齐家及远，一点一滴地将对生命不切实际的梦想、理论空想的泡沫挤出来，千淘万漉，始得炼出真金。十年磨一剑，不敢试锋芒，再磨十年后，泰山不敢当。通战从1994年研究“活动式训练课型”始，2007年锁定归真教育，实践五载，摸索构建归真教育的体系雏形，再经几度春秋，运营中推敲，反思里完善，一步一步在修炼自己（旁及本校教师），于教书育人的践行中提纯了归真教育的理论。从量的原野攀向质的高地，每一步都蕴藏着教育生命的冲刺。所成理论，取用实践，效果立验，自为上乘。由此看来，教育光有完整可观的顶层设计远远不够，关键是你的设计能够成为“自己时代的精神上的精华”（马克思），改变和影响教坛的进程与风景。

我基本上肯定通战所下的定义，并反复锤炼润色如下：所谓归真教育，是尊重和弘扬人文精神，让教育真正回归到促进生命发展、人格健全、生活进步的本质规律上来的教育。

这才堪称正能量、真能量、大能量的教育。

我欣赏通战的教育宣言及本质思考：“为灿烂生命奠基，为幸福生活铺路，做真教师，行真教育，育真人才——做一个归真教育的播火者”；并留意于作者所追求的教育大气象、对教坛沉疴剖析的敏锐眼光：“良知的缺失，知行的分离，是当前中国教育各类弊端的核心本质所在。”

我点赞通战的如下理念：“不过‘教学有法，但无定法，贵在得法’，归真教育运用之妙，完全在乎一心，本不需要固守什么体系、模式——只要心中有‘真’，行中守‘真’，真教育自然而来。”此为改革弄潮儿的切身体认之谈，也是知行圆融者的超拔脱俗之论。

我尤其赞许通战所提炼的课堂操作指要和描绘的教育经典案例，真切、实在、丰饶、传神，有板有眼，丝丝入扣，有血有肉，精彩万端。这些从教坛前沿吹来的鲜风，送来的珍宝，委实让读者眼神发亮、心气顿爽！如果说，实践操作是归真教学可圈可点的运行图，那么，经典案例则是归真教育绘声绘色的教育诗。智慧的课堂流程，鲜活的经典教例，足以让人们对其背后的意义产生邃密的理性思索。

历史永远没有一块实验田，犹如现实永远无法彩排一样，认识并践行归真教育，我们当用整个心儿、整个精力去做，用全方位、全天候教育去做。通战饶有价值的书稿，引发我对归真教育的思路纵横。

教育归真，回归教育的本质，至关紧要的，是对德高、智博、能强的教师军团的持续打造。教改的真正动力在教师军团。教育的真正活力在实践求索，教育发展的真正伟力在教师军团的开路先驱。像归真教育等践行者那样，他们怀揣教育理想，锲而不舍地做着中国教育生命基因的修复乃至再造的神圣工作：将教育生命机体中丑恶的细胞剖切去，虚假的伪细胞根除去，浮躁的空细胞摈弃去，向着生命的“深矿”开采，向着精神的高境“攀岩”，向着智慧的核心突进。他们呼唤着，践行着，审视着，其志向在于——真正让教育还家，让教学还人，让活动还心，将中国教育办成世界领跑的高格教育。

教育归真，是一项浩大的教育工程，要求上下勠力同心。甄别假不难，辨认真不难，义愤中的直指痛斥也易，难在剔除久而不闻不辨的木然，此须对教育的一片赤心不减；难在克服偶一为之无伤大雅的侥幸，此须铭记良知坐标不逾道德底线的痴心不改；难在挣脱对小环境抵御无力的混同，此须时时三省正己的初心不忘；难在净化假作真时真亦假的土壤，此须为孩子们纯净的心灵撑起蓝天的诚心不衰；难在长期面对各方欠理解寡支持的认同困境，此须在守望理想、砥砺前行中信心不逆。

教育归真，也是一项无休止的持续创新的智慧突进。对于教坛离经叛道的乱象而言，返璞是创新，回归乃重塑。拨乱反正，时不我待；睿智而进，方可兼程。中国自古学问，向来讲乾乾日进，蒸蒸日上，神变无方，日新月异。《易经》中论及智慧云“神以知来，知以藏往”；孔子论及治学的最高境界谓为“屡空”，学者数次将自己所学全部“空掉”，进而达到新的超越；庄子最高的功法是不得已，做到天人合一，道法自然；佛家的最高智慧为圆融，谓为修一切善法即为最高智慧，一切具体化的方法，如同渡河之舟，上岸则舍舟，最高智慧则是化掉一切具体的方法。这与爱因斯坦转引劳厄的话诠释教育效果所说“当一个学生毕业离开学校时，如果把老师教他的知识都忘光了，这时他所剩下的，才是学校、教师在他身上教学的真正成果”如同一辙。以此推之，最好的教育是不教之教，最高的办法是没有办法的办法。

教育归真，须冲破条条框框的藩篱，寻找并实现最适切于一校、一班、一科、一生的特色教育。如何达至此境？就该像通战所研究的归真教育那样，由术向道，由知向智，由拙向巧，操自己的“兵刃”，亮自己的“剑法”，打自己的套路；招招见真功，法法出异彩，套套显奇效。学习诸种领先的教育思想，关键是吸纳它的精髓。如恩格斯1895年3月11日致桑巴特书信所说：“马克思的整个世界观不是教义，而是方法。它提供的不是现成的教义，而是进一步研究的出发点和供这种研究使用的方法。”（恩格斯所指的不是具体方法，而是思想思维方法，即方法论。作者注）范例可行，方法可鉴，博采众长，独辟蹊径，借得他山石，可攻自家玉。

教育归真，当然还需追求更高的境界。近人王国维说及诗学境界，较低层次为有我之境，较高层次为无我之境，落实到具体教育境界中亦如是，若将视界对向大家高师，教育的最高境界应无法无派无模无式。化掉杂质，浑厚圆润。大师无法，浑身是法，大师无招，无不见招；纵横捭阖，变幻无穷，不囿于时，不拘于物，不执于理，不碍于情，犹如无根无派、水柔火烈的霍氏迷踪拳。试想一下，从实践中抽象出来的论理，自然有若干范例给予承重性的支撑，但非得提炼出什么凝固模式吗？又哪有什么固定模式超越得时空独往独来？古往今来，莫管哪种教育的法派模式，一经被人神话为放之四海而皆准的标准样式时，注定走向僵化乃至消亡。尤其是那些不尽符合教育教学规律，窒息生命创造性发展的做法、教派、方式、模型，而超越现实、超越历史、超越功利留得下来的，还是直抵魂魄的具有大境界的教育思想和教育理念。

掩卷而思，《归真教育——教育本真的探索与实践》以其理念科学性、实践创新性、借鉴可操作性的拥有，堪为应答中国教育与广大教师同人的一部佳作。笔者评述后意犹未尽，遂抒发一些阅读思考，并借以向广大读者举荐此书。是为序。

2015年3月9～12日于铁岭市日知书斋

专家评语

每一位具有成长力的教师都必然有着清晰的成长坐标，对“活动式训练课型”的执着探索引领着范通战的成长。范通战的“归真”是对“生命价值的归真、生活的归真”。一个为学生的幸福而教而写而歌的教师必然也是一个真正热爱生活、珍视生命的教师。

归真教育能走到今天，离不开他对教育事业的执着追求，离不开他对先进教育思想的广采博取，更离不开他持之以恒的实践。祝愿范老师能在实践归真教育的道路上不断超越自我，同时将美好教育理想的火种带给更多老师！

——北京师范大学教授　肖川

范老师，感谢您为我和教师朋友提供了如此精彩的案例和诠释。“活动式训练课型”让您收获了阶段性的成功，因为这是一种返璞归真的教育，这是一种目中有“人”的教育。

——全国优秀教师、苏州市首届名校长　高万祥

“为灿烂生命奠基，为幸福生活铺路，做真教师，行真教育，育真人才——做一个归真教育的播火者”是范老师对教育事业的核心追求。他构建的归真教育理论与实践体系，取得了十分显著的成绩，继荣获“焦作市2011年提高教育质量十大科研成果奖”之后，又被确立为教育部“十二五”科研课题的子课题。归真教育，成就了一所学校，带动了一方教育，在新的教育形势下，必将奏出更加优美的旋律！

——武陟县教育局党委书记、局长　瞿满全

对于范通战老师来说，教室不仅是传道授业、安身立命的地方，还是他孜孜以求追寻教育真谛的地方。归真教育，正是一个有理想、有情怀、有思想的一线老师对教育的最好诠释，它体现了一个小教师的大追求，可以让我们从小课堂中管窥教育教学的大境界。

教育中的秘籍并不多，坚持和坚守或许就是那些为数不多的成功者的不二法门。对理想的坚持，对教室的坚守，让范通战老师在初中语文教学中发出了自己的声音，有了自己的建树。范通战老师用十年磨一剑的精神告诉我们，教师要有自己的方向，课堂是教师最重要的舞台。我们也期待着更多的老师借助范通战老师的成长寻找到自己的方向，发出自己的声音。

——焦作市新教育实验研究室主任、河南省首届最具影响力教师　张硕果

在教育的田地里，范通战老师以“归真教育”为品牌，以“做真教师，行真教育，育真人才，办真学校”为目标，用一颗火热的心，传递着光明的信仰，与他的团队一起“为灿烂生命奠基，为幸福生活铺路”，营造着纯净的教育天空。此书理念清简而丰富，实践灵动而扎实，处处闪烁着智慧之光，值得一读!

——河南省首届最具影响力教师　常作印

归真教育是范老师为建构教育思想寻找到的一个支点。虽然我们现在还无法预测这个“点”在未来能变成什么，但我们有理由相信，只要范老师围绕这个支点不停地思考和实践，总有一天能依据它撬动中学语文教学这块巨石的一个角。

——国家级骨干教师、河南省十大教育新闻人物　武凤霞

生命，因活动而鲜活，因真实而灵动。归真教育，让学生在活动中全面成长，让生命在求真中日臻丰盈!

——河南省首届最具影响力教师特别奖获得者　韩素静

范通战的归真教育理念，改变了师生的生命状态，改善了师生的生活质量，为扭转农村学校教育滞后的现状指引了方向。

——全国优秀教师、河南省名师　李慧香

人物风流，才能文才横溢；辛勤耕耘，方可厚积薄发。不去含英，何觅天地之精？没有博采，不会自成一家！改变师生的生命状态，真正为生命奠基，提高师生的生活质量，为师生的幸福生活服务。

——河南省学术技术带头人、河南省首届最具成长力教师　卞洪建

教育需要沉潜，范通战老师就是一名沉潜在教育实践中的研究者。他是在“活动式训练课型”与归真教育的长期理性坚持中逐渐成长起来的，含英咀华、博学约取，心为火种、倾情燃烧，以己之力引领整个团队的教育改革。看到他多年的研究终成正果，真替他高兴，希望归真教育的火种能给更多的一线老师以引领与启发！

——河南省首届最具影响力教师　武艳艳

粉筆灰之香

目　录

第一辑　为什么要倡导归真教育？　1

一、教育所面临的尴尬现状亟待改善　3

尴尬一：行政力错位——使教育变得急功近利　3

尴尬二：信念的缺失——使教育失去生命的活力　4

尴尬三：质量观错位——让教育教学迷失方向　6

尴尬四：行为盲从症——使教育因此失去灵性　8

尴尬五：知与行分离——使教育远离创新　9

二、民众对教育归真的呼声日益强烈　12

（一）教师的觉醒：再也不能这样活　12

（二）学生的需求：我们需要自由阳光　13

（三）家长的意识：孩子需要健康成长　17

（四）社会的趋势：全面、和谐、可持续发展　19

三、纷纭杂乱的教育模式须实现融合　20

四、教育的核心价值观在归真中体现　23

第二辑　什么是归真教育？　25

一、一个核心思想　27

（一）目标归真　28

（二）行为归真　31

（三）过程归真　32

（四）区域归真　36
二、六大基本理念　41
理念一：为灿烂生命奠基，为幸福生活铺路　41
理念二：教育与生活融合，成长与发展同步　43
理念三：活动，是教育教学的智慧之花　47
理念四：回归学科教学的本真　51
理念五："实事求是"是归真教育的行动指南　55
理念六：形成专业化核心思维的自觉　57
三、一种基础课型　64
（一）归真课堂的核心思想　64
（二）归真课堂太极图诠释　68
（三）感知活动式训练课型　69
四、五大主题行动　73
（一）活动是归真教育的操作抓手　73
（二）构建多元化立体式活动体系　77
（三）五大主题行动是开展归真教育的基本抓手　80
五、多元层次化考核　84
（一）为什么要实施多元层次化考核　84
（二）活动式管理与多元层次化考核　85
（三）多元层次化考核的实施要素　88
第三辑　归真课堂的实践操作　93
一、活动式训练课型概述　95
（一）什么是活动式训练课型　95
（二）活动式训练课型的基本特点　97
（三）活动式训练课型的基本原则　99

（四）设计活动的常用方法　101
（五）活动式课型的理论基础　103
（六）活动式课型操作要旨　105
（七）必须澄清的几点认识　106
二、活动式训练课型基本概念阐释　108
（一）“一点”　108
（二）“两步”　109
（三）“四环节”　110
（四）活动式训练　112
三、活动式训练课型具体操作指南　115
（一）找到归真课堂“四环节”的本真　115
（二）活动式训练课型的基础模式及几种变式　118
（三）活动式训练课型教学重点的确定和运作　127
（四）怎样设计激趣导入阶段的活动　129
（五）感知求疑阶段活动的创设及运作　130
（六）探究内化阶段活动的创设及运作　133
（七）拓展创新阶段活动的创设及运作　135
（八）“感知求疑”与“探究内化”的模糊界限　138
（九）活动式训练课型教学活动目标的设置　140
（十）活动式训练课型教学活动案编写例谈　143
（十一）活动式训练课型作业的设置及评改　147
（十二）活动式训练课型中的师生关系　151
（十三）活动式训练课型中活动氛围的创设　153
（十四）自主·互助·层组式教学
——活动式训练课型的课堂基本组织形式　155
（十五）谈谈课堂活动动力源的设置　158

（十六）活动式训练课型课堂教学评估体系　161
（十七）活动式训练课型的课外延伸　166
（十八）活动式训练课型的多元渗透　169
（十九）活动式训练课型课堂“四语”浅说　171
（二十）活动式训练课型如何高效地使用教材
——让“死教材”活起来　172
（二十一）由“因材施教”到“因材导学”
——浅谈新课标下一个教学原则的转变　175

第四辑　归真教育经典案例　177
一、教学案例　179
（一）活动，让思维飞扬
——《周处》教学后记　179
（二）见面课，我给新来的同学测字　181
（三）课堂上，我与学生谈“情”说“爱”　183
（四）老师，今天我读会了三篇文章　187
（五）寻找丑小鸭的生命能量　188
（六）亦曲亦画读《早晨》　191
（七）一个“，”让思维迸出火花　193
（八）在创造中享受音乐　195
（九）在对比中放飞思维
——《猫》教学札记　197
（十）漫步在两个《故乡》之间　198
二、教育案例　201
（一）母亲被孩子推倒之后　201
（二）三枚铁钉的故事　202

（三）学生送我一本书　204
（四）向小鸭鞠躬　205
（五）心花从这里开始灿烂　207
（六）决赛比预赛更加精彩　209
（七）听学生讲身边的故事　211
（八）昵称通信，让学生打开心扉　216
（九）三句话——伴你走好毕业路　219
（十）善待折翼的鸟儿　225
三、家教案例　228
（一）送给女儿三件往事做礼物　228
（二）旋转的手帕　230
（三）找到那把金钥匙　232
（四）女儿的创意画　235
（五）女儿的选择　237
（六）墨水污染了裙子之后　238
（七）看着孩子上楼　241
（八）葡萄籽儿哪儿去了　242
（九）一元钱的选择　244
（十）教育日记——家教的智慧之花　244

媒体报道　范通战：归真教育的实践者　251

后　记　做一把归真教育的燎原之火　256

第一辑　为什么要倡导归真教育?

教育要返璞归真，是现阶段人们对新课改走向的一种自然诉求，更是“以人为本，育人成才”的社会主义教育核心价值观对教育提出的基本要求。打造归真课堂，践行归真教育，在未来几年，将势必成为中国基础教育的一项重要元素。

一、教育所面临的尴尬现状亟待改善

中国基础教育新一轮课程改革自2001年始，尽管取得了部分令人瞩目的成就，但依然存在一些问题。笔者长年沉潜在教育教学的第一线，目睹了课改进程中的诸多闹剧，常常忧从心头起，思从脑边生——中国当前教育，何以如此尴尬？中国教育振兴，究竟路在何方？

且列举几种我们的教育所面临的尴尬现状：

尴尬一：行政力错位——使教育变得急功近利

教育有其自身发展必须遵循的基本规律，不是谁想怎样做就可以怎样做的。然而，在现实的教育实践中，我们的教育偏偏就可以被一种人为的力量扭来扭去，而且这种力量足以在瞬间冲垮任何一部科学、完善的改革方案，即便是颁布多年的教育法律、法规，在它的面前也会变得不堪一击！——这就是一直以来真正左右着中国教育发展命脉的行政力！

中国教育当前面临的最大尴尬就是行政力在教育面前的错位。我们的教育要健康、和谐、可持续地发展，就必须努力实现“靠法律规范，用制度引领，凭行政监督，由教育家办学”的基本体制。行政力，本应成为教育良性发展的助推器，然而因其发生错位，由原来的监督者，摇身一变为教育行为的决策者、考核者。一乱而动全局，整个教育便陷入了无比尴尬的境地。

造成行政力错位的原因，人们对教育本身规律的认识不足固然算其一，但沉淀在国人骨子里的“官本位”思想才是真正的罪魁。

君请想，为什么数十次“减负”文件成废纸？为什么多年来“素质教育”受冲击？为什么“南京课改遭回潮”？为什么一夜之间各种“教学模式”满天飞？为什么许多地方的新课程改革变成“阴阳脸”——检查来时，轰轰烈烈搞课改，各类材料都齐全；检查过后，扎扎实实忙应试，题海师生苦连天？——深入挖掘，不难发现，是深入人们骨髓深处的“官本位”思想在作怪！教育的功利化直接导致了教育教学短视行为的普遍存在，一些本该是教育教学常规的东西却被无限制地异化、折腾！

“官本位”思想的最可怕之处，还不是因为它存在于那些发号施令的行政领导者的脑袋中，而是它具有无比可怕的辐射力、传染性。

“官本位”思想的膨胀，使当前的教育变得急功近利，师生苦不堪言，焦虑抑郁日增，身心健康受到严峻挑战，教育幸福生活几成泡影。

其实我们只要低头一想就会发现，现在的校长们绝大多数原都是非常优秀的一线教师，他们有思想，有个性，有能力，要才有才，要德有德，可为什么一坐上“官位”就变了呢？原因很简单，上边有个“官”管着他，心中有个“官”束缚着他！——不可否认，有很多校长都处于矛盾中！他们有自己的思想却无法落实，他们有自己的抱负却无法施展，他们有自己的梦想却无法实现，他们有自己的教育个性却无法张扬……他们本身对教育体制的自由充满着无比的渴望！

怎么办？中国的教育梦要实现，就必须让教育行政力回归监督的本位！这就要求我们要遵循教育的规律，别老拿行政或是企业的眼光、思维和管理方法来衡量教育，别时不时对着教育指手画脚、吆五喝六，别老想让我们的教育一口就吃成个胖子……当然更重要的是，要加快《国家中长期教育改革和发展规划纲要》中“推进政校分开、管办分离”政策的实施步伐，才能从根本上解决这一问题。

尴尬二：信念的缺失——使教育失去生命的活力

我曾问过一些老师同一个问题：“为什么要选择教育？”得到的最多的回答是：“混口饭吃呗！”这一看似轻描淡写的回答背后，实在是有着太多值得挖掘的意味，而其核心的焦点直接指向教师教育信念的缺失。

且不说北宋大儒张横渠的教育宏愿“为天地立心，为生民立命，为往圣继绝学，为天下开太平”，且不说当代教育先哲陶行知的教育志向“为一大事来，做一大事去”，且不说亚圣孟子已达的教育化境“得天下英才而教育之，三乐也”，作为教师，我们最起码应该清楚自己所做的事业究竟是为了什么吧！然而客观的现实是——一部分教师，已经没有了自己的教育信念，没有了自己的教育理想，没有了自己的教育追求！在工作中，缺乏独立的教育思想，鲜有独特的教学个性，终日不读书，长年不看报，浑浑噩噩，不思进取，生命失去活力，生活远离乐趣。

尤其令人尴尬的是，我们现行的教育体制眼睁睁地看着一批又一批教师失去教育信念而又束手无策！

我们的教育太需要有着坚定的教育信念的教师了，因为——改革，需要敢于冲锋陷阵的勇士！我以前在一篇文章中这样写道：从某种意义上来讲，任何一项改革都是一种革命，新课程改革也不例外。它要用“新标准”取代“旧大纲”，要用“新观念”战胜“旧思想”，要用“新方法”摧毁“旧模式”……于是一切保守的、僵化的、消极的势力就会负隅顽抗。在这种教育环境下，你要想实实在在搞课改，没有点革命精神行吗？这种革命精神，就是要有坚定的教育信念，执着的教育追求，坦荡的教育襟怀，无私的职业奉献，在教育实践中要敢于坚持真理，敢于为了学生健康、全面、和谐的发展而去“我行我素”，哪怕是牺牲自己的利益也决不言悔，这是当代真正优秀的教师应有的职业境界。

然而，现实中敢于这样去做的教师毕竟太少！很多教师在外来的威压下，泯灭了自己的思想，磨蚀了自己的个性，放弃了自己的追求，终日奉行的只剩下“做工作，挣工资，养家糊口”。于是，人家说咋办就咋办，人家说咋教就咋教。于是，几年过后，“教初中的只剩下初中水平，教小学的只懂得小学知识”。

可低下头来想一想，有哪个一线的教师心甘情愿地这样活呢？笔者始终坚信，在每一个教师的内心深处，都有一颗努力上进的种子在，只要得到适宜的阳光、空气和土壤，它就会毫不犹豫地生根、发芽、发荣、滋长，直至开出花、结出果。

我们的教育，迫切地呼唤教育信念的回归！

其实，做到这一点，方法并不复杂，而且有法可依！——只需要认真落实《中华人民共和国教师法》中教师的正当权利，真正实现教育民主化，给教师说话、做事的权利，给教师选择教学的自由——我们的教师就可以真正地站立起来！

只要我们的教师站了起来，何愁中国的教育梦不能实现？

尴尬三：质量观错位——让教育教学迷失方向

上海市教委副主任尹后庆在首届全国小学教育国际论坛上的演讲中谈道：“为了每个学生健康快乐成长，办学生喜欢的学校，应该成为转型期学校内涵发展的逻辑起点。这既是对教育本原价值的认识与回归，也是对办人民满意教育的积极回应，孩子的喜欢程度反映了一所学校的办学质量。”（尹后庆：《办孩子们喜欢的学校》，2011年11月14日《中国教育报》）

上述观点，引起了笔者的强烈共鸣。随着《国家中长期教育改革和发展规划纲要》的出台，“把提高质量作为教育改革发展的核心任务”这一信息，强烈地提振了各级教育行政部门、各级各类学校“狠抓教育教学质量”的信心与决心，并由此引发了教育教学管理、评价及实践的一系列行为转变。这一点，尤其在中小学表现得更为明显。按理来说，这对于当前正处于全面实施新课程改革的中小学教育而言，本应该是件大好事。但客观的问题是，一方面，由于国家没有出台相应完善的质量评价标准；另一方面，由于不同层面的人对“教育质量”的解读存在着巨大的差异，就使得一些地区、学校、领导、教师错误地或是被错误地将“教育质量”与“教学成绩”重新完全等同起来，于是“提高质量”又变成了“提高成绩”，探索了数年的“课改”的本质，在现实中也随之演变为“寻找能够提高成绩的好方法”。

客观公正地讲一句——抓成绩，没有错；抓应试，也没有错；而且就目前我们的国情而言，不抓成绩、不抓应试的学校和教师，很难在教育行业中立足，而且也绝对是对教育、对学生、对社会的不负责任。但问题是，“抓成绩”并不等同于“抓质量”，“提高质量”在“提高成绩”之外还有很多更为重要的东西。《国家中长期教育改革和发展规划纲要》中明确指出：“树立科学的质量观，把促进人的全面发展、适应社会需要作为衡量教育质量的根本标准。树立以提高质量为核心的教育发展观，注重教育内涵发展，鼓励学校办出特色、办出水平，出名师，育英才。”这里的全面发展、适应社会、内涵与特色，岂是一个“成绩”了得？

办学生喜欢的学校，促进学生健康快乐地成长，应当比“抓成绩”更重要。为学生的灿烂生命奠基，为学生的幸福生活铺路，引领孩子们热爱生活，享受生活，创造生活，才是教育的本真——抓质量，在关注成绩的同时，还应当紧紧扣住这些“成绩”之外的东西来做。陆放翁有言：“汝果欲学诗，功夫在诗外。”我们将其中的道理迁移到这里，不也很合适吗？教育时报社记者吴松超在《进行“彻底”的中考改革》一文（2011年11月12日《教育时报·管理周刊》）中，为我们详尽介绍了山东潍坊“抓质量”的一系列措施，并且给我们带来了一个掷地有声的结论：“潍坊的高考各项指标在山东省已连续9年保持第一。它真正做到了不唯高考，赢得高考；不唯分数，赢得分数；不唯升学率，赢得升学率。”更值得我们高度关注与深入思考的是，当很多地方的学生在饱受高考之苦时，“潍坊的学生却在各个平台上发展着自己的兴趣爱好和特长，开阔着自己的眼界，锻炼着能力，丰富着人生体验”，在健康成长的道路上愉快前行！那些眼里只有“成绩”的领导、学校、教师，担心的不就是怕抓了“其他”落了“成绩”吗？潍坊的“9年保持第一”，还不足以驱散我们这本来就是建立在主观臆断基础上的可笑的担心吗？其实稍有点教育教学实践常识的人都清楚，那些真正将“成绩”做到出类拔萃的学校和教师，他们所下的功夫绝对“在诗外”，优异的“成绩”只是学生健康发展的副产品！

质量之道，立人为先。当一个学生能够葆有幸福阳光的生命状态，积极进取的生活态度，健康向上的价值取向，文明质朴的行为习惯的时候，我们还用得着担心他的“成绩”上不去吗？

把目光放长远一些，把胸怀开阔一些，别只在“成绩”的小圈圈里打转，更别把老师、学生当成“获得政绩，博取奖励”的工具使，多在“立人为本”的教育本真上下功夫，也许我们的教育还真能创造出如“9个第一”般的奇迹！

尴尬四：行为盲从症——使教育因此失去灵性

盲从症，说大一点，是我们中华民族的民族病、传统病；说小一点，在我们当前的中小学教育界普遍流行。我们可以想一想，是不是这样？南钱北魏宁鸿彬，汨罗衡水和洋思，成功情境与和谐，杜郎口旋风刮永威……东风才起沙未平，西风早又卷东风！模式天天有，理念日日新，追来又追去，追成糊涂人。于是，有教了几十年学的老教师高声慨叹：“这学是真不知该咋教了！”

其实，教育有其本真，全为一个“人”字！无论什么方法，只要能够有效促进学生全面、健康、和谐地可持续发展，就是好方法。因此，面对林林总总的这方法、那模式，这理念、那思想，我们的教师一定要学会用辩证的眼光去审视，用综合的思维去吸纳，要能够辨伪去妄，吸取其合理的内核，然后活化为我所用，切不可盲目地追求模式。一定要牢记比葫芦画瓢、邯郸学步，最终闹笑话事小，作为教育者，误人子弟，罪比天大！

2010年秋，县教研室在认真厘清课改实质，充分调研课改现状的前提下，在县域范围内推出了一项重要的教研举措“区域联动”，将十余个乡镇按地域划分成几个大组，以公开课为抓手，以观议课为纽带，以探讨真正有效的课堂教学为目的，为区域间教师搭建起一个相互交流展示、理论实践研讨、教育教学反思的平台。在反复的实践交流中，泥沙渐渐沉淀，思路慢慢清晰，实践日趋于理性，操作渐向于归真。

当喧闹与繁华退去之后，武陟县实验中学探索了数年的归真课堂，一下子让老师们的眼前亮堂了起来：“这才是我们真正需要的课改课！”回看归真课堂，看山还是山，看水还是水，与之前不同的是，多了一份新课程改革的真意在，用县教研室马汉君主任的话说就是：“在这样的课堂上，教育民主性得到彰显，教学自主性得以确立，这是一种真正建立在成功教育前提下的有效教学。”

新课改，行到深处是归真，尽管前路漫漫，但只要方向对了，还怕我们不能走到远方?

去掉盲从症，学会用自己的眼睛观察，用自己的头脑思考，用自己的双手实践，那么，在日常的教育教学实践中，我们的智慧灵光就会自然迸现，到那时，一切好点子、好方法、好思路，就会招之即来，用之即现。果真如此的话，我们的新课程改革就会漫步在阳光下，沐浴在幸福中!

尴尬五：知与行分离——使教育远离创新

中国教育，古来即有知行合一的优秀传统。《论语》开篇“学而时习之，不亦说乎”可谓开宗明义，申明了孔子最基本的教学主张——学以致用。在这句话里，“学”即学、即知，“习”即用、即行。在《论语·子路》篇中孔子也有一句话：“诵《诗》三百，授之以政，不达；使于四方，不能专对；虽多，亦奚以为?”意思是说：“熟读《诗经》三百篇，把政事交给他去处理，却不练达；派他出使各国，却不能独立应对。像这样读得再多，又有什么用呢?”其同样旗帜鲜明地传达出学以致用的教学主张。明代王守仁更是将“致良知”，实现“知行合一”作为其心学的核心思想。陶行知先生吸纳王守仁的智慧主张，将创造教育、生活教育、教学做合一的思想发扬光大，缔造了中国一代教育的大教育观。然而教育的长河流到今天，知行的分离，却成了当前中国教育各类弊端的核心之一，其直接的后果就是造成了举国学子创新意识、创新思维、创新能力的集体缺失！请看一段文字：

> 当前的教育模式正培养着创造力、想象力不足的学生们。其后果之一便是导致中国科技竞争力一直下滑，中国重大科技成果数量明显减少，国家科技进步奖由1985年的1761项到1993年的441项；国家发明一等奖由1988年的4项、1991年的2项，到1992年、1993年的0项。这以后该奖项的一等奖又多次为零。2011年度国家自然科学奖评审工作已于日前结束，国家自然科学一等奖今年再一次出现空缺。这是近12年中第8次一等奖空缺。

（傅东缨：《教育大乾坤》，教育科学出版社，第179～180页）

2013年1月18日，2012年度国家自然科学奖揭晓，一等奖再次空缺，该奖项自2000年以来13年中，一等奖已经9次出现空缺。

2012年，莫言获得诺贝尔文学奖的消息使得举国欢腾，的确，这是一件大长中国人志气的高兴事。但是，当我们掀开诺贝尔奖的颁奖历史，尤其是面对自然科学类的奖项时，又有哪个中国人能够笑得出来？

不是我们妄自菲薄，实在是因为我们与别的国家存在着巨大的差距。2005年，温家宝总理在看望著名物理学家钱学森时，钱学森认为："现在中国没有完全发展起来，一个重要原因是没有一所大学能够按照培养科学技术发明创造人才的模式去办学，没有自己独特的、创新的东西，老是冒不出杰出人才。"其实，何止是大学，真正阻断学生创造力的教育是在我们的中小学呀！有人说，目前中国几乎"只有考生，没有学生；只有考校，没有学校"。乍一听，有些言过其实；细一想，却一点也不过分。美籍华裔物理学家丁肇中在2003年来访中国时曾说过一段话："要改变中国传统的考试制度是很困难的事情，考试是了解前人做过的事，而科学的进步却要求推翻前人做过的，我所认识的获诺贝尔奖的科学家很少有考试第一名的，考最后一名的倒不少。"杨振宁先生也曾有言："中国留学生学习成绩往往比一起学习的美国学生好得多，然而十年以后，科研成果却比人家少得多，原因就在于美国学生思维活跃，动手能力和创造精神强。"这两位先生的话很值得我们每一个中国教育人琢磨品味——终日为考而教，我们究竟是在干些什么！当看着一茬茬学生在我们的辛勤培育下，身体渐变孱弱，灵性日趋衰亡，思维之泉枯竭，创造之力泯灭，终被批量生产般培养成考试的机器时，我们又有多少人会从心底升腾起一丝惭愧？以考定教，唯考定教，使得当前的中国教育知行分离到了无以复加的程度！

"为什么我们的学校总是培养不出杰出人才？"著名的钱学森之问，沉重地压在国人心头，曾经引发了无数智慧的思考。但路在何方？争来议去，似乎仍无定论。不容回避的一个现实是——我们必须正视中国教育知行分离的问题，而且要义无反顾地从义务教育阶段抓起！

其实，影响当前新课程改革的因素还有很多，诸如教育的多元错位——教师由于对受教育者生命的漠视，将奉献演变成桎梏，让关爱演绎成刑具；学生由于只知被动地接受，使童年失去了灵光，让自己变成了“小老头”；语文、数学变成了一本教材；考核评估变成了单一的分数……这一切都让我们的教育出现了太多的尴尬和无奈。

但笔者坚信，随着社会求真务实之风的兴起，教育的本真必将回归，社会的新风势必荡去历史的烟尘，新课改之花定会迎来明日的艳丽！

中国梦的实现，需要教育奠基。引领教育走出当前的尴尬境地，亟须教育本真的回归！

二、民众对教育归真的呼声日益强烈

打开电脑，如果你在百度搜索引擎中输入“教育归真”的字样，就会出现无数个条目，稍做浏览，不难发现，民众对教育归真的呼声正日益强烈！

（一）教师的觉醒：再也不能这样活

河南省首届最具影响力教师常作印老师在他的《做一个有专业尊严的教师》一文中这样写道：“本来我们都是白天鹅，但由于我们做惯了丑小鸭，已经不相信自己还能够飞翔；本来我们都是千里马，但由于长期习惯于拉磨，不相信自己还能奔跑起来。教师成长最重要的是行动和坚持。一个像渴望呼吸一样渴望发展自己的人，没有什么能阻挡得了你。”同样是常作印老师，用“不做庸师”为书名，向全国教育同人发出了振聋发聩的呐喊！

河南省首届最具影响力教师张硕果老师，短短五六年间，用自己的执着为一线教师做出了一个专业发展的典型示范。2007年至今，她用近乎“疯狂”的成长速度，引领着身边一群“与自己尺码相同的人”一起在新教育实验的光明大道上飞速前行。如今的她，在全国教育界站成了一个大写的人，而且在她身后，还有一大批振翅翩飞的蝴蝶。

在《教育时报》开展的“最具成长力教师”评选活动中，侯长缨、赵渝、何丹龙、刘本举、刘娟娟……一个个蓬勃着旺盛成长力的教师次第向我们走来。其中的韩素静老师在多篇文章中都提到过这样一个故事：“有个魔鬼，在人的必经路口摆了一个箱子，凡是过路的人，都要被他塞进箱子里，人只要从这个箱子里走出来，奇怪的事情就发生了，人全都变得一模一样。这个故事是在讽刺当今的教育：箱子是学校，魔鬼是教师。”——韩老师在这里借故事向我们昭示——别做教育途中的“魔鬼”，要当育人路上的天使!

2013年4月30日，在“洛外杯”河南省首届最具影响力教师的颁奖会上，鹤壁市山城区实验小学数学教师董文华这样说：“我希望在我的课堂上，那些冰冷的符号和规则能闪耀出学生智慧的光芒；我希望在我的课堂上，学生能享受到思维的大餐；我还希望在我的课堂上，学生的生命在场，有成长的体验，内心更敏感，感受更温暖。”她展示的一张张PPT图片，昭示着自己在日常的教学生活中对每一个鲜活生命的真情关注。

濮阳市油田第一小学语文教师侯长缨在介绍自己的成长经历时说：“5年来，我的工作重点之一就是在自己的教室里做新教育儿童课程。晨诵课程、读写绘课程、整本书共读课程、种子·生命课程、经济课程、童话剧课程、生活课程……这些课程给孩子的成长提供了许多的机会，孩子们的生命逐渐豁亮起来。”她用五年的执着、无尽的大爱为自己“毛虫班”中的每一个孩子打亮了生命的底色。

苏州市首届名校长之一的高万祥老师在他的《幸福教育和幸福的教育人生》报告中倡导，学校应该是真正读书的幸福天堂，要让音体美成为高贵的大学科，他情不自禁地大声疾呼：“我呼吁，加大课改力度，最理想的状态是从小学一年级到高三年级，每天开一节音乐、一节体育、一节美术。小学生下午都应该走出教室，开展体艺、科技等各类活动。”

随着新课程理念的渐入人心，越来越多的教师开始觉醒，他们不再满足于浑浑噩噩地虚度光阴，他们不再无视教育生活中的诸多积弊，他们用自己前行的脚步开始踏出回归本真的教育强音!

(二)学生的需求：我们需要自由阳光

2010年，北京二十中王卉媛在考上北京大学之后给周国平的信，可以算得上是从学生口中传出的质问当前教育体制的时代强音!

其中有这样一段话，值得我们每一个教育者用心思考：“我觉得我还没有失去对事物感兴趣的能力。是的，我一直认为这也是一种能力，因为我身边有很多觉得我们所学的一切都很没劲的同学，他们居然没有任何兴趣爱好——如果玩电脑游戏、上网、追星、八卦不算的话。我发觉，可能现在的学生之所以学得那么痛苦，就是在应试教育的体制下被残忍地剥夺了‘喜欢’的能力！”

面对这段话，我们还用说什么呢？

也许你会觉得王卉媛这个案例太特殊，我再给大家提供一个就发生在我的课堂上的真实案例。

每一个孩子心中，都有一本教育学！

在教学刘绍棠的《蒲柳人家》时，我设计了这样一个课堂活动：请针对文中一丈青大娘、何大学问、老秀才及洋学生周檎对待何满子的教育方式，谈谈你的看法。

一石激起千层浪，没想到，一张张小口中吐出的见解，竟听得我一愣一愣的，现摘录于后，以期教育同人能从中悟到点什么。

薛源：从老秀才的“填鸭式”，到周檎的“兴趣法”，这是一个不小的转变。

张汉栋：老秀才的教育方式实在是不可取，这样利用体罚来教育孩子的先生是最没有本事的，只会让孩子们更加无心学习，让孩子们痛恨这位先生。

慕永辉：如果让学生自己选择课堂，就会根据学生自己的兴趣，朝着一种方向前进，虽不至完美，但至少能在一种领域有立足之地。

刘菲：若我是家长，要我教育孩子，我一定会给他自由。家长在学习方面应给孩子做榜样，例如家长希望孩子不要多看电视，自己首先不能把太多时间花费在电视上。

白同威：对何满子，一丈青大娘是“要天上的星星，奶奶也赶快去摘”，溺爱使何满子“四五岁就野鸡不入笼”；何大学问则是在大热天用拴贼扣儿把他拴在葡萄架的立柱上，太过极端，对孩子的身心会造成挫伤。教育孩子，不能溺爱，也不能太粗暴，适中为好。

武庆云：何大学问认为“严师出高徒”，花大价钱请来老秀才，结果呢？尽管老秀才“学规森严”，烟袋锅子厉害，但“何满子却恨透了老秀才”。倒是洋学生周檎，没见他用什么法子，何满子却能与他“形影不离”，而且还从他那儿学了“一大堆字儿”。可见，学习是自主的，只有想办法让学生自己用心了，教育才会有好效果。

王闻慧：我认为教育是需要交流的，是主动性的，并不是强迫，像何大学问这样把何满子拴起来，能行吗？只有通过交流和沟通，使孩子恋这件事，而不是厌！

詹光奎：奶奶的方式不行，爷爷的方式更离谱，用粗暴的方式强制性地教育，只会激起何满子的反抗之心，使其更加不愿学习。老秀才虽然有学问，但他的教学方法很呆板，而洋学生周檎却不怎么费劲就能使何满子认识百十个字。让孩子在玩耍时记忆，不经意间看到的一字一句或许都可以永记于心。

何夕阳：老秀才的教育方式，我是极不欣赏的。本来自己一肚子知识，却让别人觉得枯燥乏味，不能传授给别人，这是很悲哀的教育。

周思旋：老秀才的教育方式，就像将小鸟关在笼中，过不了多久，小鸟就会失去向上飞的动力，会变得永远被动下去。

荆慧芳：让孩子在玩中尽快地学习到知识，不亦乐乎！

慕松峰：我爸常说：“小树过几天就要修修，要是一看那坏枝长出来了，就得立马把它给剪掉。”虽然这话有些道理，但像何大学问、老秀才这样，对孩子过于严厉也不对，这样做，有时会伤害到孩子的自尊心，从而使孩子对自己失去信心，对学习失去兴趣，生活充满压力，在教育方面，家长应多动动脑筋。

张新：我赞成周檎的方法，在玩中学，这样记得快，玩得也很有趣！

孙冰：溺爱不行，粗暴不中，对待孩子应该像皮筋，该松则松，该紧则紧。

秦思琪：何大学问与老秀才的失败与周檎的成功，可以告诉我们：教书育人，首先要彼此尊重，建立良好的关系；其次要掌握合适的方法。

范冰玥：何满子的心中充满着对小河、对土地、对大自然的美好向往与憧憬，却只能像一只被笼子罩住的鸟儿，动弹不得。其实，像他这么小的孩子，让他在云里雾里花里草里疯玩一下又有什么不可以？老秀才虽然知识卓越，却少了一份天真，多了一份古板，只会教死书，这对于对大自然有着强烈向往的何满子来说实在是太过于残酷了。为什么就不能给何满子一个快乐自由的童年呢？

孟飞洋：老秀才的教育让何满子天天喘不过气来，让他感到枯燥乏味，如坐针毡，这样做是很不好的，会使何满子变得永无开心日，会变成一个学习机器，失去童年的欢笑，这样他活得就没意思了。

郭甜：文章虽没介绍周檎是如何镇住了何满子，但何满子“整天跟这位洋学生形影不离”，让我们不禁想象：两人就像是亲兄弟，周檎可能是将语数英政史地生各门学科巧妙组合，说评书般慷慨激昂，做游戏般妙趣横生，累了便一起疯玩……何满子本就聪慧，如此一来，怎会不出成绩？

周智源：从一丈青大娘和何大学问身上，我觉得现代的家长必须注意加强自身的品格修养。“身教胜于言教”，我想何满子若真的跟着一丈青大娘和何大学问一辈子，以后肯定是个思想封建、粗鲁无礼而又“豪爽过度”的粗汉子。

孟琦杰：周檎是一位教导有方的良师益友。真正的好老师是不会把自己当成老师的，好老师就该是这种不装腔、不做作、平凡朴实、有方法的人。另外，好老师发脾气时不会让学生看见。

张校杰：我从一个孩子的角度，希望我的父母做到：1.不要过分横加干涉我的思维，毕竟我已15岁，自主选择能力还是有的。2.不要过分安排我的业余时间，劳逸结合才能游刃有余。3.不要把你们的愿望强加在我的身上，我有我自己的梦想。4.不要干涉我的兴趣，有兴趣才会有动力。5.不要轻易打人。6.教育要懂得方式方法，不要急于求成。

柴艺芳：教育最重要的，是父母给孩子所创造的环境，适度的“溺爱”，适度的“放任”，在我看来，才是最好的。

冯笼棚：遇到老秀才，何满子是可悲的；碰到周檎，何满子是幸运的。古板的教育只会磨灭孩子的灵性，只有自由互动的教学，才会给孩子带来真正的知识与幸福。

杨柳：教育孩子，应当刚中有柔，柔中有刚，既不能一味地溺爱，也不能简单粗暴。

——每一个孩子心中，都装着一本现代教育学，作为老师，我们知道究竟该怎样做吗?

其实，在教育教学实践中，我们都早已切身地感受到——现在的孩子用过去的方法“不好教”了！那么，当学生都已经开始觉醒了的时候，我们作为教师为什么还要固守着那些“老玩意儿”呢?

(三)家长的意识：孩子需要健康成长

我想先请大家看一封真实的家长来信，这封信是几年前郭玉珍校长转给我的，反映的是我校一位语文老师的情况，为保持信件内容的原貌，除隐去这位老师的姓名外，我没有做任何改动。

郭校长：

您好!

在您百忙之中打扰您，感到非常抱歉。

可是为了我自己的孩子，也为了更多的孩子能够长成健全的人格，在实验中学受到更好的教育，我还是忍不住给您写了这封信。

情况是这样的：前几天我去了一趟学校，想和孩子的任课老师见见面，了解一下孩子新学期开学后的情况，真也挺巧的，语、数、外三科老师我都见了，总体感觉很好，老师很负责，也很敬业，唯一让我感到遗憾的是教语文的××老师的教育方法，“你愿学就学，不愿学拉倒”“你学不学对老师的荣誉没什么影响”“我捏着鼻子再教你们这一年，下年我说什么也不会再教你们了”。拿着孩子的考试成绩问：“你以前是这样的成绩吗?也可能是你真的进步了（因为孩子的期终考试成绩班级排名前20名）。”……这些都是××老师的原话。后来又听说在教室里××老师的另一句话“不愿学习就滚蛋”。以前××老师骂学生的许多话我就不跟您学嘴了。

郭校长，作为家长，为了自己的孩子，我绝对不会在您的跟前告哪个老师的状。但是为了更多的孩子能更好地成长，我真的想和您唠唠。

我认为作为老师，她的职责不仅仅是要授业和解惑，更是要传道。所以老师的一言一行对学生有着非同寻常的影响。

老师应该有爱心，爱能感天动地，难道感动不了一个顽皮的孩子？老师应该有耐心，任何事物都有它的成长规律，孩子也不例外，我们不能做拔苗助长的傻事，尤其是教育。著名教育专家周弘已经用事实告诉了我们耐心的伟大。老师应该自律，要求学生做到的，首先自己要做到，中小学生行为规范也应该适用老师吧。老师应该善于发现学生的优点，并且学会放大学生的优点，让学生有成就感，让他们觉得我是优秀的，如果努力了，我会更优秀，这样也就给孩子们指明了努力的方向；老师也应该善于发现学生的缺点，并且学会缩小学生的缺点，让孩子觉得这只是一个小小的毛病，只要我稍一注意，就把它克服了，这样就给孩子克服缺点树立了信心。老师更应该转变观念，更新教育方法。老师面对的是“90后”一代，如果仍沿用教育“80后”的方法，能不被动吗？老师还应该学会克制，教育学生不能情绪化，特别是那种恶劣的情绪……

试想，学生在老师的爱的感召下，在老师耐心的教育辅导下，在缺点减少、进步加快、成绩提高的动力下，能不信心百倍地学习吗？

郭校长，让您见笑了，在您的面前谈教育方法，我也觉得太可笑、太不自量，是班门弄斧。可我就是这样认为的，在日常生活中，我也是努力这样做的。孩子呢，也在发生着明显的变化——那就是进步。

一个学生家长

2008年9月

多好的家长呀！这是一个有思想的家长，这是一个有着强烈社会责任感和使命感的家长！随着教育社会化程度及全民素质的普遍提高，在教育教学实践中，我们会遇到越来越多这样的家长！其实，大家也许早已发现，现在的学生家长与20年前、10年前的学生家长已经大不一样了，他们在教师面前，对自己孩子的要求，早已不是那些“该打就打，该嚷就嚷”了，而是开始给我们介绍孩子的个性、习惯和爱好，他们对学校的要求，也早已不是“孩子教给你们，我就不管了”，而是开始以各种方式关注甚至参与学校对孩子的管理，有的如郑渊洁、黄全愈、周弘等优秀者更是以“家长一己之力”在成就自己孩子的同时，开始对我们当前的教育提出挑战。

家长觉醒了，家长奋起了，作为学校、教师，该怎样做呢？

（四）社会的趋势：全面、和谐、可持续发展

实现社会的全面、和谐、可持续发展，首先应该从实现人的全面、和谐、可持续发展着手，这样，教育的作用就凸显出来。在《国家中长期教育改革和规划发展纲要》中，从“战略主题”“质量观”及“教育工作的根本要求”等诸多方面，均突出了“以人为本”的思想。见下文：

——战略主题。坚持以人为本、全面实施素质教育是教育改革发展的战略主题，是贯彻党的教育方针的时代要求，其核心是解决好培养什么人、怎样培养人的重大问题，重点是面向全体学生、促进学生全面发展，着力提高学生服务国家服务人民的社会责任感、勇于探索的创新精神和善于解决问题的实践能力。

——树立科学的质量观，把促进人的全面发展、适应社会需要作为衡量教育质量的根本标准。

——把育人为本作为教育工作的根本要求。人力资源是我国经济社会发展的第一资源，教育是开发人力资源的主要途径。要以学生为主体，以教师为主导，充分发挥学生的主动性，把促进学生健康成长作为学校一切工作的出发点和落脚点。关心每个学生，促进每个学生主动地、生动活泼地发展，尊重教育规律和学生身心发展规律，为每个学生提供适合的教育。努力培养造就数以亿计的高素质劳动者、数以千万计的专门人才和一大批拔尖创新人才。

这就是社会发展的基本趋势对教育提出的具体要求，这就是现阶段中国民众对教育的“人心所向”，这也是我们实施归真教育的思想核心！

教育归真，是民众的呼声，教育归真，是时代的召唤！

三、纷纭杂乱的教育模式须实现融合

中国当代教育对“教育模式”的追随从来就没有停止过。2010年，在以某报为首的教育主流媒体的大力推动下，“模式年”终于开出了“模式花”，各种“教学模式”应运而生，“课堂教学模式”空前繁荣。客观地讲，这对中国教育，尤其是对中国基础教育改革而言，是一件大好事、大幸事。为什么这样说呢？透过这些蜂拥而至的“教学模式”，我们最起码可以看到三点积极因素：一是让我们看到了中国基础教育人课改意识的觉醒；二是让我们感受到了中国基础教育人所蕴含的课改力量的巨大；三是让我们看到了这些“教学模式”下，我们的学校、教师、学生所发生的切切实实的积极变化。就此而言，可敬的教育媒体人功不可没!

然而，这种以几何叠加般速度出现的数字游戏似的“教学模式”，在更多以“行政方式”强行推进的过程中，所暴露出来的问题也不容我们忽视。《教育时报•课改导刊》2011年新年特刊，以“教学模式”为主题，推出的“四版”大型讨论，对于那些尚沉迷在简单的数字游戏似的“教学模式”中的人们来说，无疑是一剂“醒酒汤”，而对于那些正在寻求从中突围的人们来说，又不啻是一场“及时雨”。

在这场讨论中，专家的观点非常鲜明、辩证客观，摘录如下：

刘铁芳：在教育中，提出自己的模式无可厚非，但若想强行把自己的模式植入他人的教学活动当中，则是一种狂妄；而争相前来亦步亦趋地学习这些模式，且以为自此就可以一劳永逸的人，显现的则是一种懒惰。

教育从来都不是一件容易的事，而在体制化的进程中，教育被越来越多的人看作是一项简单的工程，只要设计好图纸，搭建好框架，浇筑完水泥，教育就结束了。立人的事业，真的就如此简单吗？

未来的教育活动中，教学模式不但不会消失，反而会变得更加多元、多样，更加丰富多彩，更加个体化。每个人都在通过自己的方式发出自己的声音，展现自己的教育行动。任何教育教学模式，最终都落实到个体的、繁复的、独特的、不断生成的教育行动上来。

程红兵：如果不切实际地将教学模式的作用过分放大，必然导致教师对教学模式的过度依赖，从而影响其他主要因素的充分发挥。

应该尊重教师的教学个性；教学的成败很大程度上依赖于教师的教学艺术，而不是特定的教学模式。

万玮：我们应该认识到，一类教学模式只能侧重于解决一类教学问题，“先学后教”类教学模式也是如此，寄希望于这样一种模式来包打天下是不可能的。我们应该还课堂教学以丰富、多样、复杂、灵动的本来面貌。

凌宗伟：综观时下某些被热捧的模式，则远远背离了教学模式的本质。

课堂教学一定要“去模式”，就是希望我们的教师能摆脱时髦一时的“模式”，将自己的教学建立在尊重学生个体生命和教师自己的生命基础上，在对教材、对课堂深刻理解的前提下，在尊重教学原则和教学规律的基础上，娴熟地应用各种教学方法教学和教育的过程。它注重的不仅仅是结果，更重要的是师生在课堂中的体验，一种发现的惊喜。

徐继存：将丰富、复杂的教学活动简单化、程式化，都有可能使教学走向机械和刻板。我们可以借鉴其教学思路、引发教学灵感，但不能照搬照抄，盲目套用。而且，任何教学模式都有着天然的局限性，邯郸学步本身就是有问题的。

著名语文教育专家于漪曾指出：“……大家用一个模式，会出现什么状况呢？标准化的教师。标准化的教师就无法张扬个性，你这个人的才华和潜能自然也就显示不出来了。我们很多中青年教师很有才华，但是被框住了，潜能出不来。因为一个模式定型了以后，已经是死水一潭了。不同的文章有不同的教法，不同的学校有不同的教育对象。难道你用一个模式就可以套住了吗？套不住的。所以我觉得这是一种危害。”

丁念金：真正熟练于教学的人，则是不需要也不应该依赖于教学模式，他们应该而且能够形成富于个性和创造性的、适应复杂多变的教学情境的教学思想和教学操作策略，这就是教学风格。这是一种个性化、艺术化的境界，只有这种境界的教学，才能有效地适应于丰富、流变、开放的情境。

事实上，教学要“模式”，但不可“模式化”，早已是教育界的一个基本常识。专家的观点，恰恰代表了一线教育人的心声。让“模式”回归其本真，让教学回归其本真，应当成为我们每一个教育人的不懈追求。恰如组织这期讨论稿的编者所言：“只有当教师独创性及独立性得到激励的时候，教学自由才会得到应有的珍视和估价，教学个性才有可能得以孕育和萌生。”“‘教育是事业，其意义在于奉献；教育是科学，其价值在于求真；教育是艺术，其生命在于创新。’这是老一辈教育家吕型伟先生一生从教经验的概括。求真与创新，是每位教育工作者毕生应追求的。教学不仅仅是技术，更是艺术。教学，任何时候都要在遵循必要技术的同时超越技术。真正的艺术拒绝模仿，真正的艺术呼唤教师的个性。我们在任何时候都要对教育的技术化、模式化保持必要的警惕。”

这样，有一个很客观的问题就摆在了我们面前——纷纭杂乱的教育理念、思想、模式有没有一个“交集”？教育教学最本质的内核是什么？——这就是我们归真教育要努力解决的问题——实现多种教育理念、思想、模式、方法的有机融合。

四、教育的核心价值观在归真中体现

纷纭杂乱的教育理念、思想、模式有没有一个“交集”？教育教学最本质的内核是什么？在回答这些问题之前，我们不妨先来看一下《国家中长期教育改革和规划发展纲要》中的这几段话：

把育人为本作为教育工作的根本要求。以学生为主体，以教师为主导，充分发挥学生的主动性，把促进学生成长成才作为学校一切工作的出发点和落脚点；关心每个学生，促进每个学生主动地、生动活泼地发展；尊重教育规律和学生身心发展规律，为每个学生提供适合的教育，培养造就数以亿计的高素质劳动者、数以千万计的专门人才和一大批拔尖创新人才。

把提高质量作为教育改革发展的核心任务。树立科学的教育质量观，把促进人的全面发展、适应社会需要作为衡量教育质量的根本标准。树立以提高质量为核心的教育发展观，注重教育内涵发展，鼓励学校办出特色、办出水平，出名师，育英才。建立以提高教育质量为导向的管理制度和工作机制，把教育资源配置和学校工作重点集中到强化教学环节、提高教育质量上来。制定教育质量国家标准，建立教育质量保障体系。加强教师队伍建设，提高教师整体素质。

坚持以人为本、推进素质教育是教育改革发展的战略主题，是贯彻党的教育方针的时代要求，核心是解决好培养什么人、怎样培养人的重大问题，重点是面向全体学生、促进学生全面发展，着力提高学生服务国家人民的社会责任感、勇于探索的创新精神和善于解决问题的实践能力。

这三段话，精辟而又中肯地为我们指明了教育教学工作的方向，为我们划定了各种教育思想、理念、模式、方法需要遵行的“交集”范围，并为我们言明了教育教学最本质的内核就是“以人为本”“育人为本”。

其实，大家只要想一想就会发现——国家推行的新课程理念的核心，朱永新先生倡导的新教育实验的理念核心，素质教育六种基本样式“启发式教学、成功教育、和谐教育、愉快教育、情境教育、创造教育”的理念核心，于漪、魏书生、李镇西、窦桂梅、李希贵等成功的教育实践家们教学理念的核心，不都正是如此吗？

因此，我们可以这样说：“以人为本，育人成才”应当成为具有中国特色的社会主义教育的核心价值观！我们在归真教育中提出的六大基本理念，正是这种核心价值观的具体体现：

——为灿烂生命奠基，为幸福生活铺路。

——教育与生活融合，成长与发展同步。

——活动，是教育教学的智慧之花！

——回归学科教学的本真。

——“实事求是”是归真教育的行动指南。

——要形成专业化核心思维的自觉。

归真教育的六大基本理念，从思想理念到理论实践，一步步将“以人为本，育人成才”这一核心价值观具化、显微，为我们找到了一条切实可行的素质教育实践之路。

第二辑　什么是归真教育？

何为归真教育？陶继新先生说：“法不在术而在道。”真即道，即规律。所谓归真教育，就是坚持“以人为本，育人成才”的社会主义教育核心价值观，尊重和弘扬人文精神，让教育教学回归到符合生命、生活及教育教学最本质的规律上来的教育。

经过数年的探索与实践，我们逐渐为归真教育构建起一个相对开放的理论与实践体系，它可以概括为五句话：一个核心思想，六大基本理念，一种基础课型，五大主题行动，多元层次考核。

一、一个核心思想

《道德经》言："道生一，一生二，二生三，三生万物。"万事万物，均有本源，这里的"一"即事物的本源。揆物做事，只要抓住其本源，自然迎刃而解，水到渠成。老子曰"归一为天下式"，庄子曰"通于一则万事毕也"，孔子曰"予一以贯之矣"，说的都有这个道理。大道至简，我们的教育有没有赖以支撑的这个"一"？它又在何方？

形成教育归真的行为自觉，心怀一个"真"字，做到时时归"真"，处处归"真"，力争让每一个师生都成为真善美的使者——就是这个"一"！目标归真，行为归真，过程归真，区域归真……一真教育无难事，一真教育皆智慧。当每一个师生都成为真善美的使者时，我们的教育自然能直达其最本质的内核。

因此，归真教育又可称为归一教育：从教育的性质及功能而言，归一就是归于"为灿烂生命奠基，为幸福生活铺路"。从教育教学实践的具体操作而言，归一就是归于"活动"，活动是教育教学的智慧之花！从学科教学的内容而言，归一就是归于学科教学的本真……具体来说，"真"归何处？真在对师生生命状态的关注中，真在对师生生活质量的关爱里，真在充满智慧的教育教学活动的创设中，真在对课程标准的正确理解和认真践行里，真在教师对文本的个性化解读中，真在课堂上对学生个性化理解的尊重里，真在对生命灵性的弘扬中，真在对智慧闪光的追求里，真在对教学重点的把握中，真在对学用结合的落实里……

"归真"应当成为我们选择教育教学行为的指导思想，也应成为我们展开教育教学工作的一种思维方式，更应成为一条指导和检验教育教学实践的基本标准。

（一）目标归真

我们倡导归真教育的根本目的，从广义的角度来说，是要通过教育的渠道来完成整个社会人的改造，让人性归真，人品归真，人格归真，人的行为归真，为全面构建和谐社会提供服务；从狭义的角度来讲，是要从改变师生的生命状态及生活质量入手，彻底改变当前学校教育中普遍存在的一切“假教育”现象，还中国教育一个真真世界，朗朗乾坤。

其目标的基本点我们可以概括为12个字，包括以下四个方面：

1.育真人。“千教万教教人求真，千学万学学做真人。”现在从事教育工作的人，对这句话大都耳熟能详，但我们在工作中究竟落实了多少，实现了多少，恐怕也都心知肚明。最可怕的现象是，当前我们的很多学校、很多老师为了应付纷至沓来的各种检查，已经开始在教我们的学生说假话、做假事、当假人！而且理由还很堂皇——现在的社会很无奈，不这样做没法过！前些年，中央电视台《共同关注》曾有一期节目叫“小弟，我要把你送进监狱”，12岁的小弟为了玩，说谎话骗人，偷拿钱物，心理障碍严重，医生的结论是“很难治疗”，在他又一次偷走了姐姐同事的钱包后，姐姐恨他冥顽不化，气得大骂他是“王八蛋”，并报警要把他送进监狱。当年看到这样的孩子时，作为教育工作者，我的心头便颇不是滋味。然而，随之而来的一系列由学生炮制的惨案，更使得我常常目瞪口呆，心痛不已：触目惊心的刘海洋伤熊事件，轰动全国的马加爵事件，令人瞠目的药家鑫案，备受关注的复旦投毒案……一桩桩，一件件，现在的孩子到底怎么了？我们的教育究竟怎么了？2012年12月24日，广西柳州的两名八年级男生违反学校规定带饮料进校，正在执勤的女老师上前劝阻，不料其中一名男生强拖女老师进男厕所殴打，猛踢老师下体致其受伤住院。——这是我们想要培养的学生吗？2013年5月11日22时许，河南省漯河市高三文科（6）班的一位学生，“因为家里管得严”，杀姐弑父！——这是我们想要培养的学生吗？痛思之余，更加坚定了一个信念——育真人，不能只挂在口头上，而是要落实在工作里，体现在生活中！何为真人？既要能与时俱进看之（如从20世纪80年代的“五讲四美三热爱”，到以“八荣八耻”为核心的社会主义荣辱观，再到社会主义核心价值观，社会主义教育在不同的思想意识形态阶段，对培养对象的目标要求也有些许不同，但其本质一脉相承），更要能从人性、人生的视角看之。归真教育认为，我们应当引导学生成为能够健康生活，愉快生活，智慧生活，创造生活的人，具体可概括为几组关键词：身体健康，心灵阳光；知书达礼，勤学上进；志存高远，脚踏实地；沟通交流，合作分享；广采博取，含英咀华；心有主见，勇于实践。

2.求真知。一个人读了几年、十几年书，识了许多字，做了无数题，可走上社会后却发现，自己学的一肚子东西根本没有用武之地。糟糕的是，在我国未接受大学教育的人群中，这几乎是一个普遍现象（不少大学生也是这样）。这就不得不引起我们的思考了——为什么会这样？一个学生每天早出晚归，“书山有路勤为径，学海无涯苦作舟”，眼也熬了，汗也流了，苦也吃了，到头来却发现一切努力都付诸东流了，他会怎么想，他能怎么想！归真教育，就是要彻底消除这种出力费时不讨好的高耗低效现象，让学生在生命的黄金时期学到一生中真正有用的知识。举些例子来说：学生要会在公开场合讲话，我们就引导他去学习关于讲话的知识；学生要会合作，我们就引导他学习关于合作的知识；学生要能融入群体，我们就要引导他去学习融入群体的知识；学生要会理财，我们就要引导他学习理财的知识；学生要会上网，我们就要引导他学会上网的知识；学生将来要求职，我们就要引导他学习求职的知识；学生将来要做父母，我们就要引导他学习做父母的知识……更重要的是，随着互联网“飞进寻常百姓家”，有关方法论的知识一下子变得空前重要，我们就必须引导学生学会关于学习方法的知识。以上是从学习内容的角度来说什么是真知识的，其实从另一个角度来讲，造成知识无用的根本原因还在于学生获取知识的方法和途径，传统教育下的知识是听来的、背来的、记来的、写来的，而不是做来的、练来的、实验来的、实践来的，所以一到生活中就死，派不上一点用场。这也是新课程改革为什么要把学习方式的转变作为实施核心的原因之一。归真教育，就是要让学生动起来，去学活知识，去学学就有用、学就能用、即学即用的真知识，用知识去激活自己的生命状态，用知识去改善自己的生活质量。读到这儿，可能有人会说，这不都是扯空话吗？——教材已经固定了，我们能有什么法儿呢？——合理地开发教材的潜能，你就会发现，同样的教材在归真教育的体系下，会焕发出别样的魅力！

3.练真才。陶行知先生曾说："从小学到大学，十六年的教育一受下来，便等于一个吸了鸦片烟的烟虫，肩不能挑，手不能提，面黄肌瘦，弱不禁风。再加以要经过那些月考、学期考、毕业考、会考、升学考等考试，到了大学毕业出来，足也瘫了，手也瘫了，脑子也用坏了，身体的健康也没有了，大学毕业，就进棺材。"社会不需要这样的人，生活瞧不起这样的人，现实虐待这样的人！想一想，哪个孩子小时候不是伶俐剔透，充满灵性？归真教育，就是要让我们的孩子上一年学增一分灵性，上两年学增两分智慧，要让孩子们能抬起头，挺起胸，见得人，说得话，个性张扬，敢做敢当，要让孩子们身康体健，思维敏捷，会学习，善思考，有智慧，懂生活，做一个能服务社会，创造幸福的人。

4.培真情。常听人说，现在的孩子自私、任性、缺乏爱心。每天和孩子们打交道，确实也深有同感。于是就常常想，这是孩子们的错，还是大人们的错？这是学生们的错，还是教师、学校的错？结果一想问题的症结就清楚了。家庭、社会的影响固然不能忽略，但我们的学校教育却有着不可推卸的责任。事实上，每个孩子天生都有一颗博大的爱心，天生都有一腔博爱的情怀，他的每个毛孔里都天生洋溢着真善美的气息，可一经了我们的教育之后，一些孩子的灵性丢失了，性格改变了，感情淡漠了，爱心退化了，于是，头脑迟钝、自私任性、行为乖张、颓废消极的"差生"便被我们的教育成批量生产出来，更为可恶的是，我们的一些教育者还要不知觉悟地反过来咬上一口：现在的孩子没法教了！归真教育，就是要挖掘、保持、弘扬、广大孩子的赤子之心，引导他们焕发积极健康的生命状态，去充满激情地热爱自己生活的自然、祖国、家庭，去热爱自己的亲人、师友及芸芸众生，去热爱自己的学习、工作、事业……当一颗颗赤子之心能因了我们的教育而多方位熠熠闪光的时候，我们的教育就有了希望，我们的孩子就有了希望，我们的学校、家庭、社会就有了希望，我们祖国的伟大复兴也就有了最根本的希望。果真如此，中国梦的实现，还会远吗？

育真人，求真知，练真才，培真情，是一个问题的四个方面，我们应学会统一起来去看，不要简单地割裂开来。而且只要稍稍发散一点我们的思维，就会发现，不仅仅对待学生需要这样，学校对教师、对家长的培养不也可以活用这一标准吗?

（二）行为归真

怎样做才是真正的归真教育？一句话，符合教育教学的规律，能够真正改善学生的生命状态及生活质量的教育，就是归真教育，否则就不是归真教育。具体在实施过程中，我们可以从四个方面来进行把握：

1.真理念。理念是行动的指南，理念归真了，行动就成了渠中水，自然而然地会顺着理念之渠往前流，若是理念归假了，行动就成了脱缰马，信马由缰，保不准就会酿出些祸事来。什么才是真理念？什么又是假理念？举个例子来说，同样是提高教育质量，假理念会有领导者用最笨拙的“排名排序法”来“实施管理”，用最原始的“加班加点法”来“催生高分”，会有老师用最残酷的“题海战术”来“提升能力”，一好百好，一差俱差，于是乎，“常考试，算分数，管理变成排名次”，“教师压，家长卡，孩子身心托重负”……唯分是举，唯率是高，考分高，升学率高，就是教育质量高。在这种理念支配下，教育成了最可恶的事。真理念支配下的教育行为就不同了，它把改善师生的生命状态及生活质量，促进师生的可持续发展作为根本的质量观，于是，领导师生一条心，精诚协作往前奔，全面发展扬个性，教育生活多温馨。这一真一假之间，决然是两个天地。

2.真方法。方法是理念的延伸，有什么样的理念就会有什么样的方法，理念是方法的神。理念是真的，真方法也会与其相随；理念是假的，假方法就会与其相伴。譬如教师集体备课，同一方法，因其支配的理念不同，效果就会大相径庭。开封求实中学以合作为学校的精神核心，工作靠合作，管理看合作，成绩连合作，于是，合作就真正变成了求实中学师生的一种生命状态和生活方式，他们在合作中奉献智慧，在合作中体验幸福，在合作中享受成功。可在大多数学校，集体备课只不过是一种过场、一种形式。为什么？支撑它的理念是假的，算分排名，分数就是工作奖金，排名就是晋职指标，张三不憨，李四不傻，他们咋会不藏着掖着，他们又咋会为集体奉献自己的智慧？方法的真与假，关键看其神，真正有利于师生发展的方为真，若是从自身利益出发的必为假。

3.真活动。活动是理念与方法的载体，理念方法科学，活动就会有效，理念方法荒谬，活动必然虚假。新课程改革开始后，活动成了课堂教学尤其是公开课上的一大景观，这本来是一个好现象，但偏就有不少人为活动而活动，本不该合作讨论的，偏要不合时宜地来个小组讨论，本不适合表演的，非要组织学生来个即兴表演，于是，活动成了课堂作秀的标签，学生成了任人摆布的道具。这样的活动并不能真正促进学生的发展，都是假活动，是我们必须摒弃的。唯有能够将学生的知情意行与各类课程资源有机融合，在实施过程中学生愿意参与，乐于参与，才是有效的真活动，也只有这样的活动才能从根本上激活学生积极昂扬的生命状态，使其在汲取知识、发展能力的同时，真正体验生活的幸福。

4.真生活。改善师生的生命状态，真正提高其生活质量，是归真教育的追求目标。因此，师生能否有积极向上的生命状态，能否有幸福愉悦、充实成功的生活体验，就成了我们判定其教育是真还是假的重要标准。归真教育下的生活是充满阳光的，归真教育下的师生是幸福快乐的，在这里，读书不再是一件苦差事，学习变成了一种内在的精神需求，各种与汲取知识、提升能力、发展创造相关的活动，成了师生共同拥有的生活方式。归真教育彻底改变了传统教育下机械呆板、枯燥乏味的求知过程，彻底改变了传统教育下板凳硬坐十年冷的生命行走方式。

此四者，理念决定方法，方法制约活动，活动影响生活，既层递推进，其中又以理念为根，以生活为本。理念真了，方法、活动就会发荣滋长，开出生活的绚丽的花来！

（三）过程归真

目标导引行为，行为决定过程。激活师生的生命状态，提高师生的生活质量，是归真教育的根本目标，这就决定了归真教育的过程，必然是一个又一个充满生机、洋溢智慧的活动组合，必然是一段又一段真切自然、充实幸福的真实生活。其过程的本身，既是学生今天的幸福生活过程，也是为其明天的幸福生活奠定基础的过程。因此，在具体的实施过程中，我们当从以下几个方面进行考虑：

1.夯基础。一方面，教育要为学生的灿烂生命奠基。教育是为生命奠基的事业，这早已成为许多优秀教育工作者的共识，窦桂梅、肖川、张文质等均有十分精辟的论述。凡优秀的教育均是相通的，对生命的关爱亦是归真教育的核心理念之一。在实施过程中，我们应当通过创设一系列的活动，引导学生走进生活，去探寻生命的本源，体察生命的真意，认识生命的价值，从而唤醒学生珍惜生命、热爱生命的意识，养成学生保护生命、呵护生命的自觉，培养学生创造生命、升华生命的情感，促进学生追求生命闪光、实现生命价值的行为生成。另一方面，教育要为学生的幸福生活奠基。在这一点上，归真教育与传统应试教育的不同在于，传统应试教育是为了学生明天虚无的幸福生活，无视学生今天切实的痛苦处境，而归真教育则是用今天的幸福生活为明天的幸福生活铺下坚实的道路。朱永新先生倡导的新教育实验有一个核心理念，就是教育过程的本身也应当是一个幸福生活的过程，这一点提得很好，教育归真，首先就应让学生过好今天的生活，然后才有其为明天奠基的价值可言。为学生的幸福生活奠基，我们至少应做好——保证学生的身心健康，开放学生的生活时空，拓宽学生的生活视野，丰富学生的生活阅历，提高学生的生活能力。而这些，也都需要我们把学生引入到丰富多彩的具体生活化的活动中来，在活动中历练，在活动中成长，在活动中发展，在活动中达标。

2.增智慧。智慧是生命的花儿。拥有了智慧，人生就会灿烂如花，生活就会甘甜似蜜。从这一角度来看，教育其实也是一个提升师生生命及生活智慧的过程。智慧从何处来？生活是智慧之源，知识是智慧之根，能力是智慧之本。也就是说，智慧从生活中来，从知识中来，从能力中来。因此，归真教育认为，增广智慧当从以下三个方面下功夫：第一，拓宽生活之源。应试教育下学生的生活被固化，简单地表现为“家—校—家”“课堂—厕所—课堂”“听课—作业—听课”等点线式结构。固化的生活直接固化了学生的思维，于是，个性化、创造性思维随着学生受教育程度的加深而日趋远离，智慧的泉源渐渐被堵塞，思维僵化的生活低能儿被一天天地批量生产出来。要打破这一糟糕的现状，我们的教育就必须广开生活之源，通过各类活动，将多元化、立体式的五彩斑斓的生活世界呈现给所有的学生，并引导他们积极地投身进去，在活动中愉快生活，在活动中汲取生活的智慧。第二，扎实知识之根。智慧是知识树上的芽苞，知识的养分一长，它也会随着增长。远离了知识之根，智慧的花儿就会枯萎凋落。教育之船如果偏离了传承旧知、探索新知的航道，等待它的一定是触礁沉没的命运。但是，智慧是活的知识，是经学生的思维工厂深加工过的产物，是生命化了和生活化了的知识，绝不等同于应试教育下靠死记硬背、流血流汗得来的那些"僵化物""死东西"。归真教育下所实施的任何活动，都应当成为传承与探索这种"活知识"的有效载体，不仅要在活动中让书本上的死知识活起来，更要多元吸纳生活中方方面面的活知识为我所用。知识的根系发达了，智慧的树儿就繁茂了，智慧的花儿也就芳香了。第三，提升能力之本。有了能力，智慧才会闪光。譬如打篮球，五个队员的篮球知识很丰富，也拥有超一流的战术，可是队员的体质很差，技术粗糙，结果一上场就被对方打得稀里哗啦。生活中这样的例子很多，没有能力作保障，再高明的智慧都将是一片虚无。归真教育要提升学生哪些方面的能力？一切生存、生活的能力都是归真教育应当关注的范围，诸如日常生活自理能力、疾病预防能力、健身能力、生命自救能力、协调沟通能力、交际交往能力、抗挫抗压能力、环境适应能力、心理调节能力、学习能力、各类持续发展能力等。

3.可持续，重发展。教育最忌拔苗助长，更不能杀鸡取卵，应当循序渐进，持续发展。传统应试教育急功近利，许多短视行为不仅打破了教育自身正常的运行秩序，更是直接阻断了师生可持续发展之路，使无数师生处于困顿不堪的生活境遇之中。归真教育要彻底改善师生的生命状态，提高其生活质量，就必须目光高远，完成学校教育可持续发展的三步走：第一步，构建可持续发展的校园文化。文化的力量远远大于个人的力量。南开中学百年盛名不衰，培养了周恩来、温家宝2位总理，9位全国人大常委会副委员长或全国政协副主席，40余位我国省部级领导干部，56位中外著名科学家……凭什么？与其“允公允能，日新月异”的校训有莫大关系。“允公”指培养学生爱国、敬业、献身的精神，“允能”就是培养学生服务社会所需的知识、技能，“日新月异”就是要求随时代的前进不断革新。这一校训，作为南开教育的核心理念，其人文底蕴、学脉渊源，积淀成为贯穿学校历史、赋予学校长久创造力的精神力量，启迪陶冶了成千上万南开人。这种文化积淀、精神力量对学校发展的推动作用，远不是一个张伯苓、杨坚白、纪文郁可以比拟的。因此我们说，在推动学校发展的诸多因素中，可持续发展的校园文化当居首位，其次才是杰出的人才。只有形成了良好的可持续发展的校园文化氛围，一个学校才可以走上持续繁荣的发展轨道，才能为师生的可持续发展提供强有力的环境保障，才不会因为校长和教师的更换而衰落。第二步，构建可持续发展的师资队伍。学校管理的核心是师资队伍的建设。清华大学前校长梅贻琦先生有一句治校名言：“大学者，非谓有大楼之谓也，乃有大师之谓也。”从王国维、梁启超、陈寅恪、赵元任等“国学四大师”，到熊庆来、杨武之、华罗庚等蜚声中外的数学家，以及钱三强、邓稼先、钱学森、赵九章等十多位“两弹一星”元勋，清华大学的师资队伍中一直是群星璀璨。正是因为有这样的大师队伍，90年来，清华大学为国家培养了10万余名各类毕业生，其中有400多位中国科学院和中国工程院院士，300多位国家副部级以上干部。大学如此，中小学校不也是如此吗？构建可持续发展的教师队伍，是推动学校发展的必需要件。从现代教育发展的需要来看，归真教育认为，一个可持续发展的教师团队，应该具有坚定的职业信念、博大的职业情怀、崇高的职业道德，应该能够重视学习，团结协作，不断进取，勇于超越。第三步，培养可持续发展的学生。传统应试教育让学生“读死书，死读书，读书死”，归真教育要学生“读活书，活读书，读书活”。所谓“读活书”，一方面指的是要能把死书读活，另一方面指的是要善于读生活之书、社会之书、自然之书。所谓“活读书”，指要学会变读书为用书，学会用书中的知识、智慧来解决生活中遇到的实际问题。所谓“读书活”，就是通过读书使学生拥有可持续发展的智慧和能力，只有这样的学生，才能活得龙抬头，才能活得虎生威，也只有这样的学生，才会拥有积极向上、昂扬奋发的生命状态，才能高质量地享有幸福愉快的美满生活。

在丰富多彩的活动中，夯实基础，增长智慧，促进师生的可持续发展，应当贯穿归真教育的全过程。

（四）区域归真

如果把我们的思维由传统的教育区域向生活的广袤天空稍稍引申一下，不难发现，激活师生的生命状态，提高师生的生活质量，绝不单单是一个教育问题，它可以涉及生活的方方面面。那么，归真教育到底可以涵盖哪些区域？我们又该如何去科学地兼顾这些区域？可以这样说，凡是教育所涉及的范围，都是归真教育可以涵盖到的范围。在具体的实施过程中，我们可以坚持以真课堂为原点，向真学校、真家庭、真社会等四围辐射的基本策略。

1.真课堂。课堂教学是学校工作的枢纽，是实施教育教学的核心，课堂有了生命力，我们的教育教学也就焕发了生命的光彩，师生的生活才会如阳光般灿烂。什么是真课堂？如何实现课堂的归真？第一，真课堂应是师生幸福生活的天堂。山东杜郎口中学的课堂，在此方面，可算是一个成功的案例。在这里，无论走到哪个教室，无论你把目光定格在哪个学生的脸上，你都会发现，杜郎口中学的学生真正在享受教育！在这里，表演、辩论、朗诵、讲解交相辉映；在这里，诗歌、绘画、快板、歌曲丰富多彩；在这里，没有老师的“谆谆教导”，只见同学的愉快合作；在这里，不见学生的无精打采，只有他们的激情参与……尽管杜郎口中学的课堂教学操作仍有许多值得探讨和商榷的地方，但毋庸置疑，只要你走到这里，那种浓郁的精神抖擞、充满自信、积极踊跃、昂扬向上的生命气息就会扑面而来，你定会切身地感受到，教育实在是一件无比幸福的事！第二，真课堂应是师生智慧激荡、灵性飞扬的场所。在传统的课堂上，我们的老师很辛苦，口若悬河，滔滔不绝，以致口干舌燥，咽病常生；我们的学生很无奈，听得多，做得少，不能乱说，不许乱动，在轻闲中饱受煎熬。这样循环往复的结果是，教师面前两眼黑，滋生职业倦怠；学生心中千般苦，不由得颓废厌学。更有甚者，弄得师生关系紧张，各类教育教学事故层出不穷。归真教育的课堂教学是一个师生智慧交流的过程，是一个充满灵性创造的过程。它以各种活动为载体，将传承旧知，探索新知，培养能力，提高素质，陶冶情操，塑造心灵等多元立体化目标有机地融为一体，在活动中完成智慧的交流，在活动中实现灵性的创造，在活动中达成个性的张扬，在活动中促进人格的升华。第三，真课堂是师生可持续发展的动力源泉。归真教育奉行杜威"教育即生活"的主张，同时更坚守陶行知"生活即教育"的观点，这一对师生的教育主张乍看起来似乎完全相反，细细探究其实一脉相承。教育过程的本身应当是一个完整的幸福生活的过程，这一点，朱永新先生所倡导的新教育实验已经从理论到实践两个层面上为我们找到了现实的答案。但教育的根本目的不是让师生享受教育的生活过程，而是通过教育使其获得可持续发展的创造幸福新生活的素质和能力。由此看来，"生活即教育"应是"教育即生活"的发展与升华，但我们绝不可忽略了"教育即生活"这一生活教育的初级阶段。因此归真教育将其合二为一，概括为"教育与生活融合"。在这一理念指导下，归真教育当以课堂教学为原点，立足课内，面向课外，向学校、家庭、社会多元辐射，引导学生在课堂教学活动中呈现昂扬向上的生命状态，形成积极的生活态度，找到科学的思维方式，获取正确的学习方法，提高综合实践能力，具备健康和谐的社会人格，为其健康、和谐、可持续发展注入永不枯竭的源泉动力。

2.真学校。真学校应当让师生的生命之花绽放出个性的光芒，真学校应当给师生的生活带来幸福的阳光，真学校应当为师生的可持续发展注入源泉动力，这三点是衡量一个学校是不是真学校的基本标准。一所学校要成为真学校，起码应具备四个条件。第一，真学校要有真校长。"一个好校长，就是一所好学校。"推而言之，一个真校长，就能带出一所真学校。什么是真校长？真校长要有真理念，用教育为师生的灿烂生命奠基，用教育为师生的幸福生活铺路；真校长要有真胆识，敢于从僵死的教育困境中突围，敢于向理想的教育境界里探求；真校长要有真行动，认准了就要做起来，别在犹豫中蹉跎岁月，别在徘徊中浪费青春。山东杜郎口中学的崔其升是一个真校长，他从课堂教学中催发了师生的个性之花；开封求实中学的张建平是一个真校长，她从"无为"的管理中领悟了合作的真谛；焦作许衡中学的张璧宏是一个真校长，他从教师的专业化发展中找准了突破应试教育樊篱的路子。第二，真学校要有真教师。教师是教育教学行为的直接实施者，可以这样说，有什么样的教师，就有什么样的学校，有什么样的学校，就能培养出什么样的学生。何为真教师？概而言之，真教师当有真品格：远大的职业追求，坚定的职业信念，崇高的职业道德，纯洁的职业操守，博爱的职业情怀；真教师当有真才能：渊博的知识功底，深厚的文化素养，精湛的教育艺术，高超的教育技巧，永恒的发展潜力；真教师当有真魅力：儒雅方正的人格魅力，春风化雨的语言魅力，阳光甘霖的行为魅力，润物无声的方法魅力，精彩充实的生活魅力。第三，真学校要有真文化。文化的教育功能远远超过一切人力。“允公允能，日新月异”是南开中学的真文化，“自强不息，厚德载物”是清华大学的真文化，“学为人师，行为世范”是北京师范大学的真文化……真文化是能博爱包容的，真文化是能传承发展的，真文化是能辐射延伸的，真文化是能感染渗透的。一个没有真文化的学校，注定是不会有什么前途的，一个没有真文化的学校，绝对培养不出有真文化内涵的师生。第四，真学校要行真教育。一言概之，能够改善师生的生命状态，提高师生的生活质量，促进师生健康、和谐、可持续发展的，就是真教育；只顾从眼前利益出发，将师生作为获取短期利益的工具，不顾师生的生命及生活质量的，就是假教育。只有行真教育，才能育真人才；只有育真人才，才会有真希望。

3.真家庭。家庭是孩子成长的第一所学校，真家庭里走出来的是真孩子，假家庭里走出来的是假孩子，优秀的家庭里走出来的是优秀的孩子，糟糕的家庭里走出来的是糟糕的孩子，健康的家庭里走出来的是健康的孩子，病态的家庭里走出来的是病态的孩子，和谐的家庭里走出来的是和谐的孩子，偏激的家庭里走出来的是偏激的孩子，发展潜力巨大的家庭里走出来的是发展潜力巨大的孩子，故步自封的家庭里走出来的是故步自封的孩子……我们绝不是无限夸大家庭教育在孩子发展中的作用，这一点其实早已成为人们的共识，尽管也有“出淤泥而不染”的个例，但大致如此。因此，要改善孩子的生命状态，提高孩子的生活质量，促进孩子健康、和谐、可持续发展，真教育的阳光就必须照进家庭来！“好母亲胜过好老师”，不是一句空话。归真教育理念支配下的真家庭具有哪些特点？第一，真家庭是亲情笼罩的阳光地。在传统的教育环境下，家长往往充当一个“教师帮凶”的角色。孩子在学校出了比较棘手的问题，老师处理不了了，就交到家长这儿，于是棍棒相迎，恶语相加，久而久之，亲情离散，权威渐失，直至恶子肆意横行，家长无可奈何。事实上，唯有亲情的阳光才是家庭教育中无坚不摧的力量。真正懂得报恩的孩子，永远有一颗上进的心。淡漠的亲情，只能孕育出一张冷冰冰的毫无生气的脸。第二，真家庭是良好习惯的培养所。“生活即教育”，“身教胜于言教”，在家庭教育中体现得最直接、最明显、最充分。可以毫不夸张地说，一个孩子的日常生活习惯，全部从家庭中来！好习惯是可以“遗传”的，坏习惯更是可以“遗传”的。邋遢的父母培养不出洁净的孩子，懒惰的长辈孕育不出勤奋的子孙。好学的父母，孩子会有一颗上进的心；慈爱的父母，孩子必有包容的情怀；幽默的父母，孩子会懂得乐观的生活；坚强的父母，孩子会拥有压不弯的腰杆！培养孩子的好习惯，从父母做起；杜绝孩子的坏风气，从家庭做起。想让自己的孩子成为怎样的人，你就在平常的生活中做给他看，这是家庭教育乃至全部教育的最有效的秘诀！第三，真家庭是共担风雨的避风港。只有能共担风雨的夫妻，才懂得什么是真爱；只有能共担风雨的家庭，才是最温馨的港湾。从教育的角度来看，孩子在外出了问题，遇了困难，受了委屈，遭了挫折，来到家里，若能得到父母亲人的包容、帮助、理解、鼓励，那么爱的阳光就会驱散他心底的阴霾，家的力量就会激发他迎难而上的勇气，亲人的支持就会带给他解决问题的智慧，共担风雨的情怀就能孕育他兼济天下的行为。第四，真家庭是共同发展的统一体。现在的成功只能代表过去，发展的潜力直接预示着将来。归真教育认为，一个家庭，如果父母能够热爱学习，他们的孩子也一定会热爱学习，如果父母自觉地谋求发展，他们的孩子也一定会努力上进。就社会发展的趋势来看，大字不识的父母将退出历史的舞台，目不识丁的家庭不再可能培养出才华出众的奇才。下一步，只有学习型、发展型的家庭，才真正具有享受幸福生活的资本，也只有这样环境下的家庭教育，才能真正跟得上时代的节拍。

4.真社会。有不少专家学者认为，教育的过程，就是儿童由自然人向社会人发展，即儿童社会化的过程。更有人提出，家庭养育“自然人”，学校教育是在塑造“社会人”。就归真教育来看，这些认识都是极端错误的，它们有一个共同的错误前提，即将儿童排出了社会人的行列。其实，孩子一生下来，他就是一个社会人，只不过是一个婴儿、幼儿、少儿社会的社会人，而且不可否认，他们从获得生命的那一刻起，就已与成人的社会建立起千丝万缕的联系。因此，归真教育认为，教育的过程应当是儿童的社会化程度逐步加深的过程。可以这样说，中国传统的教育之所以无视儿童生命的存在，捏泥人般按照自己的意愿来批量生产所谓的“合格人才”，就是因为传统的教育忽略了儿童作为社会人的现实存在！试想，哪一个儿童不是一个有思想、有感情、有血有肉的活生生的社会人呢？首先，教育的社会归真就是要赋予每一位少年儿童应有的社会人的基本权利。其次，教育的社会归真应当实现“学校即社会”与“社会即学校”的有机融合。归真教育认为，杜威与陶行知就这一问题的不同观点，不是根本对立的关系，而是境界高低、层次高下的问题，像“生活即教育，教育即生活”一样，我们一样可以得出“社会即学校，学校即社会”的结论。同样的道理，我们何尝不能推出“家庭即社会，家庭即学校”的结论呢？只有这样，真正实现了学校、家庭、社会三位一体的大教育体系，我们的教育才能归入真教育的运行轨道。最后，值得一提的是，教育的社会归真必须搞清楚这样一个问题，社会是立体的，是多元的，既有阳光，也有阴云，既有平川，也有沟壑，既有君子，也有小人，因此真正的教育应当是既有阳光的普照，也有风雨的洗礼，既有成功的愉悦，也有失败的沮丧，单一的赏识与单一的惩罚同样可怕，只有多元立体化的社会体验，在现实的生活中才具有健康、和谐、可持续发展的潜力，也只有这样的学校、家庭、社会教育，才是正确的、有效的真教育。

当归真教育的光芒辐射到学校、家庭、社会的每一个角落时，我们的学校，我们的家庭，我们的社会，那该有多么幸福、祥和！

二、六大基本理念

实施归真教育，当了解其六大基本理念，并以此为轴心，展开教育教学工作。可以说，这六大基本理念，既是我们思维与行动的指南，也是我们教育教学行为的具体操作航标。

理念一：为灿烂生命奠基，为幸福生活铺路

内容归真，是归真教育实践的核心基点。

我们不妨先来思考这样几个问题：学生学习是为了什么？教师工作是为了什么？我们办学校搞教育又是为了什么？

这几个问题实在是问得有些傻，无论是谁，无须深思，随口即可说出一串答案来。但自笑之余，不禁又要问，这几个问题的答案我们真搞清楚了吗？在我们的教育教学工作中实际落实得又如何？

撇开这些问题不谈，先看看近年来我们的基础教育所处的尴尬状况：领导愁，教师苦，学生累，家长急，社会怨……结果呢？多方打出组合拳，加压，加压，再加压，数十份“减负文件”都无法阻止学生负担的层层加码！于是，教师职业倦怠，学生身心憔悴，教育危机四伏，社会怨声载道！

人人都不愿看到这种境况，国家之所以全面推进新课程改革，也正是想彻底改变这种状况。但十余年课改之后，效果如何呢？只能说有了些许改变而已，但并没有解决根本性的问题，而且笔者以为，如果不丰富新课程改革的内涵，其实践的外延也只能是“仅此而已”！因为，新课程改革的实施核心，并没有切中最本质的东西。

新课程标准中有明确规定，其实施核心是实现两个转变：一是实现师生角色的转变；一是实现学生学习方式的转变。可实验来实验去，又真正转变了多少呢？先进的报道有很多，身边的现实却很渺茫。

“两个转变”无疑是正确的，而且也是必须的，可为什么就转变不了或是很难转变得了呢？也许大家又会找出很多堂而皇之的理由来，什么教育体制问题，什么评价机制问题，不要再扯这些淡话了，没用！没有谁可以替我们来拯救我们的教育——真正的救世主是我们教育自己、学校自己、教师自己、学生自己！

以课程内容的改革为突破口，激活师生的生命状态，提高师生的生活质量，才是新课程改革实施中最核心的内容。其不变，一切均不会变，其一变，一切都随着变。李希贵先生的十一教育集团，为什么能够在新课程改革的浪潮中领时代风骚？朱永新先生倡导的新教育实验，作为一股纯民间的行动力量，为什么能够在全国范围内产生较大的影响力？就是因为“课程的内容”！河南省洛阳市洛龙区的全课程教育为什么能够异军突起？靠的也是“课程的内容”！只有在课程内容及其实施上下功夫，我们的课改才会发生质的变化。只围绕“形式”敲边鼓，任你花样百般新，我们的课改也只能在原地打转转。

回到前面提出的几个傻问题上来，有人会说：学生学习不就是为了明天能生活得更幸福点吗？教师工作不就是为了生活能更美满些吗？我们的学校教育不就是为了给师生的幸福美满生活注入一些原动力吗？可现实呢？为了所谓的明天的幸福，我们的师生却在今天饱受着痛苦的煎熬，这正常吗？合适吗？人，没有对明天的美好憧憬不行，但要知道，人只能生活在今天！今天时时痛苦，明天又怎能幸福！

以课程内容为突破口，转变师生的生命状态与生活质量，享受今天，享受教育，享受生活，创造生活，应成为新课程改革不二的选择！这是生命的归真，生活的归真，亦是教育的归真。只有这样的教育，才是真教育、活教育、好教育。其他停留在技术层面上的“转变”，永远无法解决“假教育，死教育，坏教育”的弊端和问题。

近年来，教育对生命、生活的关注，已经是众多有识之士达成的共识。窦桂梅老师的“为生命奠基”，朱永新先生的“过一种幸福完整的教育生活”，张文质先生的

“生命化教育”，当是其中最典型的代表。更可喜的是，在实践层面上，也先后涌现了一大批这样的先行者。最红火的莫过于山东杜郎口中学，我们河南的如开封求实中学、焦作许衡中学等。这些学校之所以引起了人们的普遍关注，我以为，方法、模式其实是次要的，根本点在于，其成功经验均体现了学校办学思想上的“人文关怀”，师生的生命状态变了，生活质量变了，于是学校也就发生了根本性的转变。尽管这几所学校的成功经验仍然有很大的局限性，也多多少少受到了社会的非议，但毕竟他们已经在教育归真的道路上先行了一步，这足以说明，教育归真，不是能不能的问题，而是做不做的问题。

事实上，将中国教育的日历翻回到20世纪初，从中国现代教育的先驱者张伯苓先生所创办的南开中学，我们就可以找到归真教育的印记。请看南开中学校门口所立的四十字镜箴：“头容正，肩容平，胸容宽，背容直。面必净，发必理，衣必整，纽必结。颜色：宜和，宜静，宜庄。气象：勿傲，勿暴，勿怠。”这是什么？这是人生的教育，这是为灿烂生命奠基，为幸福生活筑台。陶行知先生更是旗帜鲜明地提出了“生活教育、创造教育、教学做合一”等真教育的主张，并进行了卓有成效的实践。

凡一切真正为灿烂生命奠基，为幸福生活铺路的教育就是归真教育！在工作中，我们的教育教学行为，要有意识地、自觉地归结到这一核心的基点上来：当我们要制定一项政策，推出一项活动，采取一种措施，推广一种模式，普及一种方法，决断一个问题……甚至面对学生做一件事、说一句话时，都在心中想一想——这样做，符合不符合“为灿烂生命奠基，为幸福生活铺路”的基本理念。如果符合，就做出行动；如果不符合，就做出调整。果能如此，归真教育之花定能在我们的身边竞相开放。

理念二：教育与生活融合，成长与发展同步

生活归真，是归真教育倡导的一个核心理念。怎样理解教育的生活归真？一言概之，即做到“教育与生活融合，成长与发展同步”。

关于教育与生活的关系问题，历来都是教育者所关注的话题，在诸多提法中，最

具有代表性和影响力的莫过于杜威的“教育即生活”和陶行知的“生活即教育”。杜威的观点有其狭隘性，教育自是无法涵盖整个生活，但陶行知的看法却也带有明显的泛化色彩，它在突出生活的教育性的同时，又容易掩盖教育自身的生活性，因此，归真教育认为，只有实现教育与生活的有机融合，使师生在真实生活的过程中接受多元立体化的教育，我们的教育才能真正回归到健康、和谐、可持续发展的轨道上来。

首先，尊重教育的生活性。教育的本身就是一种生活方式，朱永新先生所倡导的新教育实验更是明确提出，应让师生“过一种完整幸福的教育生活”，笔者很赞同这个观点。这一观点，究其源，其实并不是什么新提法，它只是杜威“教育即生活”的“现代化”，但它却真实地道出了教育自身的生活性。我们把“改变师生的生命状态，提高师生的生活质量”作为归真教育的追求目标，也正是基于对教育自身生活性的尊重。在传统的应试教育体制下，人们往往有一种非常错误的认识，总觉得学生现在接受教育，就是为了明天能够更好地生活。这一点我们可以找到许多例证，如人们总会拿类似的话来教育学生：“吃得苦中苦，方为人上人”“不经一番寒彻骨，怎得梅花扑鼻香”“从来好事多生俭，自古瓜儿苦后甜”……在这种理念支配下，师生都认为教育的过程本身就是一个吃苦的过程，于是，晚睡早起、披星戴月就成了学生理所当然的生活方式，挤卡压打、加班加点就成了教师自然而然的工作方法。这是对教育自身生活性的亵渎，殊不知，当师生被今天的生活重负压弯了脊背，扭曲了心灵，磨灭了个性，消损了热情的时候，又何谈创造明天的幸福！让教育的生活性回归，使师生在享受教育的过程中，焕发生命的光彩，提高生活的质量，过上一种完整幸福的生活，应当成为我们教育的生活常态。

其次，尊重生活的教育性。陶行知的“生活即教育”较之杜威的“教育即生活”，大大拓宽了教育的内涵及外延，将教育一下子置于整个生活之中，使生活的教育性得到了充分的彰显。只有尊重生活的教育性，才能使我们的教育更科学、更全面、更真实、更完美。可在现实的教育生活中，生活的教育性的落实却往往失之偏颇。

一是体现在对生活教育性的漠视。在学校，为了应付上级检查，从领导到教师，自己虚于应付不说，还公然教学生说假话、做假事，这样的“虚假生活”会给学生带来什么样的“教育”？弄虚作假，虚与委蛇，欺上瞒下，谎言浮夸……自小都会在孩子们的心中生根发芽，更重要的是会让这些人类的劣根性与不良世风代代相传，无限蔓延。为了提高升学率，学生成了“学习”的机器，从早到晚连轴转。愈到关键时候（如初三、高三）这种现象就愈突出，平时本就多用作应付上级检查的体、音、美、微也大胆地从课程表上撤了下来，一应课外活动更是无从谈起，学生的生活词典里没有了“课余时间”的概念，这样的单调生活会给学生带来什么样的“教育”？身心劳瘁，思维迟钝，躁动烦乱，问题迭出……可悲的是，出了问题，学校、教师不但不会反视自身，往往还会把问题学生视为异类，要么当成榆木疙瘩，要么视为害群之马。在家里，“你只要把学习搞好，衣不用你洗，饭不用你端，啥事都不用你管”几乎成了家长们的口头禅，这样的“优裕生活”会给孩子带来什么样的“教育”？当孩子出了问题之后，家长们往往又会满腹牢骚：“为了让你安心学习，平时啥都不让你干，你倒好！”这些问题的出现，都是漠视生活的教育性的结果。有什么样的生活，就会有什么样的教育，漠视了这一条真理，就一定会受到生活的惩罚，就一定会品尝到“畸形生活教育”的苦果。

二是体现在对生活教育性的片面理解。生活是多元化、立体式的，有阳光，也有雨露，有欢笑，也有伤悲，有平川，也有山陵，有成功，也有挫折，有春风得意，也有马失前蹄……那么真正的生活教育又怎会是单一化、平板式的呢？目前“赏识教育”很流行，孩子把“1+1”算成等于“3”，“赏识教育”也得说：“孩子，你真行，你离成功就差了那么一点点！”目前“阳光教育”很时兴，老师和家长的眉头才刚拧一拧，就会被质疑为“违犯了科学的教育原则，会给孩子的心灵造成阴影”。目前“绿色教育”很前卫，学生刚在QQ上聊了两次天，班主任的电话就打到了家长那里：“再不管管你孩儿，他就彻底毁了！”“赏识教育”“阳光教育”“绿色教育”无疑均是十分优秀的教育理念，而且我们现在做得不是多了，而是远远不够，尚需继续努力追求其至高的境界。但是归真教育认为，一味地“赏识”、一味地“阳光”、一味地“绿色”绝不是真正的生活，这样的教育也一定不是真正的教育！人首先是感性的，然后才是理性的。因为感性，人的世界才呈现得多姿多彩；只有理性，一定会让人变得了无情趣。喜怒哀乐忧愁恐惧的天性只要存在，教育者就不会只去“赏识”，受教育者也不会只坦然地接受“赏识”。“阳光”是七彩的，赤橙黄绿青蓝紫，赤是一种热烈，黄是一种激情，青是一种温馨，蓝是一种清明，同为阳光，各有不同，何况阴晴雨雪本就是自然的规律呢？和风细雨可以润物无声，疾风暴雨也能醍醐灌顶，阳光可以温暖心灵，冰雪不也能砥砺意志吗？“绿色”给人带来生机，但四季更迭才是自然的常态，良莠并存才是生活的必然，不是有句诗：“冬天来了，春天还会远吗？”它不正告诉我们“冬天的枯黄”其实也是在孕育生机吗？病毒是可怕的，但哪一支防疫针剂不是病毒呢？多元化、立体式的生活，必然决定了生活教育也应多元化、立体式地呈现，任何一种将其简单化、理想化的做法，都是极其危险的。

最后，实现成长与发展的同步。韩愈在《师道》中有句话说得很有意思：“爱其子，择师而教之，于其身也，则耻师焉，惑矣。”它揭示的这种现象，在现在的生活中也大有市场。而且稍稍留心一下，就会发现，何尝仅限于家长呢，许多教师不也这样吗？有什么样的生活就会有什么样的教育，身教的魅力远远大于言教，身边的老师、家长不思进取，都不读书，不学习，经常与电视为友，与麻将做伴，学生、孩子天天看在眼里，记在心头，他们滋生出消极怠惰的情绪不也很正常吗？不能将学生的成长与教师的发展割裂开来，不能将孩子的成长与家长的发展割裂开来，实现二者的同步，既是生活的教育性对我们的要求，更是归真教育对我们的生活的根本要求。

怎样实现二者的同步？让学习成为教师、家长与学生、孩子的共同生活，构建学习型家庭、校园，是唯一正确的途径，其根本点是，将教师与家长引领到学习这条路上来。要做到这一点，需要解决以下几个基本问题：一要树立可持续发展的观念。一个不具有发展潜力的学校和家庭，是没有什么希望的，教师、家长、学生个人也是如此。二要摒弃急功近利的管理方法。这一点主要责任在学校领导。一些校长，为追求眼前的利益，迫切希望教师把所有的精力和心思都用在备写教案、批改作业、看管学生、辅导训练等常规事务上来，甚至认为，教师利用上班时间读一些“与教课无关的书”是不务正业，写几篇文章挣些许稿费是利用公家的时间为自己打工。于是，一天三查到，一晌两检查，周周有评定，月月有总结。这样一来，教师倒是“紧”起来了，但那根读书上进的神经却“松”下去了，时间一长，教初中的变成了初中水平，教小学的变成了小学水平，甚至有的“越教越傻”起来。这种牺牲教师发展的做法，无异于杀鸡取卵，又怎能有利于学生的成长呢？三要搭建有益于促进教师、家长发展的平台。苏霍姆林斯基在《给青年校长的一封信》中说：“如果你想让教育工作给教师带来乐趣,使每天上课不致成为一种枯燥单调的义务和程序,那你就要引导每一个教师都走上从事教育科研这条幸福的道路上来……”如果我们能够为教师搭建起专业化发展的平台，可以说没有一个不想上进的教师，所有的“当代家长”也都是这样，他们都希望自己能为孩子提供最优质的教育服务。四要营造积极向上的学习氛围。良好的氛围是一种无法拒绝的磁场，如果大环境形成了这种氛围，即便有个别人、个别时候不想上进，他都会感觉到不好意思，都会认识到不能因为自己而破坏了这种和谐，于是便会自觉地重新打起精神来，投身于学习的洪流中去。教师、家长上进了，校园、家庭学习了，孩子的成长还用得着担心吗？

实现了教育与生活的融合，达到了成长与发展的同步，我们的教育也就完成了真正的生活归真。

理念三：活动，是教育教学的智慧之花

教育怎样才能归真？有责任心的教育者，从来就没有放弃过对真教育的追求。张伯苓如是，陶行知如是，魏书生如是，李希贵如是，朱永新如是，李镇西如是，求实的张建平如是，许衡的张璧宏如是。但真教育的光芒却微若阴天暗夜里的小星，即使有些光亮，也难以恩泽大众。为什么会这样？就因为我们缺少一个具有普适性的实现真教育的载体！

我对归真教育的探求最早可以追溯到1994年，那年，我和宋小兰老师一起，在新乡军分区礼堂听过上海特级教师陈忠梁老师的一节公开课《中国石拱桥》，其中有这样一个教学片段：陈老师请学生在阅读课文的基础上，准确地画出两个小拱的位置。一时间学生兴致盎然，跃跃欲试，课堂气氛迅速活跃起来。通过这一活动，学生在轻

松愉悦中分清了“两肩”与“两边”“两端”“两旁”等词的区别，充分体会到了说明文语言的准确性。这个小活动给我留下了极为深刻的印象，并从那时起不知不觉地开始影响我的教育教学生活。

1995年秋，《论语·卫灵公第十五·第3节》中的一段话，在我的心中引起了强烈的震动：

> 子曰：“赐也，女以予多学而识之者与？”对曰：“然，非与？”曰：“非也，予一以贯之。”

当时我想，孔子为什么会让弟子们感觉到他是一个博学多识的人？究其原因，用他自己的话来说，就是“予一以贯之——我是用一个基本的观点把它们贯穿起来的”。是啊，孔子学说的核心不就是一个“仁爱”吗？有了“仁爱”这个“一”，他的为政、为学、工作、生活等便都可游刃有余，左右逢源。

于是，我不由得问自己，贯穿整个教育教学工作的这个“一”是什么呢？联系到陈钟梁老师《中国石拱桥》一课中的小活动，我一下子豁然开朗——如果以活动为方式组织课堂教学，不就可以把各种先进的教育思想、教学方法联结到一块儿了吗？——是的，这个“一”就是“活动”，活动，是教育教学的智慧之花！有了这个理念之后，情境教育、愉快教育、成功教育、创新教育……慢慢地融入了我的课堂，并且其合理的机能开始在各种各样的课堂活动中潜滋暗长起来。那时，我心无旁骛，立足课堂，以“活动”为方式，精心打造每一节课。于是，学生的生命之花开始在我的课堂上灿烂开放，师生的智慧之果开始在我的课堂上溢蜜流芳，我的课堂也随之有了许多同事前来“观光”，更有数名年轻教师长年泡在我的课堂上“观摩进修”，县教研室的多名老师在听了我的课之后都情不自禁地鼓掌。

1998年，结合自己的实践体会，我提出了“一点两步四环节活动式训练课型”，并开始在学校语文组积极实践；2001年该课型成功申报为省级课题；2004年顺利通过省教研室的结题验收，并荣获河南省教育科学优秀成果一等奖。其间，我以“活动”为主题撰写的一系列教育教学类文章，频频在《中国教育报》《中国教师报》《师道》《教育时报》等报刊发表，如《另一种管理——活动式管理》《活动，课堂教学的智慧之花！》等。随着研究的深入，我愈来愈感觉到“活动”之玄妙。2007年，在“活动式训练课型”的基础上，我正式提出了“归真教育”的理念，并积极付诸实践。

回顾归真教育的发展史，我对“活动”这一载体有了更充分、更多元、更加立体化的认识，同时，也更坚定了沿着这条充满光明的智慧之路走下去的决心。

这一路走来，我一边执着于实践中的探索，多角度丰富着自己的理论与实践体系，一边也在留心“聆听窗外的声音”。

2001年，我在网上看到了肖家芸老师的“语文活动式教学”，知道了有一个语文特级教师也在做着和我一样的努力，尽管我们研究的切入点不同！——从此，我知道，“活动”路上不孤单！

2002年，我开始了解朱永新先生提出的“新教育实验”，他设计的新教育“六大行动”，即“营造书香校园，师生共写随笔，聆听窗外声音，培养卓越口才，构筑理想课堂，建设数码社区”，引起了我的强烈共鸣——这不就是一个个鲜活而又实在的活动吗?

2004年，我在一个新课程视频讲座中，第一次听到了杭州教育学院傅道春教授旗帜鲜明的观点：“新课程就是活动！”——尽管这时傅老师已经逝世，但他的这句话仍然给了我无穷的精神力量!

之后，开封求实中学，山东杜郎口中学，焦作许衡中学，洛阳洛龙区全课程教学，北京十一中学，一所所充满生机和活力的学校闯入我的视野，他们的成功各有特色，但在我眼中，真正起支撑作用的，依然是他们所开展的一个个课内外活动。

杜郎口课堂有活动，课堂活了；洛龙区课间有活动，课间活了；求实中学课余有活动，校园活了；北京十一中学课程即活动，课改活了。课内外的一切工作用活动连接起来，整个教育就都活了！教育活了，人就活了！试想，用精心设计的一系列活动，把学校的各项工作统一起来，生动运转，和谐实施，那该是一种多么富有生机的局面！事实上，岂止于教育如此，家庭、社会……整个生活不都是这样吗？动则生趣，趣则引人，有了活动，就有了生机和活力，就有了希望和前景!

2011年，我阅读了李希贵校长的《学生第一》，书中的每一篇文章，都和我的心弦产生了强烈的共鸣，那一篇篇文章，可不就是一个个充满教育智慧、洋溢生命热情的活动吗？

这么多年来，“活动”给我的课堂带来了无限的生机，也给我和我的学生们带来了无穷的幸福和快乐。其中，我最得意的一次活动应该是2004年和李忠杰、杨新红老师搭班时，和班内43位学生间的一次长达20天的“心灵对话”。 2005年元旦前夕，我发现班内的许多学生在九年级学习的压力面前，出现了这样或那样的心理问题，于是就策划了一次师生通信活动，我先后收到了班内43位学生（全部）的来信，然后利用课余时间，给每位学生写了一封回信。这一写就是20天，这一写就是10万字，这一写就感动了所有的学生，这一写就创造了一项教育奇迹：从这次活动后，全体学生学习语文的热情空前高涨，半年之内，有13位学生在省级以上报刊发表优秀习作计15篇。后来，这43封师生通信以“心花在这里开始灿烂”为题结集出版。

未来学校、教师的功能，就是为学生打造发展的平台，而“活动”无疑就是最智慧的选择。活动，是一切教育教学工作的智慧之花！找到了“活动”，你就拥有了开启智慧、放飞思维、激活生命、幸福生活的钥匙；拥有了“活动”，工作的烦恼会离你而去，事业的幸福将萦满心头；用好了“活动”，教育将拥有取之不尽的源头活水，教学会缔造数不清的神话奇观。

因此我们说，活动是课程，活动是平台，活动是载体，活动是动力源泉，活动是生命之火，活动是组织形式，活动是管理方法……活动就是一个金点子，活动就是一个好想法，活动就是一个好招数……说得再通俗一点，就是你要想个办法，引导你的学生愿学、想学、乐学，且学会、学通、学好，那么你想的这个办法，也就是我们所说的活动了。活动是一切教育教学工作的智慧之花！

不是吗？遇到什么样的问题，你就创设什么样的活动；想要达成什么样的目标，你就创设什么样的活动。——当我们的教育教学工作归于一个个充满创意的“活动”时，师生的生命及生活状态就会发生质的转变，同时我们还会发现，一切工作都将变得非常简单高效！

理念四：回归学科教学的本真

学校工作以教学为核心，以育人为根本。归真教育倡导实现“教育与生活融合，成长与发展同步”，在此，我们必须先弄清一个问题：师生最主要的生活内容是什么？教学，而且是学科教学！这是丝毫不能含糊的事。因此，在教学活动中达成育人成才的目的，应当成为归真教育实施中必须坚守的一条标准。同时，学科不同，个性不同，应当遵循的基本规律也有一定的差异。由此，回归学科教学的本真我们可以从以下两个方面来理解。

（一）以学科教学为核心，组织开展教育教学活动，当成为归真教育的主旋律。

举一个例子：我们都知道，朱永新先生倡导、推行的新教育实验如今在基础教育界可谓产生了较大的影响，但我们不妨深思一下，其影响主要是靠什么在支撑？“六大行动”中的“营造书香校园”！而其他五大行动的影响力实在有限，特别是“构筑理想课堂”这一环尤为薄弱。这就直接制约了新教育实验的深入推广和普及！——“营造书香校园”固然重要，但对于“以教学为核心”的学校工作来说，毕竟是“敲边鼓”，只有在“构筑理想课堂”方面实现质的突破，新教育实验才能迎来更加明媚的春天。再看看如今靠课堂教学改革而大红大紫的山东杜郎口中学、江苏洋思中学、沁阳永威中学，我们就不难理解“课堂学科教学”对于一个学校乃至一种教育理念的发展来说有多么重要了。

从归真教育的发展史我们可知，它是在活动式训练课型的基础上多元辐射而形成的，可以说，它从诞生的那一刻起，就是首先指向于课堂教学的，这是我们在研究思路上与肖家芸老师的“语文活动式”不同的地方。肖老师的研究思路是由“五小活动”（小练笔，小演讲，小主持，小制作，小创作）向课内渗透，我们则是由“活动式训练课型”向四周多元辐射。在实施归真教育的过程中，我们仍要坚守这一基本思路，立足课堂，抓好学科教学，并以其为核心，进行四围辐射。如下图所示：

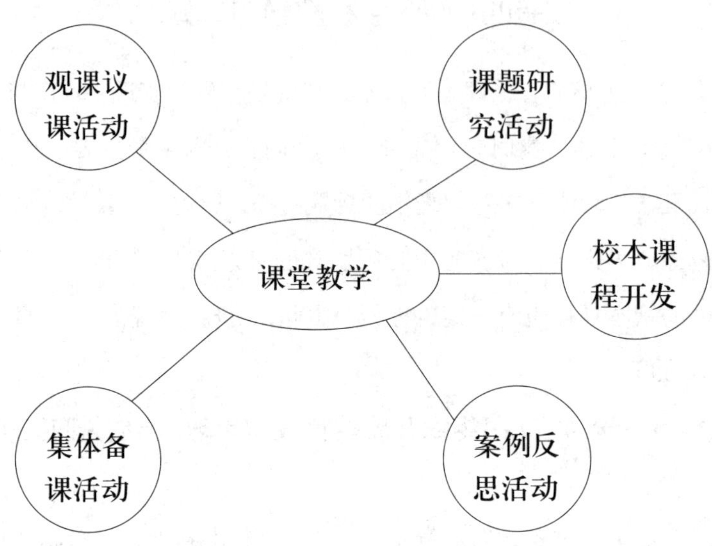

只要抓住了课堂学科教学这个核心，我们的工作就不会偏离归真教育的轨道，如果离开了这个核心，我们就必将品尝失败的苦果。

（二）课堂行为回归学科教学的本真，是归真教育课堂教学的灵魂。

当前的课堂教学远离学科本真的现象普遍存在——“语数英靠练，政史地靠背，理化生靠记”依然是不争的事实。归真教育要求教师必须认真厘清一个问题：我所任教的这个学科，究竟在课堂上应该引导学生去做些什么？怎么做？换言之，就是必须搞清楚“学科的本真”，然后扣住这一本真组织教学活动，实施教学行为。

“本真”在何处？就在课标中。在新课程标准中，每一个学科都界定了“课程性质”“课程的基本理念”及“课程总目标”，这些东西就是学科的“本真”。当然，在具体的实践过程中，我们很有必要对这些东西进一步琢磨、提炼，去粗取精，去伪存真，力争让支配我们课堂教学行为的最本质的东西凸显出来，也就是说要从这些“本真”的东西中，再凝练出一个“真魂”来，这样我们在操作时，就能化繁为简，举重若轻。

以语文学科为例，尽管就语文学科的性质、基本理念、整体目标而言，其内容涉及方方面面，但将其转化为实实在在的课堂教学行为时，所围绕的核心却非常简单，就是“以听说读写思作为原点，展开多元立体式语文活动”，这就是语文学科教学的本真，把握住了这个本真，“工具性与人文性的统一”才能得以实现，“积累与运用”“阅读与写作”的各项指标才能够落实。请看下面这则案例：

语文课，怎样上出语文味？

赵长军老师在上萧乾的《吆喝》一文时，一会儿引导学生模仿生活中各类小贩叫卖的吆喝声，一会儿利用多媒体课件播放老北京小贩们各种京腔味十足的吆喝声……课堂上笑声不断，气氛可以称得上活了。但透过孩子们欢快的笑声，我不由得问自己——这节语文课，究竟缺失了什么？

语文味！语文课要姓语，课堂教学要回归学科教学的本真。当师生的教学行为只在纸面的浅表层上游走，而不能深入到文本的字里行间中去的时候，我们的语文教学就必定会处于一种很尴尬且极危险的境地。要知道，我们是在上语文课，而不是在搞曲艺训练，在课堂上让学生这样吆喝来吆喝去，除了收获一些不动脑筋的笑声，从培养、提升学生的语文素养而言，孩子们又能得到些什么呢？

那么，语文课，怎样才能上出语文味？这个问题的答案可能会有许多种。但最基本的，莫过于立足文本，在语言品析中来察情、达意、知事、明理了。围绕“品析作者对老北京的吆喝声怀有怎样的情感”这一教学重点，我们可以这样来展开教学：

师：请同学们认真阅读课文，找出能够表现出作者对老北京的吆喝寄予情感的词语、句子，并试着加以品析。

带着这一问题，学生很容易就可以找出一些代表性的语句。如文章第2段：“其实，更值得一提的是声乐部分——就是北京街头各种商贩的叫卖。”还有结尾处：“现在北京城倒还剩一种吆喝，就是‘冰棍儿——三分嘞’。语气间像是五分的减成三分了，其实就是三分一根儿，可见这种带戏剧性的叫卖艺术并没失传。”

然后，围绕这些句子，引导学生抓住一些关键性的词语展开品析，我们的课堂教学就会一下子变得丰富、充实，且饱含语文味。不是吗？请看——

生1：“更值得一提的是声乐部分。”这句话中，一个“更”字突出了作者对老北京吆喝的无比喜爱之情；从“声乐部分”，可以看出作者对本属于“下里巴人”的街头吆喝，充满了无限敬仰之情，将其尊称为“声乐”，足见其在作者内心深处的地位之高。

生2：“现在北京城倒还剩一种吆喝，就是‘冰棍儿——三分嘞’。”这句话中，“倒还剩”“一种”这组词语，委婉地表达出作者对濒临灭绝的老北京吆喝这种民俗文化的忧虑、惋惜之情。

生3：面对剩下的这一种吆喝“冰棍儿——三分嘞”，我似乎感受到了作者内心深处的那份忧虑。原本多姿多彩的老北京吆喝，到现在就只剩这一句了，而且还如此简单，想一想，就不由得让人产生丝丝伤感。

生4：“可见这种带戏剧性的叫卖艺术并没失传。”在这句话中，有两个词语凝聚着作者对老北京街头吆喝的浓浓深情。一个是“带戏剧性的”，在作者眼里，老北京街头的吆喝无疑就是饱含着京腔京韵的戏剧，它内涵丰富，音韵和谐，魅力十足，令人陶醉。一个是“叫卖艺术”，在作者心中，老北京街头的吆喝，那是阳春白雪般的艺术，那是最原汁原味的京腔京韵。由这两个词语，可见作者对吆喝的情感已经到了近乎敬畏的地步。

生5：由“并没失传”也可以看出，作者面对尚有一线生机的老北京街头吆喝，所表现出来的那份淡淡的欣慰之情。

——这就是语文味，这就是回归本真的语文课堂！

当学生透过生动鲜活的文字，实现了与文本之间的沟通、与作者情感的交流的时候，文本所固有的引领、示范功能才能最大限度地被开发出来，才能对学生产生多元化、立体式的长久影响，而这恰恰是那些简单化的“吆喝”类的教学行为所无法达到的。

立足文本，引导学生在精细阅读的过程中品出语文味，应当成为我们语文学科归真课堂的一条基本操作原则。

其他学科也是如此，只要悉心揣摩，认真探究，我们就不难发现其本真。如数学课堂教学是“以计算、推理和证明为核心”展开的多元立体式数学活动，理化生课堂教学是“以探究、实践、创新为基调”展开的多元立体式学科活动。

围绕学科教学的本真，针对不同的教学内容，创设多元立体式学科活动，我们的课堂教学就步入了归真教育的正道。

理念五："实事求是"是归真教育的行动指南

"实事求是"是毛泽东思想的精髓，是邓小平建设有中国特色社会主义理论的哲学基础，更是我们实施归真教育的行动指南。换言之，"实事求是"就是"归真"，反之亦然，"归真"就是"实事求是"。

对中国现代革命史稍微有一点了解的人都知道，马克思主义在指导中国革命实践的过程中，并非是一帆风顺的，只有当以毛泽东为首的党中央将马克思主义与中国革命实践相结合，创立中国化了的马克思主义——毛泽东思想之后，中国革命才真正迎来了曙光。

近几年，随着新课程改革的推进，全国各地的中小学赶集般奔赴山东杜郎口中学取经，轰轰烈烈地"大胆"实践，然真正成功者有几？要么被形式主义崴了脚，要么被冒进主义闪了腰。大多是昙花还未一现，就迅速枯萎了。——杜郎口中学的模式错了吗？实在是学习者不能做到"实事求是"才造的孽！

杜郎口中学在课堂教学改革方面跨出了质的一步，尤其是在展示课上，师生的生命状态被充分激活，就这一点而言，杜郎口中学行的确实是真教育。但遗憾的是，人们在学习杜郎口教改经验的时候，并不能将其与国家的课改精神及自己学校的实际情况综合起来去考虑，而是盲目照搬，"乐观"冒进，更有甚者，竟无知地将杜郎口中学的教学模式与新课改等同起来，一提新课改，脑子里就只有杜郎口中学那种闹哄哄的课堂影像，并严格地将其作为衡量教师上的是不是"课改课"的标准，实在是可笑之极。如果我们能够实事求是一点，在透彻理解杜郎口中学的课改精神、准确把握其核心实质的前提下，将杜郎口中学的经验本土化，本校化，本班化，本人化，又怎会出现那种改来改去改得无路可走的尴尬景况呢？

任何一种先进理念、思想、模式、方法的诞生，都有其客观的环境和条件，在学习、应用的过程中，只有从实际情况出发，审时度势，灵活变通，综合权衡，科学决策，才能真正发挥其积极作用。

归真教育告诉我们，只有从我们目前所面临的教育教学客观条件入手，灵活地运用一切先进的教育教学思想、理念、方法、规律，找到解决“这一个”问题的途径和方法，我们的工作才会收到令人满意的效果。“过”与“不及”都有可能给我们带来无法挽回的损失，甚至让我们犯下不可饶恕的罪过。因为我们所做的是育人的事业，而对于一个孩子的成长来说，关键的往往就是那么几步，一旦错过了，将终生遗憾。任何科学的实验，都可以以失败为代价，唯有教育教学实验例外。因为任何鲜活的生命都不可复制，无论哪个教师都没有“将学生作为教学实验失败产品”的权利。

在教育教学实践中，我们怎样才能做到实事求是？要说难，这实在是太难了。因为它对我们教育者提出的要求太高了——你得具有洞察一切的火眼金睛，你得具有审时度势的超凡本领，你得具有渊博高超的知识技能，你得具有无比崇高的职业道德……要说简单，也就一句话，只要你心中有真爱，只要你能时时处处将“为灿烂生命奠基，为幸福生活铺路”这句话装在心中，渗透到自己的血脉里，落实到自己的教育教学行为中，你就一定能轻而易举地做到实事求是。

有人曾和我交流过一个问题：归真教育是不是对一个教师的素质要求太高了，是不是只有专业化发展达到一定程度的教师，才有可能做好归真教育？我的观点是，果真如此的话，归真教育就完了！如果一种思想、理念、方法、模式，不具备普适性的话，那么它充其量只会是一朵幽谷中的野花，不可能大放异彩于阳光下。归真教育是“实事求是”的教育，是“一切从实际出发”的教育，是“张扬个性的教育”，是“百花齐放”的教育，是“兼容并蓄”的教育，是“集大成”的教育，它具有普适性。打个比方来说，我们要到北京去，可以选择不同的交通工具，飞机，动车，特快，普快，奔驰，大巴，卡车，小四轮，自行车……只要你的路走对了，尽管其速度不一样，但最终都是可以到达终点的，只不过速度快的早到点，速度慢的晚到点罢了。回到我们的话题中来，只要我们实施的是归真教育，教师素质高的，你就会效果好些，素质低的，可能效果会逊色点。但假如我们行的不是归真教育，你前进的方向就错了，南辕北辙，教师素质再高又有何用！

做到了实事求是，我们的教育教学工作就能够得到健康、和谐、可持续的发展。

理念六：形成专业化核心思维的自觉

形成专业化核心思维的自觉，是实施归真教育，获得轻松高效工作的第一步。因为核心思维理论是归真教育，尤其是“活动式训练课型”的重要支柱之一。那么，什么是专业化核心思维？

金庸先生在《神雕侠侣》中曾写到这样一段故事：蒙古大汗蒙哥率军攻打郭靖镇守的襄阳，几番厮杀之后，蒙古军蚁附登城，眼看城内军心已乱，城将不保，在此危急关头，神雕大侠杨过挺身而出，飞马闯入敌营之中，先是用长矛掷杀了两位百夫长，冲乱了大汗的亲兵卫队，接着又在万军丛中追杀大汗蒙哥，最后用飞石将其击毙，使得蒙古军队兵败如山倒，从而换来了大宋山河的十三年安宁。

在这段情节中，杨过何以能凭一己之力挽狂澜于既倒？是因为他用正确的思维方式作指导，采用“擒贼先擒王”的策略果断出击。

杨过在这儿采用的思维方式就是我们要谈的核心思维。像这样抓住问题的关键或核心所在，有效展开工作的思维方式，就叫作核心思维。我们平时所说的“打蛇要打七寸”“降牛要抓牛鼻子”等，实际上也都是这种核心思维支配下的行为方式。

从上面的示例我们不难看出：一旦你拥有了灵活驾驭核心思维的能力，那么你就可以在纷纭复杂的社会生活中过得轻轻松松，在千头万绪的工作事业上做得游刃有余。

在这里，我们不妨说一说魏书生老师的核心思维意识。

第一，他洞谙人生真谛的核心。多次聆听魏老师的讲座，总能深深地感受他心底的宁静，心灵的愉悦。我总觉得，他能够始终把事业工作当作一种精神享受，把教书育人当作一种闲庭漫步，把生活中的不如意当成一种心志营养素。“他告诉我们珍爱生命、享受生活的四字秘诀，叫作‘松、静、匀、乐’。‘松’即身体放松，‘静’即心灵平静，‘匀’即呼吸匀称，‘乐’即情绪欢愉。他特别告诫我们要记住四字秘诀，要在纷乱复杂的社会里，在紧张激烈的人际中坚守住心灵的宁静，坚守住快乐的心灵之道。他认为，快乐可以外取，也可以内求。只有时时做到以静制动，快乐才可能随你而来。因为，有一失，必有一得；有一利，必有一弊；翻开手背，必定是手心；走出阴影，必定是阳光。”他积极乐观的人生态度，谦和平易的处事心态，道法自然的工作智慧，无不给我们带来醍醐灌顶般的多元启迪。

第二，他洞谙教育事业的核心。他说：“教育就是帮助人养成良好的习惯”，“是为了让人幸福”。因为他清楚，教育不管怎么改，都是为了适应社会的发展需要，为了学生自身成长发展的需要。当人们都在苦苦探求究竟什么是素质教育、到底应该怎么搞的时候，当人们都在新课程改革的大潮中翻江倒海、大显神通上演创新闹剧的时候，当人们都在望着理想教育兴叹、对着现实教育发愁的时候，魏书生却本着“培养良好习惯”这一核心，在优哉游哉中把一方教育做得风生水起、“盘锦生辉”。他在一次会议中，强调青年教师一定要抬头看恒星，坚守住那些真善美的东西，往深处去做其实就是在改革。他告诉我们，“知”易，“行”难，“恒”愈难，比“恒”更难的是“乐”难。把教育这件事，当作自己的享受，当作自己生命里的一种需要。不是做给领导检查，不是做给别人欣赏，而是做给自己享受。

第三，他洞谙教育艺术的核心。魏老师总能“使不爱学习的学生爱学习，使自甘暴弃的学生对前途充满信心”，凭的是什么？凭的是他对教师核心作用的深入理解，他认为，教师的作用就是要深入到学生的心灵深处去发现、扶植其积极的一面；凭的是他对学生主体核心的深入解读，他说：“任何一位平凡的学生，内心深处都是一个宏大的世界，都有人性中最美好的资源。”基于此，他为所有的学生打造了一个又一个施展自己才华的平台，并引领他们在这些广阔的平台上去实践、探索、成长、提高，去展示才华，去创造成果，去获得成功。只要听说过魏书生老师，你就一定知道他在班上实行的“承包制”“说明书”“道德长跑”……我们总会觉得，魏书生心中有使不完的好方法，用不完的金点子，就连著名大家吕叔湘在谈到他的时候，也说：“我很惭愧，没有及早认识魏书生同志。我要是年轻一半，我一定要拜他为师，向他学习。”

第四，他洞谙工作方法的核心。魏老师在给《人民教育》的题词中写道："潜心育人，校校可成净土；忘我科研，时时能在天堂。"苏霍姆林斯基也曾说："如果想让教师从繁重的教育教学工作中感到快乐，就应该引导教师投入到教育研究中去。""如果你想让教师的劳动能够给教师带来乐趣，使天天上课不至于变成一种单调乏味的义务，那你就应当引导每一位教师走上从事研究这条幸福的道路上来。"两位教育大家以自己卓有成效的实践为依托，为我们指明了一条通向幸福的教育工作之路。一旦我们的教师能在这条路上走出乐趣来，还何愁我们的课改不能成功，我们的教育不能欣欣向荣!

诚然，魏书生老师在教育上所达到的高度，我们一般教师的确很难企及。但是，学习他的思想，借鉴他的方法，运用他"核心思维"的方式，让我们在原来的基础上提高一些，让我们的工作状况在原来的基础上改善一些，让我们的教育生活过得稍稍幸福一些，应该算是比较现实的吧?

只要你能够运用核心思维去审视自己的教育工作，去指导自己的教学行为，你就会发现，自己的工作一下子变得轻松、高效起来，自己的生活也变得从容、幸福起来。

那么，怎样运用核心思维，才能使我们的生活变得轻松，使我们的专业化发展变得迅速，使我们的教育教学工作变得高效呢?

1.定准核心是前提。

学校工作有学校工作的核心，课堂教学有课堂教学的核心，一篇文本有一篇文本的核心，备课有备课的核心，教师专业发展有教师专业发展的核心……如果核心都定错了，还谈什么核心思维、轻松高效！例如，教师应当怎样进行专业化写作？必须时刻围绕"为教育教学服务"这一核心有效展开。首先当是备好教案，可以这样说，要实现真正意义上的专业化发展，离开了这一环，免谈！其次是写好案例反思，案例是理论的故乡，反思是智慧的结晶。再次是对各类教育教学问题的方法、规律总结。最后才是围绕教育教学现象所做出的理论探索、感悟、感言类文章。可现实中呢？很多教师却偏偏本末倒置，结果自然空耗了许多时光，终不见专业发展。

2.形成核心思维的行为自觉是关键。

我们肯定会有这样的感觉，每天早上一上班，就发现有一大堆事在等着我们去做。班务需要处理，学生需要关注，又要备课、上课，还得去参加教研活动，又是观课议课，又是案例反思……想来想去，一会儿头就大了，头一大，心就烦，心一烦，气也跟着不顺了……这气一不顺，你想想，这一天还怎么过？即便勉勉强强在煎熬中度过了，又会有怎样的工作效果？其实，只要你养成核心思维的习惯，形成核心思维的行为自觉，一切都会变得简简单单。举个课堂教学的例子来说，请看下面这则载于2006年第9期《四川教育》的案例：

课堂提问，因简约而美丽

这一节学的是《发问的精神》。一上课，我先引导学生看“预习提示”。

师：首先请大家看一下“预习提示”中的第一句话，这篇文章的意图是——

生：提倡发问。

师：既然文章的意图是“提倡发问”，那么我们今天的学习活动就该围绕什么展开？

生：发问！

师：好，下面给大家10分钟时间，认真阅读预习提示和课文，然后试着提出自己发现的问题，咱们比比看谁提出的问题最有价值。

学生积极阅读，圈点批注，将发现的问题写在书上。其间，我在黑板上画了个统计简表，包括问题序号、发问者、问题星级评定三个项目。

师：下面谁为大家献上第一个发问？请在黑板上写出你的问题。

石鹏同学在第一时间走上讲台，写下了自己的问题：为什么说“发问是思想的初步，研究的动机”？

生：这个问题太简单了，答案在第39页最上边一行。（石鹏还未走下讲台，已经有同学回答出了答案）

师：这个问题虽然简单，但只凭石鹏同学第一个登台发问的这种精神，就应该获得一颗星。下面请大家继续发问，我们等待着更精彩的问题。

话音未落，一下子跑上来四个学生，分别在黑板上写下了自己的问题——

古小涛：最后一段三个反问句有什么作用？

薛慧杰：最后一段中三个问句各表示什么意思？

宋文静：文章中作者举出了四个事例，这四个事例的位置可否调换？为什么？

任玉丹：最后一段中三个反问句给你带来了哪些启示？

有意思的是，其中三个同学不约而同地把发问的目标指向了最后一段的三个反问句。

师：大家请看这四个问题，看能不能从中发现点什么。

生：有三个问题都与课文最后一段的反问句有关。

师：三个同学都不约而同地选中了这三个反问句，这意味着什么呢？

生1：这三个问题最有价值。

生2：不，是这三个反问句最有价值。

师：好，就冲这一点，这三个问题均可获得一颗星。同学们，既然我们发现了如此有价值的问题，那下一步该怎么办？

生：找到答案。

师：下面就请大家用最投入的心态来朗读一下最后一段，好吗？请你在阅读过程中积极思考这几个问题的答案。

这一段，学生们读得极其投入，三个反问句，步步追问，最后一答，铿锵有力，直渗到每一个人的心里去。

生1：我绝不会让自己的智慧之门紧闭。

生2：我要勇于走自己的路，不会一直让别人带着走。

生3：我要做善于活用知识的学问家，不做两脚书柜般的书呆子。

…………

孩子们的思维飞扬了起来，这几个问题的价值岂又是多加上的几颗星可比！

师：同学们，这几个问题引发了我们思维的灵光，让我们在思考中开启了智慧之门，该不该再加一颗星？

生：再加两颗星。

师：好，咱们就再加上两颗星。但老师希望，每一个同学都要永远把这几个三星级问题印在心里，让其伴你一生，敞开智慧之门，别做两脚书柜！

留下的问题已如渠中之水，究竟谁提出的问题最有价值也已不再重要。关键的是，发问的泉源一旦涌流出水来，知识的绿洲便会在学生心中无限地蔓延。

反思：

契诃夫说："简洁是天才的姊妹。"这句话本来是针对文学创作而言，然而我觉得也完全可以借用来指导我们的课堂教学设计。这节课，从整个教学过程来看，简单得无法再简单了，就是在教师引导下，由学生提出了几个问题，然后在思与读中解决了这几个问题而已。但是现实的课堂却给我们留下了几多亮点！学生自觉投入，发问积极，思维灵动，答案精彩，整个过程看似波澜不惊，实则遍是涟漪，发问—阅读—思考—作答，一切都显得自然流畅，水到渠成。在这里，教师似乎成了可有可无的点缀，课堂完全变成了学生的舞台。

静心思忖，我们不难发现，这节课正是因为其"一语天然，豪华落尽"，正是因为其提问的简约才变得美丽。针对这篇文章的教学，教师没有去挖空心思暗设机巧，没有去想方设法引学生入我彀中，而是紧紧抓住本节教材"倡导发问"这一个性特点，单刀直入，在引导学生"发问"上大做文章。这样，使学生在读书—明理之时，直接用文中之理来指导自己的行为，从而自然而然地实现了学生"知"与"行"的完美统一。

由此看来，教师在设计课堂提问及组织教学时，若能善于抓住教材的个性特点去做文章，且力求做到"有真意，去粉饰，少做作，勿卖弄"，我们的课堂教学就一定会因简约而美丽起来。

议论文教学，相对来说都比较枯燥。然而这节课却因几个简单的提问而显得异常美丽。为什么会收到这样的效果？表面上看，是教师的问题设计得巧妙，其实，真正

起作用的还是教师在处理教材时所运用的核心思维。教师从文本的个性特点出发，找到了“发问”这一核心，然后巧妙引导，一切便水到渠成。

3.始终抓住最关键的那一环展开工作。核心思维就是教我们怎样厘清工作思路。针对不同的工作阶段，面对千头万绪的工作局面，我们不妨想一想，这些事中，哪一件最重要？这件事中，哪一环最关键？最重要、最关键的就应当成为我们工作的核心，应当全力以赴去做好它。以教师专业化阅读为例，我们不妨这样运用核心思维——

教师专业化阅读应当涉及哪些方面？以什么为核心？怎样展开才最科学、最有效？这样一思考，答案就出来了——应当以“教材阅读”为核心，向四围辐射性选择阅读对象。教材应成为教师专业化阅读的第一选择（但恰恰是最该认真读的东西却往往被“一些片面追求专业化发展的教师”遗忘）；与其相关的著作、作品理所当然就成了专业化阅读的第二类资源，如教材选用《〈论语〉十则》，我们就不妨读读《论语》，教材选用《背影》，我们就不妨读读《朱自清散文选》；第三才是一些经典的教育理论著作……

凡事若能这样想一想，还怕理不出个头绪吗？

4.处理好“核心”与“一般”的关系。我们必须明确一个道理——工作之所以有“核心”，恰恰是因为“一般”的存在；我们之所以要抓住“核心”展开工作，是因为往往解决了“核心”问题后，“一般”问题也就迎刃而解了。但我们绝不可忽视、漠视“一般”的存在，否则，“小阴沟里翻船”的现象随时都会出现。如备课时，“深度解读教材”无疑当为核心，但教学方法、班情学情等因素，难道我们就可忽略吗？

用好了核心思维，我们就能将一天中、一年中、一生中的诸多事，关系理顺，方法找对，安排得有条有理，轻轻松松地高效前进。

只要形成了专业化核心思维的自觉，归真教育的实施就步上了快车道！

三、一种基础课型

（一）归真课堂的核心思想

2011年9月10日《教育时报·教师节专刊》以“归真教育，成就学校发展之“道”——解析武陟县实验中学归真教育变革”为题整版报道了武陟县实验中学践行归真教育的情况。记者王丽萍在文中写有一段这样的话：

> 贺小燕，一个看起来很腼腆、在课下不善言谈的地理教师，可她的课却深深地震撼了我。教学“东南亚”这一节内容时，她在课堂上创设了一个角色扮演活动。让学生通过阅读课文，读图，然后分组创建旅行团，每个小组选出不同国家作为旅游目的地，写出导游词（有关该地区的位置、气候、地形、经济、宗教、风俗习惯以及具有代表性的旅游景观），然后选出代表当“小导游”，介绍该地区的自然或人文情况。活动开始后，同学们兴致高昂，认真阅读课文，拿出地图册积极研究地图，撰写导游词……等到发言时，真是令我大吃一惊，我没料到学生的文笔那么好，尤其是选择新加坡的一位同学，更是声情并茂，娓娓道来，不仅把新加坡介绍得生动、鲜活，更着重强调了马六甲海峡的重要性，连日本人把马六甲海峡看作“海上生命线”这一点都讲得非常透彻。在这节课上，我初步领略到了“活动，是教育教学的智慧之花” 这条归真教育核心理念的无限魅力。

事实上，为归真课堂的魅力所倾倒的不是只有教育时报社的记者，更多的一线教师一接触到它就开始为它着迷。陈红杰老师在网上发文《我感觉到了活动的魅力》，激动之情溢于言表。李庆霞老师说“归真教育”就是名家笔下“真情、真心”的经典散文，我们的归真课堂就像是“形散而神不散”的散文灵魂。董红峰老师在体会文章中写道："学用结合、学中用、用中学的教学模式使课堂的实用与灵气实现了完美结合。"语文教师程小芬在一次评课后激动地说："归真课堂理念，让我一下子茅塞顿开，我忽然发现，教学原来可以如此简单却又具万千气象！"

那么，归真课堂的核心思想有哪些呢？在此，先简言之，第三辑中，介绍活动式训练课型时我们会详细谈及。

1.归真课堂基本理念：弘扬生命灵性，追求智慧闪光，做到重点突出，落实学用结合，达成教学目标，实现拓展延伸。这一基本理念，既是归真课堂的行动指南，亦是归真课堂的评价标准。"弘扬生命灵性"，是归真教育"为灿烂生命奠基，为幸福生活铺路"这一核心理念的要求，是当今课堂教学改革的价值走向，是"以人为本"课程思想的具体落实。只有当生命的灵旗在课堂上高高飘扬，我们的课堂才会充满人性的闪光，我们的孩子才会真正走进心灵的阳光地、个性的张扬所，也才能够真正享受到"完整幸福的教育生活"。"追求智慧闪光"，纯粹的知识传授，永远激不起思维之湖的涟漪，只有智慧的碰撞，才能让我们的课堂闪现思维的灵光。让师生的思维在课堂上插上翅膀，碰撞出火星，智慧的花儿自然会溢蜜流香。"做到重点突出"，才能真正实现课堂高效，一节课的时间很有限，攥紧的拳头才能打出最大的力来。"落实学用结合"，学以致用，是千年凝成的治学真理，知行合一，是教育先贤谆谆的教诲，没有"用"的淬火，知识永远是一堆死物，只有"用"的锻造，融会贯通、举一反三、出奇创新才不会停留于梦想。"达成教学目标"，是起码的教学要求，偏离了这一航道，必定有覆舟之虞。"实现拓展延伸"，才可能变知为能，才会出类拔萃、锦上添花。

2.归真课堂操作指导思想：厘清课标上明白课，落实课标上有效课，科学活动上精彩课。静下来学得扎实，动起来学得精彩。课标是课堂教学的指南针、方向盘，只有在备课时厘清课标，真正弄清楚课标中对"这一课"的具体要求，哪些需要积累，哪些需要了解，哪些必须掌握，具体达到何种标准，做到心中有数，在上课时，师生的教与学活动才能开展得明明白白。在课堂上，教与学活动的设计与落实，要紧扣课标这一基础原点有效展开，可以适当拓展，但不能旁逸斜出，偏离主题，更不能漫无目的，信马由缰。"科学活动上精彩课"是归真课堂应当致力追求的一种境界，活动是课堂教学的智慧之花，以精心设计的学科特色活动来运载课堂，师生的课堂幸福指数自然能水涨船高。“静下来学得扎实，动起来学得精彩”，这句话是活动式训练课型科学动态性的高度凝练，一味地静与一味地动，都不是课堂的本真，只有动静结合，既能给学生充分的思考、自主探索的时空，也能给学生互动合作、创造性自由展示学习成果的平台，我们的课堂才能真正地激活学生的生命状态，从而产生最大的课堂质量效益。

3.归真课堂操作方法：围绕一个重点，立足“学用结合”，借助“活动”载体，灵活把握“环节”。

四句话，四个要素。

“一个重点”，是归真教育“养成专业化核心思维的行为自觉”这一理念的具体要求，是真正实现变“教教材”为“用教材教”的有效方法，是课标细化三大体系中课时教学体系（第三辑中详细介绍）在课堂教学中的具体应用。一节课要教、要学的东西很多，但只有紧紧围绕“这一个重点”的资源，才是我们的课堂所需要的。我们要真正确立起课程意识，站在课程的系统的教学视角下去看教材、用教材，不要眉毛胡子一把抓。只有实现围绕一个重点，才能做到教学目标明确，教学重点突出，有效教学也才能真正成为现实。

“学用结合”是归真课堂的行动指南。先学后用，先用后学，在学中用，在用中学，学学用用，用用学学，本节课学，下节课用，一节课学，几节课用，随机应变，灵活取舍，运用之妙，得乎一心。用中探问题，用中找方法，用中明规律，用中见智慧，用中增能力，用中有情感，用中有发现，用中有创造，用中自有教育教学的一片新天地。离开了学用结合，就没有真正的教学。

活动是课堂教学的智慧之花，但我们必须明确，活动只是个载体，课堂教学要真正达成的目标，不是活动本身，而是其运载着的知识、能力、方法、过程、情感态度、价值观。我们不能将精力只放在活动的表面上，而应在其运载的内容上下功夫。

归真课堂的基础模式是一点两步四环节活动式训练课型，一点即围绕一个重点，两步即先学后用、学用结合，四环节指激趣导入、感知求疑、探究内化、拓展创新

（拓展延伸）。在此需要明确的一点是，这四个环节，并非什么固定的模式，而是学习需要遵循的最基本的思维、认知过程，在具体的操作过程中，完全可以根据需要灵活变通，自由把握。它既可以应用于课堂教学，也可以应用于单独问题的辅导、解决，既可以四个环节同时出现，也可以根据具体情况随机组合，可以上一节“感知求疑”课，也可以上一节“探究内化，拓展创新”课，切不可将其完全固化为唯一的模式，一固化，课堂就死了。归真课堂有一个基础模式，但它没有一成不变的固定模式，要求教师必须综合考虑影响课堂教学的各种因素，以“基础模式”为前提，充分发挥自己的创造性，大胆构想，灵活变通，设计出具有个性特色的教学活动方式。活动式训练课型“有模式，但不囿于模式”，归真课堂，其实是一种充满生命灵性和智慧张力的课堂，是一种追求百花齐放而绝不囿于僵化模式的课堂，是一种充分张扬师生个性、发挥师生创造性的课堂。

4.归真课堂操作核心：以问题为航标，以活动为方式。将问题暴露在阳光下，围绕问题展开有效教学。先学后用，学用结合。在学中用，在用中学。在此只明确一个观点，即真正的有效教学必须建立在有价值的问题之上。这个问题，既可以是课前预设的问题，也可以是课堂生成的问题，而且尤以生成性问题为最佳。可以这样说，问题出现之时，就是真正的有效教学开始之时。为“表演”的光鲜，回避问题、遮掩问题的课堂，是无效的课堂，是无用的课堂，是罪恶的课堂。没有瑕疵的课堂不是真课堂，没有问题的教学不是真教学。

附：

武陵县实验中学归真课堂展示课评价简表

上课教师：　　　　　　　　　　　　评课时间：

评价标准	简洁评语	综合评分
①重点突出。②充分落实“先学后用，学用结合”。③活动设计科学实用。④师生关系和谐民主，课堂氛围自由开放。⑤学生状态积极，智慧灵动闪光，活动参与充分，表现精彩高效。		

续表

实验中学归真课堂基本理念：张扬生命灵性，追求智慧闪光，做到重点突出，落实学用结合，达成教学目标，实现拓展延伸。
实验中学校本教研公开课追求：厘清课标，上明白课；落实课标，上有效课；科学活动，上精彩课。

（二）归真课堂太极图诠释

体生命之方

品教育之理

思课堂之法

悟生活之道

归真课堂太极图是归真课堂思想体系的文化符号。当我们把这一文化符号装在心中、融入血脉的时候，我们的思想便丰厚起来，我们的教育教学行为便自自然然地真起来。归真课堂以“活动”为核心，头顶“真”，脚踏“实”，左手握“学”，右手持“用”，胸中含“静”，心中有“动”，处处求“美”，时时弃“丑”。这个看似简单的符号之中蕴含着丰富的文化内涵。

那么，这个归真课堂太极图，可以给我们带来哪些基本的思想信息呢？

一是告诉我们活动式训练课型是归真课堂的基础课型。图中心的阴阳鱼，告诉我们真正的课堂时时处在一种科学动态的变化之中，它既可以起于静，又可以起于动，静中有动，动中有静，动静结合，相融相生。静下来学得扎实，动起来学得精彩。一味地静，课堂即显呆滞；一味地动，师生就会浮躁。换一种思维，它又在向我们昭示着：归真课堂围绕一个重点有效展开的同时，也需适当兼顾非重点的内容。

二是提醒我们去深入思索影响课堂教学效果的各种关系。真与实，学与用，动与静，美与丑，主与次，收与放，大与小，虚与实，疏与密，繁与简，师与生，本与辅，内与外，近与远，进与退，巧与拙，有与无，凡所应有，无所不有。思之越深，得之愈多。

三是启示我们，课堂之外犹有一片天地，既要思课堂之法，又要品教育之理，还要体生命之方，更要悟生活之道。譬如“先学后用，学用结合”，课堂学习如此，教师专业化发展不也如此吗？

（三）感知活动式训练课型

活动式训练课型是打造归真课堂、实施归真教育的基础原点、实施核心。什么是活动式训练课型？就是在归真教育思想指导下，使一节课由一连串精心设计、动静相间、丰富多彩的活动组成，将活动作为承载知识与能力、情感态度与价值观的载体，在教师引导下，让学生在开放、民主、自由、和谐的课堂氛围中，积极地参与课堂活动，在活动中主动地探究知识、发展能力，并获得相应的情感体验。“一点两步四环节活动式训练课型”是其基础模式。所谓“一点”，就是一节课只围绕一个重点展开教学。“两步”，即课堂教学分两步走，“先学后用，学用结合”。“四环节”，指激趣导入、感知求疑、探究内化、拓展创新等四个具体的课堂操作过程。

请先看一篇教学案例《寻找丑小鸭的“生命能量”》：

安徒生的童话名篇《丑小鸭》，影响了无数个成长中的少年。如今被人教社《语文》七年级下册选录在以“成长”为话题的第一单元，足见编者对其青睐有加。如何开发这篇文本的人文价值，使其最大限度地给学生带来生命的感悟及人生的启迪？结合课后练习3的问题（讨论：丑小鸭形象的现实意义），我在课堂上实施了这样一个活动环节——

请学生根据课文的内容，用自己喜爱的方式，画出丑小鸭命运变化的轨迹图，要求：1.在每一次命运转折处，标出从文中找到的关键性词语；2.在图下方配上

“丑小鸭命运轨迹”解说词；3.最后用一句富有哲理性的话概括自己的人生感悟。

活动的指令一发出，所有的学生很快沉浸在一种自我阅读、自我探究、自我创造的境界里。

我徜徉在孩子们中间，看看这个的轨迹图，瞧瞧那个的解说词，品品这个的感悟语……一种极其美妙的感觉油然而生——在课堂上，我幸福着孩子们的幸福！

创造是幸福的，孩子们的幸福总写在脸上，瞧——

谢思琪画的是一组曲曲折折的折线图，最低点，一只丑小鸭显得孤苦可怜，末尾处，折线陡然升高，上面，一只白天鹅振翅高飞。

王闻慧画的呢，左边一只丑小鸭，右边一只白天鹅，它们的背上扛起了一个由几条曲线段组成的圆，中间的每一个连接点处都有一只丑小鸭，且一只只呈顺时针由小到大……

武庆云画的轨迹图，整体轮廓是一个倒放的心形，上部80%的地方用铅笔涂上了淡淡的铅影，唯有心尖处露着一方光明。

创造是幸福的，孩子们的幸福洋溢在口中，听——

“道路曲折，命运坎坷，但无论遇到怎样的磨难，丑小鸭始终前行在奔向光明的道路上……”

“每一条曲线段，就是一段生命的历程，尽管充满荆棘，但顽强的丑小鸭一步一步，用自己蹒跚的脚步走出了一条圆满的成长之路，最终它蜕变成了美丽的白天鹅……”

听武庆云谈她创作轨迹图时的想法，我与所有的同学不由得为她喝彩。“倒放的心形，淡淡的铅影，映射出丑小鸭心灵的负重、命运的惨淡；心尖处的这一方光明，告诉我们，只要有了这颗忍辱负重的心，只要有了这颗坚忍不拔的心，只要有了这颗正视磨难的心，只要有了这颗追求光明的心，丑小鸭就一定能变成美丽的白天鹅！”

给孩子们一个展现自我的平台，你就会发现他们有多优秀。

孔楠在大家的耐心鼓励下，终于第一次走上了讲台，结果她的精彩展示让大家刮目相看。

她设计的命运轨迹图别出心裁。左边用刻度尺标注着不同的“心情指数”，右边依次是八根高低不同的“命运轨迹柱”，前七根柱上分别卧着一只可怜的丑小鸭，最后一根柱的左上角，一只白天鹅正展翅向柱顶飞翔……

她的解说词言简意赅，文采斐然。“初临世界，丑小鸭满心欢喜；因为丑陋，被家人唾骂、遗弃，心灰意冷，外出流浪；四处遭白眼，连猎狗也不屑一顾；找得一栖身之所，却被猫和母鸡戏弄；经历寒冬，丑小鸭死里逃生；蜕变天鹅，丑小鸭幸福一生。”

同学们把最热烈的掌声送给了孔楠，我也用最诚挚的评价向她祝福：“今天，孔楠同学在登上讲台的过程中，内心经历了一番丑小鸭般的磨难与斗争，但她没有放弃，最终用近乎完美的展示完成了自己精神的蜕变，可以说，现在的她，已经成为我们课堂上一只美丽的白天鹅！她将和我们大家一起，在今后的学习生活中，向着更高更远的知识晴空展翅翱翔……”

接下来，一句句饱含着生命哲理的感悟语从孩子们的口中喷薄而出，哲理的芳香充溢在教室中。

“磨难是人生旅途中最宝贵的财富，多一次磨难，就多了一份走向成功的资本。”

“命运中的坎坷，决定不了命运的最终结果。”

“要正视前进道路上的挫折，只要我们心中有阳光，就一定能迎来辉煌。”

…………

我陶醉在孩子们稚嫩而又充满灵性的话语中。

活动——课堂教学的智慧之花！通过活动，为学生打造一个学习、生活的平台，引导他们在这个平台上自觉地去探究，去感悟，去品味，去体验，去实践，去创造，去交流，去协作，去分享，去收获，去成功，应当成为新课程环境下我们进行课堂教学的最智慧的选择。

在这节课上，我通过一个简单的活动（画轨迹图，写解说词，悟人生理），不仅实现了语文课堂教学人文性与工具性的和谐统一，更有效地激活了学生的生命状态，提高了师生的课堂生活质量。

学生要画出丑小鸭的命运轨迹图，写出恰当的解说词，就必须认真阅读课文，具体感知文本，就必须条分缕晰，从纷杂的语言文字的表述中，抓住关键性的语词来琢磨、咀嚼，从而寻求到丑小鸭不同生活阶段的遭遇及心理体验。可以这样说，学生画丑小鸭命运轨迹图与写解说词的过程，其实也就是他们自我探究知识、自我创造学习成果的过程，更是学生返视生活、品味人生、感悟生命的过程。这一阶段的活动中，学生经历了根据文本创作画图，再由画图创作解说词的双向思维过程，也正是因为有了这样一个坚实的学习过程，学生才能从丑小鸭的生命历程中收获诸多精彩的人生感悟。接下来的互动交流，无疑又是孩子们分享成果、体验成功、感受幸福的课堂生活过程。

在这里，活动成了运载知识与能力、方法与过程、情感态度和价值观的有效载体，它不仅使新课程环境下的三维目标找到了质的归宿，实现了有机的融合，更彻底改变了学生的学习方式，为学生带来了多元化、立体式的收获，同时也使整个课堂学习过程时时焕发着生命的光彩，处处张扬着灵动的个性。

精彩、高效、充满生命灵性的课堂，从围绕文本特点，设计出充满魔力与学科张力的教学活动开始！

（原载于《教育时报·课改导刊》2010年3月17日第3版）

通过这篇案例，结合前面对归真课堂理念的简介，也许你已经对此课型有了点初步感知，在第三章，我们将专题介绍“活动式训练课型”，在此不再赘述。

掌握了活动式训练课型，你就掌握了归真教育的核心真谛！

四、五大主题行动

在实践中，怎样有效实施归真教育？除了紧紧围绕归真课堂这一实施核心，我们还需要做好以下几方面的工作，尤其是“五大主题行动”。

（一）活动是归真教育的操作抓手

在日常生活中，我们开门关窗，须得门窗上面有个抓手，开关起来才会方便，如若没有了这个抓手，操作起来就不大得心应手。那么归真教育的抓手在哪儿？从操作的角度而言，归真即归一，归一即归于活动，归于活动，师生的生命及生活状态就会发生质的转变——活动，就是归真教育的操作抓手！

任何先进的理念都必须有易于操作的方法与其匹配，才能真正地得到落实，否则往往会给人带来“山在虚无缥缈间”的感觉。譬如新课程改革提出实现三维目标——知识与能力、方法与过程、情感态度与价值观，但在实践中真正能够落实的有多少？尤其是后两项目标，几乎只是在书写教案或是撰写论文时有所体现而已！为什么会这样？找不到简单有效的操作抓手！归真教育以活动为抓手，让一切变得简单化、明朗化，不仅轻而易举地解决了三维目标的达成问题，令整个教育教学过程变成一种幸福完整的生活，师生的生命状态得以激活，生活质量得以提高，更能对实现学校、家庭、社会的健康、和谐、可持续发展起到积极的推动作用。

怎样利用活动这一抓手有效地实施归真教育？用精心设计的一系列活动，把学校的各项工作统一起来，生动运转，和谐实施，学校工作就会焕发出生命的活力，就会呈现出富于无限生机的局面，师生就会沐浴在阳光下，生活在幸福中！

1.实现活动式管理。什么是活动式管理？以具体的活动为方式，引导被管理者积极地参与活动，在活动中自觉地根据活动规则调节自我，发展自我，完善自我，最终达到自我管理的目标，这种管理方式就是活动式管理。

譬如为加强师资队伍建设，我校教科研室以“实验中学教师专业化成长记录本”为载体，开展了公开课、集体备课、观课议课、读书笔记、案例反思写作等常规性活动，有效激活了教师自觉发展的生命状态。又如2007年始，我们推出的“走近教育名家读好书系列活动”，陆续为每一位教师配发“案头必备书”，引导教师走近教育名家，汲取思想精华，提升理论素养，促进专业发展，真正使读书成为教师的一种生活方式。还有学校德育处开展的“班级文化建设活动”，一下子激发了各班师生自主管理的智慧和热情，动脑筋，想办法，“班级读书角”“向你推荐一本书”“班级宣言”“一平方米保洁”“每日名言”等充满个性的自主性活动应运而生，为班级发展注入了无限的热情和活力。

凡是学校工作涉及管理的领域，诸如领导阶层的管理，教师队伍的管理，教学工作、德育工作、后勤工作、班级工作、课堂教学、课外活动等，均可有活动式管理的渗透。

活动式管理，完成了学校管理实施重心的三个转变：

首先，是管理者与被管理者角色的转变。在传统的管理模式中，管理者是被管理者行为的主宰，被管理者是一个受动的机体。但在活动式管理中，管理者成了初始活动的设计者，成了活动落实的组织者和引导者，起主导作用。而被管理者在实施活动的过程中，则成了具体活动的参与者和落实者，成了自我行为的管理者，处于主体地位。

其次，是管理方式的根本改变。传统的管理重在居高临下的要求，多用“不能怎么样”，而活动式管理重在民主平等的引导，常用“应该怎么样”，传统的管理以把“事”做好、把“工作”干好为目标，活动式管理则更注重人文关怀，以实现被管理者的自我管理为目标，它注重在活动实施过程中引导被管理者根据活动规则进行自我控制、自我规范、自我调节、自我完善。试想，如果被管理者实现了自我管理，还愁工作干不好吗？

最后，是评价主体的改变。传统的管理，由管理者实施评价，在活动式管理中，由管理者与被管理者共同参与对活动结果的评价。

由此，产生了积极的管理效应：一方面，改善了管理者与被管理者之间的矛盾对立关系，使管理者与被管理者在共同参与的活动中结成了一种民主、平等、合作式的朋友关系，非常有利于工作的开展；另一方面，激活了被管理者参与活动的积极性和创造性。活动的本身具有吸引被管理者自觉参与的魅力，在实施活动的过程中，被管理者为了高质量地完成活动任务，就会自觉地动用自己的智慧、才能，充分发挥自己的创造性，这样就有利于优质高效地完成工作，从而避免了传统管理中被管理者拖拉应付的消极现象。

2.开展活动式教学。“没有活动，就没有教育。”我们也可以这样说：“没有活动，就没有真正的教学。”关于活动式教学，目前来看，已不是什么新鲜事，问题的关键在于——如何让活动式教学成为我们课堂教学工作的一种生活常态，成为促进师生可持续发展的一种生命方式？如何让活动式教学更具有广泛性、普遍性和易操作性？因为只有解决了这些问题，活动式教学才不会昙花一现，才不会成为公开课上“专利性的应景的摆设”，也才能让更多的师生真正享受到它所独有的魅力和光辉。

归真教育下的活动式教学，既有高远的追求——力争激活师生的生命状态，提高师生的生活质量，让师生在活动的过程中享受到课堂教学独特的幸福和美好，又有切实的努力——每节课均由一连串精心设计、生动活泼、动静相间的活动组成，将活动作为承载知识与能力、情感态度与价值观的载体，在教师引导下，让学生在开放、民主、自由、和谐的课堂氛围中，积极地参与活动，在活动中自觉地体验、训练，主动地掌握知识、发展能力。二者的完美结合，成就了归真教育下活动式教学的个性特色：

其本真在于“以人为本，育人成才”，它“将活动作为承载知识与能力、情感态度与价值观的载体，在教师引导下，让学生积极地参与活动，在活动中自觉地体验、训练，主动地掌握知识、发展能力”。它主张“构建民主、和谐、平等、合作的新型朋友式师生关系”，“营造出民主、自由、和谐、开放的活动氛围”，“让学生真正成为学习活动的主人”。它追求课堂教学的趣味性、探究性、实践性、创新性及科学动态性，它倡导学生自主钻研、合作探究的学习方法，它坚持面向全体、张扬个性、注重发展的基本原则，它立足课内，面向课外，着眼学生健康、和谐、可持续地全面发展。

它构建了自己的基础模式“一点两步四环节活动式训练课型”，使得本来无形的活动式教学有形化，为使用者提供了一个可以参照的基础标准，这样有利于其大面积普及与多范围使用。但其又绝不囿于模式，旗帜鲜明地提出：课堂教学本没有一成不变的固定模式，它要求教师必须综合考虑影响课堂教学的各种因素，以“基础模式”为前提，充分发挥师生的创造性，大胆构想，灵活变通，设计出具有个性特色的教学活动方式。这样一来，活动式教学就走下了理论的神坛，步入了寻常百姓家——人人都可以根据自己所面临的教育教学实际，创设出独具个性的课堂活动方式。

生活的价值在于创造，拥有了创造性的活动，我们的师生也就真正拥有了幸福完整的教育生活，其生命的灵旗自然也就能高高飘扬。

3.享受活动式生活。课堂之外另有一个博大的世界，传统教育称其为“第二课堂”，在归真教育理念下，课堂其实没有第一、第二之分，课堂即生活，生活亦课堂，实现课堂与生活的有机融合，当是我们追求的方向。传统应试教育下的校园生活犹如一潭死水、一把锈锁，泯灭了生命的灵机，禁锢了师生的活力。这不是真正的生活！真正的生活是动态的，是发展的，是充满生机和活力的。我们倡导归真教育，本意就在于开源导流，去锈磨光，疏浚智慧的泉源，焕发生命的灵机，张扬师生的活力。活动，无疑是可以激起涟漪的秀石，无疑是可以带来自由的钥匙。享受活动式生活，当成为归真教育下师生的一种生命及生活方式。

怎样才能使师生享受到活动式生活的阳光？解放师生，给他们时间，给他们空间，给他们平台，给他们机会，用丰富多彩的活动充盈师生的生活！在这一点上，一些名校大学生社团的运作可以给我们带来许多有益的启示。据了解，目前为止，清华大学的学生社团已达百家，北京大学更是活跃着130多家学生社团。这些学生社团不仅为学生的自我发展、自我教育、校园文化生活提供了广阔的空间，同时在思想政治教育、科学知识普及、实践教育、就业引导、和谐校园建设、志愿服务开展、社会工作岗位锻炼等方面都发挥了重要作用。可以这样说，学生社团活动已经成为当前名校大学生们的一种不可或缺的生活元素。中小学校园不也同样需要这样的“社团”活动吗？国家推行的新课程改革中，实施国家、地方与校本三级课程是一项重大的决策性的突破，但在实践中落实得如何？地方与校本课程大多还停留在“努力开发，应付检查”的层面上。为什么会这样？其间固然有当前我国中小学教师队伍素质偏低，缺乏开发有质量的课程的能力，但更重要的是——眼下的教育环境，没有其生存的空间和平台。归真教育下的活动式生活，将彻底改变这一局面——每一项地方和校本课程，都是一组丰富多彩的活动。把师生引导到一系列丰富多彩的活动中来，那该是怎样的一种幸福生活！不是吗？放眼目前活跃在我国中小学教育园地的所有名校，哪一家能离开生动鲜活、富有创造性的教育教学活动！

其实，享受活动式生活，还可以延伸到家庭、社会等生活的各个角落。譬如一个家庭，平时可以开展一些诸如“家庭读书时刻”“亲子健康之路”“家庭爱心基金”等活动，五一、十一期间还可以开展“同游家乡名胜”“徒步登临长城”“造访山之巅、海之涯”等活动，这些活动无疑可以给一个家庭带来无限的温馨和幸福。其他的社会团体也是这样，只要有了活动，也就有了欢笑，有了温馨，有了和谐，有了幸福！

活动——实现教育归真的智慧之花！

（二）构建多元化立体式活动体系

活动是一切教育教学工作的智慧之花。学校拥有了活动，就拥有了生机；班级拥有了活动，就拥有了活力；课堂拥有了活动，就拥有了精彩；师生拥有了活动，就拥有了发展……

但现实的问题是，这也活动，那也活动，时时活动，处处活动，教师会不会苦于奔忙，学生会不会无所适从？很显然，如果活动设计不合理，安排不恰当，出现这样的问题是小，还很可能会让学校工作陷入一片混乱的境地。那么怎样才能避免这种情况的发生呢？构建多元化立体式活动体系，是唯一的出路。

什么是多元化立体式活动体系？

所谓多元化是指不同的对象，如学校政教处、教务处、教科研室、办公室、工会、团委、各年级组、各学科组、各班级、师生个人等，均可以从不同角度创设活动；立体式是指在创设活动时必须充分考虑活动与活动之间的时空关系，将常规性活动与特色性活动合理搭配，确保做到错落有致，不交叉，不干扰，便于操作。

怎样构建多元化立体式活动体系？

确立大教研思想是前提。什么是大教研思想？归真教育认为，一个学校的教育科研工作，绝不单单是学校教科研室的事，它应当具有全体性、全面性、全程性和关联性。全体性是指教育科研工作涉及学校的每一个教职员工，校长有校长研究的方向，中层有中层考虑的问题，教师有教师探究的内容，员工有员工思考的角度，每一个人都要立身本职，针对自己在教育教学工作中遇到的困难和问题，动脑筋，想办法，找点子，寻措施，力争做到问题圆满解决，困难顺利克服，工作和谐发展。全面性是指教育科研工作应覆盖到学校工作的方方面面，办学理念、学校文化、管理思想、教育教学、“四风”建设、健康安全……关注每一项工作，不留下一处死角，努力做到事事关心。全程性是指教育科研应贯穿教育教学工作的始终，不能一曝十寒，不能顾此失彼，应当做到时时关注，善始善终。关联性是指学校的各项工作之间具有彼此关联的特点，这就要求各职能部门、学科、教师、员工等共同确立协作意识，努力做到和谐相处。只有多方形成合力，充分发挥群体智慧，构建、实施健康和谐的多元化立体式活动体系才会成为可能。

实现核心思维自觉是关键。怎样理解核心思维自觉？太极拳论有言：“以腰为轴，七星式势如车轮。”意思是说，练拳时，以腰为轴心，腰一动，四肢百骸无有不动，从而达到上下相随，节节贯穿，周身一体的和谐境界。那么我们在创设诸多活动的过程中，能不能找到这样一个一动而无有不动的“轴”呢？答案无疑是肯定的。归真教育认为，“全面提高教育教学质量，为师生的精彩生命奠基，为师生的幸福生活铺路”应当成为我们创设一切教育教学活动的轴心。思维决定行为，有什么样的思维方式，就会创设出什么样的活动方式。从校长、中层到普通教职员工，在创设活动时，如果我们的思维均能自觉地围绕这一轴心有效展开，针对自己创设的活动，自觉地做到心中三问（第一问，我创设的活动能否给师生的生命发展带来积极的影响？第二问，我创设的活动能不能使师生享受到教育生活的幸福？第三问，我创设的活动是否能有效地提高教育教学质量？），那么，在这样的思维方式作用下，我们创设的活动就能自觉地趋向合理，就能丰富而不显杂乱，众多而并行不悖。

实现常规性活动与特色性活动的有机融合是基本方式。归真教育认为，从操作层面而言，教育教学的实质就是培养习惯与张扬个性的过程——习惯反映素质，个性展现特长。基于此，我们在具体操作时，就可以将“常规性活动培养习惯，特色性活动张扬个性”作为我们创设活动的指南。如语文学科活动创设举例：

学科	常规性活动	特色性活动
语文	清早一首诗，午后一百字，晚上一段文	“青春第一步”演讲比赛
	“五环自读笔记”评比	“迎国庆60周年，展实验学子风采”诗文朗诵会
	五分钟名著故事	“寻找家乡的名胜古迹”综合实践活动

再如教科研活动创设举例：

处室	常规性活动	特色性活动
教科研室	“群体智慧教案”三重备课活动	“访名校，见名师”活动
	公开课、听评课活动	归真教育研讨会
	案例、反思写作	归真教育优秀案例征集
	书香校园建设	归真教育班级叙事征集

无须多举例，其他处室、学科的活动创设也是这样，我们应该根据处室的工作性质及学科特点，从实际出发，创设出切实可行且能产生积极效应的活动来。

需要注意的是，常规性活动意在培养习惯、提升素质，具有长期性与长效性，因此，创设常规性活动，既应当删繁就简，便于坚持，又应当抓住关键，利于发展。特色性活动意在张扬个性、发展特长，具有极大的灵活性。因此，创设特色性活动，既可以根据不同的时段特点设计，也可以从师生的个性特点出发，因材而定。同时，我们还应该树立全局意识，将常规性活动与特色性活动作为一个统一的整体进行全局审视，力争从操作的层面上使其实现时空的合理分配，确保各类活动能够和谐相生，并行不悖，相辅相成，相得益彰。

试想，当一个学校，从校长到一般管理人员，从教师到学生，都能成为教育教学活动的创设者与参与者，在学校工作与师生生活中，丰富多彩的常规性活动与特色性活动交相辉映的时候，那该是一种多么幸福、美好的场景！

（三）五大主题行动是开展归真教育的基本抓手

科学构建多元化立体式活动体系，是学校开展归真教育实践的重要一环。大道从简，经过数年的探索实践，我们以“五大主题行动”为基点，将学校多角度、多层面的工作有效联结起来，不仅极大地丰富了归真教育的实践体系，更从全方位有效提高了教育教学质量。

记写生命轨迹，享受健康生活，缔造创意课堂，养成文明习惯，打造特色平台，这五大主题行动，构成了武陟县实验中学归真教育实践的操作平台，学校的各项工作，从学校管理，到队伍建设，从班级发展，到教育教学，方方面面的工作都统统归置到这五大主题行动之下，既相互交织，又并行不悖。

1.记写生命轨迹。这一主题行动，最早源于陈小艳老师在班内开展的“将你的行为载入史册”活动，她充分发挥“素质教育报告册”的考核评价功能，组织学生认真记写每一天的生命轨迹，从而引导孩子们关注生命，热爱生活，诚实做人，认真做事，产生了非常显著的管理效益。陈老师在工作实践中，用活了“素质教育报告册”，为我们的班级管理找到了一条切实可行的好方法。后来我们推而广之，逐步积淀为归真教育五大主题行动之一。具体做法是：以“素质教育报告册”为载体，指导学生认真“记写生命轨迹”，尤其要注意记下自己一天来的生命闪光点，并可根据班级管理的具体情况，有效融入小组、任课教师、班主任及家长的记录和评语。

在开展这一活动的过程中，我们并没有将目光与思路固化在一个“素质教育报告册”上，而是将活动的着眼点提升到生命化教育的高度，并从学校的工作实际出发，有效拓展了其内涵和外延。一方面，我们开发丰富了活动形式。班级故事、教育日记、师生通信等方式，都在“素质教育报告册”之后，相继走入了师生的生活。另一方面，我们拓宽了活动范围。由原来单一的班级学生管理活动，实现了与教师专业化成长工程的有效对接。在工作中，我们以“教师专业化成长记录本”为载体，引领教师通过记写集体备课、观课议课、专业化阅读、案例反思等内容，在记写自己教育教学的生命轨迹的同时，有效实现专业化成长。

记写生命轨迹，引领师生珍惜生命，关爱生命，关注生活，热爱生活。一本本“素质教育报告册”，一本本“教师专业化成长记录本”，在我们眼前搭建起了一条通向生命成长的幸福桥，那桥上，正次第绽放着一朵朵美丽灿烂的生命之花！

2.享受健康生活。我们的教育过程应当使师生幸福安康！健康生活，应当成为我们教育教学的生活常态，这是达成归真教育“教育与生活融合”理念的重要一环。引领师生健康生活，愉快生活，智慧生活，创造生活，是我们设置这一活动的本意和初衷。在实践中，我们紧紧围绕“安全、健体、读书”三个关键词有效展开。首先，我们从硬件设施上为师生健康生活提供保障，先后修建了塑胶操场、四个篮球场，添置了100张乒乓球案，两个羽毛球场，一个气排球场，一个多功能舞蹈活动室，为每个办公室配备了羽毛球拍、跳绳等活动器具；建立“心理咨询室”“谈话吧”“宣泄空间”；开放图书馆、阅览室。其次，在师生间广泛开展“安全教育在行动”“午后一首歌”“阳光大课间”“秀秀太极拳”“抖空竹”“象棋擂台”“师生共读一本书”“校园讲坛”等常规性文体活动，且充分利用节日文化，组织开展各类独具特色的临时性活动，积极营造校园健康生活氛围，努力为师生幸福生活铺路。健康的生活，蓬勃的朝气，让每一个师生在朝向幸福生活的路上，变得更有自信，更有资本！

3.缔造创意课堂。课堂教学是提升学生综合素质、促进教师专业化发展的主渠道，是培养师生创新意识、创新能力的实践平台，自当成为实施归真教育的工作核心。在实施过程中，我们具体落实了如下内容：①开展“师生共建归真课堂，记写精彩创意案例”活动。围绕归真教育课堂教学的基本思想，师生共同精心打造“明白课、有效课、精彩课”，并及时记写精彩创意案例。②做好“创意课堂”的延伸。从归真教育生活教育理论可知，生活无处不课堂，因此，我们既要立足课内，亦要着眼课外，培养、提升学生的“创意”意识与能力，我们长年在师生中间开展“我的创意设计”活动，并每学期举办一次“师生创意节”，多元展示师生的优秀创意作品及成果。

事实上，随着这一主题行动的深入开展，三层备课、归真课堂展示课、构建课标细化三大体系、归真课堂案例撰写等一系列切中课堂教学肯綮的活动逐渐成为学校教育科研工作的核心，为推动师资队伍建设及全面提升教育教学质量注入了源源不断的正能量。

一节节师生共同缔造的精彩，一次次师生一起编织的幸福，在我们的课堂上弥散、荡漾——我们的课堂教学迸发出前所未有的生命活力。课堂上，独立的思考，适时的合作，精彩的展示，恰当的评价，适时的点拨，及时的反馈……生命个性在这里飞扬，智慧灵光在这里闪现。缔造创意课堂，真正激活了师生的生命状态，有效提升了其幸福生活质量。

4.养成文明习惯。什么是素质？归真教育认为，良好的习惯就是素质。在操作层面上，我们主张通过开展常规性活动来培养习惯。需要明确的一点是，这里所讲的文明习惯，不同于常规意义上的文明礼仪习惯，而是通指一切真、善、美的行为习惯。如我们通过“书声早读”活动，培养学生热爱读书、关注经典的习惯；通过“宁静教室”活动，培养学生平心静气、专注学习的习惯；通过“高雅书桌”活动，培养学生自主管理的习惯；通过“谦谦君子”活动，培养学生谦和有礼、举止得体的习惯；等等。在具体操作时，我们以活动为载体，以活动规则为导向，引导学生从生活、学习的细枝末节做起，自觉规范、调整自己的行为习惯，逐步趋于文明，臻于完善。

多元化立体式的文明习惯养成教育，为我们的学生发展插上了奋飞的翅膀。

5.打造特色平台。未来学校、教师的功能，就是为学生打造发展的平台，而“活动”无疑是最智慧的选择。

在实施过程中，我们以“常规性活动培养习惯，特色性活动张扬个性”为基本指导思想，引领各科室、各年级、学科组、班级从自己的实际情况出发，设置出符合科室、年级、学科、班级特点的常规性活动与特色性活动，为师生打造丰富多彩的发展与成长平台。如教科研室以“实验中学专业化成长记录本”为载体，引领教师积极参与三层备课、公开课、观课议课、专业化阅读、专业化写作、构建课标细化三大体系等常规化校本教研活动，基本实现了校本教研常规化、活动化、专题化与课题化。同时在不同的阶段，又能策划实施一系列特色性活动，如2011年4月份我们推出的“归真课堂同课异构活动”在校内产生积极影响，5月份推出的“归真课堂大赛”有效提升了老师对归真课堂的实践操作能力，“第三届归真教育论坛”更有效促进了学校归真教育实践的良性发展。德育处策划、运作的2008级学生离校课程堪称经典，给师生带来了穿透灵魂的教育和影响。2010级开展的经典诵读系列活动，成为学生精神生命的滋养品。校团委策划实施的“红领巾永驻我心间，队徽激励我向前”活动，对引导七年级新生健康走上青春成长路起到了十分积极的作用。2013年秋，我们又迈出了坚实的一步，着力开发、精心实施特色课程，目前较为成功的有“黄河泥埙制作与演奏”“阴阳八卦拳”“十字绣”“黄河乡韵书画”“诗词诵读”“双语演讲”“趣味数学”“科学探秘”等39个特色课程，并相应组建了数十个学生社团，每周一到周四的下午第四节，全体学生走班上课，各赴其位，各练其才。各类特色性活动，尤其是特色课程的开发与实施，为我们的师生搭建起一个个健康发展的平台，在这个平台上，师生们正尽情绽放着无比幸福的笑脸！

这里提及的五大主题行动，其具体内容的设置具有极大的灵活性和自由度，要本着实事求是的基本原则，从学校、年级、班级的实际情况出发，科学地选择设置能够切实促进自己学校、年级、班级、师生良性发展的活动内容与方式，切不可不辨香臭地照抄照搬。

五、多元层次化考核

（一）为什么要实施多元层次化考核

新课程改革进展到现在，人们基本上达成了一个共识——单一僵化的评价体制，已经成为制约新课改、阻碍素质教育全面实施的重要因素。而其焦点问题，其实就是关于考试的问题。

考试本是一种科学、高效的评价方式，尤其对于有13亿人口的中国来说，它更显得不可或缺。现在，还没有哪一种更有效的方式可以代替考试。但为什么现在人们一提起考试就显得深恶痛绝呢？根本问题并不在考试本身，而是我们在具体操作时出了问题，主要表现在以下几点：①考试不能与时俱进。现在已是多元智能时代，可我们的考试方式和内容却还固化在机械论时代，面对千差万别的具有个性化的学生，尽管我们“因材施教”的口号已吆喝了近3000年，但在考试时，却还是同一份试卷。当然，这里有“选拔人才”的时代成分在内，不过，对如今的基础教育来说，如果还一直这样做下去，恐怕就有些不合时宜了。这样做的唯一结果，就是批量生产出无以计数的“双差生”和百无一用的社会“低能儿”。②随着企业管理理念向学校管理的渗透，考试的性质悄悄发生了变化，如今出现了一个奇怪的现象：教师比学生更害怕考试的结果！这不能不说是考试的悲哀，教育的悲哀！为什么会这样？这是因为我们没有摆正考试在教育教学管理中的位置，使它异化成了一种“管制”教师的机械性工具。试想，学校用“考试”管制教师，教师会不变本加厉地用“考试”来对待学生吗？但如果我们能换一下位，让考试成为师生教与学的助手，那又会是怎样一种情景呢？恐怕师生还都乐意考试、喜欢考试呢！③一切均与考试挂钩，过分加大了考试在管理中的作用。考试只是一种检测知识、反馈信息、调整教学、促进教育发展的基本方式。但在现实中，人们却往往将其演变为考核教师、评价学生的唯一手段，无论什么都与考试挂钩，于是，成绩好就是模范，成绩好就是先进，甚至到了成绩好一切都好，成绩不好一切都等于零的地步。这样一来，“应试教育”就随之出现，教育教学中的各种问题也就开始层出不穷。因此，要推进新课程改革，全面实施素质教育，就必须首先突破“异化了的考试”这一瓶颈，使考试重新回到其正路上来。

事实上，师生工作学习的优质过程在整个教育教学中的地位与作用，要远在单一的成绩之上。我们传统的管理方法和考核模式，恰恰忽视了过程的存在，只将教学成绩放在聚光灯下，却无限弱化了教育过程的价值。眼下的教育，亟须实现对师生教与学过程的多元化动态关注！

基于这种思想，归真教育提出实施多元层次化考核，努力还“考试”一个清白，还师生一个清清朗朗的教育教学环境，力争为新课程改革及素质教育的全面实施创建一个健康和谐的发展平台。

值得欣喜的是，随着教育部《关于普通高中学业水平考试的实施意见》及《关于加强和改进普通高中学生综合素质评价的意见》的出台，高中乃至中小学的教育教学势必会发生相应的改变，多元层次化考核也就更有了用武之地。

（二）活动式管理与多元层次化考核

活动式管理与多元层次化考核，是相伴而生的一对孪生兄弟，若离开了活动式管理思想与实践的支撑，多元层次化考核就可能演变成刚性十足、面目狰狞的量化考核，这就远离了我们的初衷，背离了归真教育的正道，自然也难以收到理想的效果。因此，尽管在前文中我们已经谈到活动式管理，但是在此处我们还是想再啰唆几句，以进一步明确与补充。

◆ **我们应当厘清活动式管理的基本特征——**

活动牵线：管理者在实施管理的过程中，将具体的管理内容设计成丰富多彩的活动，根据一定的规则，有序地引导被管理者自觉地参与其中。如为规范集体备课，我们推出了“三层备课活动”；为提升教师的课堂教学能力，我们推出了“组内归真课堂研修课”与“校级归真课堂展示课”等活动。

管理引导：在活动实施的过程中，管理者只起组织、引导、协调的作用，他不再是传统的“管理制度”的单一执行者和落实者。

主动参与：在活动实施的过程中，被管理者一改传统的被监督、被控制的地位，成为活动的主体，自觉地遵循“活动规则”，主动地在活动中调节自我，发展自我，完善自我。

自我管理：在活动过程中，要充分发挥被管理者的主观能动性，创造性地参与活动，在活动中自觉地掌握知识，提高能力，完成工作，在实现自我发展、自我完善的同时，完成自我管理。

◆ **我们应当明确活动式管理与传统管理模式的区别——**

在传统的管理模式中，管理者是被管理者行为的主宰，被管理者是一个受动的机体。在活动式管理中，管理者成了初始活动的设计者，成了活动落实的组织者和引导者，起主导作用。而被管理者在实施活动的过程中，则成了具体活动的参与者和落实者，成了自我行为的管理者，处于主体地位。

传统的管理居高临下，多用“不能怎么样”，而活动式管理重在民主平等地引导，常用“应该怎么样”。传统的管理以把“事”做好、把“工作”干好为目标，活动式管理则更注重人文关怀，以实现被管理者的自我管理为目标，它注重在活动实施过程中引导被管理者根据活动规则进行自我控制、自我规范、自我调节、自我完善。

传统的管理，由管理者实施评价，在活动式管理中，由管理者与被管理者共同参与对活动结果的评价。

新课程“以人为本”的理念，不仅要求我们完成师生角色及学生学习方式的根本转变，同时也启示我们，应该在更大范围内完成管理者与被管理者的角色及管理方式的转变。“教是为了不教”，同样，“管是为了不管”，只有实现了被管理者的自我管理，才是最理想的管理。

◆ 我们更应无限憧憬活动式管理的美好前景——

活动式管理改善了管理者与被管理者之间的矛盾对立关系。传统的管理中，管理者与被管理者之间总有一种自然存在的心理隔膜，二者往往不易于沟通。活动式管理则撕下了传统管理冷冰冰的面纱，变得温和暖心起来，管理者与被管理者在共同参与的活动中结成了一种民主、平等、合作式的朋友关系，非常有利于工作的开展。

活动式管理激活了被管理者参与活动的积极性和创造性。活动的本身具有吸引被管理者自觉参与的魅力，在实施活动的过程中，被管理者为了高质量地完成活动任务，就会自觉地动用自己的智慧、才能，充分发挥自己的创造性，这样就有利于优质高效地完成工作，从而避免了传统管理中被管理者拖拉应付的消极现象。

试想，当人人都实现了自我管理时，我们的学校，我们的班级，我们的教育教学生活，会是一种怎样的景观?

在归真教育体系下，活动式管理已成为一种常态，与之相配套的考核方式就是多元层次化考核。

所谓多元层次化考核，就是学校在评价师生时，应避免以考试分数作为唯一的评价标准，要从师生参与教育教学活动情况的多个维度进行综合考评，力争给师生一个相对客观公正的评价结果。

那么，我们该如何实施多元层次化考核呢？一句话——开展什么样的活动，就按照活动规则进行什么样的考核；谁组织开展的活动，就由谁考核。

一般情况下，我们的活动可分为两类：一类为常规性活动，这类活动通常跨度大，持续时间长，可以按学期来进行阶段性考核；另一类为特色性活动，这类活动周期短，可以进行及时性考核。这样，我们将常规性活动阶段性考核与特色性活动及时性考核有机地融为一体，基本上可以做到干什么工作，就做什么考核，从而真正实现对师生工作、学习过程的动态关注。执行过程中，在学校的统一协调下，我们可以实行分层次自主管理，即谁安排活动谁考核，如学校、年级、学科组、备课组、班级、小组等，均可实现不同层面上的自主考核。

具体到考试，我们可以对学生实行多元层次化考试。杜郎口中学“分层次数学竞赛”的方法值得我们学习：他们将学生按“好、中、差”分成三个赛区，前三分之一进A赛区，中三分之一进B赛区，后三分之一进C赛区，用“难、中、易”不同的试卷对学生进行测试，然后综合三个赛区的成绩，作为相应团队的成绩。这样的考试，不仅可以让不同层次的学生享受到成功的快乐，还可以有效引导教师在教育教学过程中，真正关注每一个学生，从他们的实际情况出发，有效实现因材施教。

实行多元层次化考核，是对师生人格及劳动的尊重，做好多元层次化考核，归真教育的实施就得到了有力保障。

（三）多元层次化考核的实施要素

在实施多元层次化考核的过程中，我们应当处理好以下三个方面的问题。

1.设计好活动。设计好活动是实施活动式管理的前提，这在“构建多元立体化活动体系”一节已经有所提及，在此强调一点，即我们在设计活动时，一定要从学校、年级、科室、班级的实际情况出发，从真正有利于促进师生和谐发展、提升教育教学质量的基点出发，科学构想，精心设计。

多元层次化活动式管理与考核，目前在武陟县实验中学归真教育实践中发挥着极为重要的作用。在具体实践中，我们以归真教育“五大主题行动”为操作抓手，从管理到工作，从教师专业发展到学生成长等，一切教育教学工作均围绕五大主题行动展开。本着“开展什么活动，就考核什么项目；谁组织活动，谁负责考核”的基本原则，从学校实际出发，设计推出了一系列活动，既有常规性活动，又有特色性活动，有效激活了学校的全盘工作。下面举两个例子：

为有效促进教师专业化发展，我们以“实验中学教师专业化成长记录本”为载体，推出了“我的公开课、我的中心发言稿、我的听评课记录、我的读书心得、我的案例反思”等一系列常规性活动，月评、期总、年归档，有效实现了我校教育科研“四化”（教育科研案例化、教育科研活动化、教育科研课题化、教育科研常规化）。以公开课为例，我们建立了“备、上、录、说、评、记、档”七步活动程序及相应的活动规则：①备：课堂设计要渗透归真课堂基本理念：张扬生命灵性，追求智慧闪光，做到重点突出，落实学用结合，达成教学目标，实现拓展延伸。②上：厘清课标上明白课，落实课标上有效课，科学活动上精彩课。静下来学得扎实，动起来学得精彩。围绕一个重点，立足“学用结合”，借助“活动”载体，灵活把握“环节”。以问题为航标，以活动为方式。将问题暴露在阳光下，围绕问题展开有效教学。先学后用，学用结合。在学中用，在用中学。 努力引导学生在课堂上敢参与、多探索、勤发问、勇质疑、乐思考、会合作、能成功。③录：每一节校级归真课堂展示课，我们都尽可能地用录像机录下来，这样做，一方面为我们深入研究课堂教学积累了第一手的实践材料；另一方面，也有利于我们将评课活动开展得更加扎实。④说：在上课后，上课教师要认真反思自己的课堂教学，在评课前，由做课教师根据自己所写的教学反思，先简说设计意图，浅谈理论根据，略析优劣得失。⑤评：公开课结束后，每个听课教师都要根据自己的听课情况，就某一方面对所听课进行深度反思。在评课过程中，我们坚决摒弃玩形式、走过场的假评课行为，要求每个教师都要能就某一个优劣点发表自己的见解和理由。⑥记：一方面，上课教师要将自己的授课情况进行实录式整理，并根据评课情况写出课后心得；另一方面，评课结束后，要求每个教师对自己的评课发言进行文字性整理。⑦档：每月底，各教研组将公开课教案、课堂实录、教学反思及评课录等相关材料收集整理后上交教科研室归档。目前为止，我校的“公开课”活动，已基本进入自觉运行状态，所有教师不仅能够按照组内安排自觉地完成每一个环节的相关工作，更已把参与公开课活动当成了一种自身发展的需要。

为有效促进经典诵读活动的健康运行，2012年9月始，七年级组织学生开展了“经典诵读学生手制本”活动，以经典诗歌为内容，每周二、周四语文早读时背一首，当天午后用十分钟抄写在手制本上，可以配上插图，晚上围绕诗中名句进行品析，品析时注意选好切入点（常见切入点有关键词、修辞方法、表现手法、特殊意象、典故）、效果词（常用效果词有生动、形象、传神、准确等）和归结点（常见归结点有思想情感、哲理启示等）。这样，通过早诵、午写、晚品，学生的经典诵读做得有滋有味，一个学期下来，每人都是几十首诗。更难得的是，由于长期坚持晚品训练，学生在考试中做到诗歌赏析的内容时，准确率达到了100%。2013年春，我教的班又根据学生的实际情况，在班内全面启动“211”和“985”工程。所谓“211”，“2”指每天记写两句名人名言、格言警句,或是诗歌名句；第一个“1”指每天摘录一段经典文章；第二个“1”指每天写一篇日记。“985”指在初中三年内阅读量要达到985万字，平均每个学期165万字，以每本十万字折合，每学期也就十几本书。班内每一个同学都有一个“211 · 985”本子，运行的效果远远超出了我们的想象。如今，“211”和“985”工程已经辐射到整个2013级和2014级，跻身我校经典归真活动之列。

有了活动，师生就有了发展的平台，我们就有了管理的抓手，多元层次化考核也就有了实实在在的内容。

2.制定好规则。规则既是活动得以有效开展的保障，又是考核的基本标准。我们在设计活动内容的同时，要科学有序地设定好考核的方法及规则。请看下面两则活动方案：

方案一：“师生创意”征集活动方案

创意是创造发明的原点，一个优秀的创意，有可能会改变整个人类文明发展的进程。为培养师生的创新意识，提高创新能力，养成创新习惯，我们拟在每年“五一”前的最后一个星期五下午举办“武陟县实验中学师生创意节”。从即日起，开始在全体师生中征集优秀创意作品，具体内容如下：

成果形式：创意说明书、创意作品模型等。

上报方法：以年级为单位，上报作品清单。

创意内容：可以是一节课的创意设计，也可以是一个教学环节、片段的创意设计，还可以是作业创意设计、班会创意设计、特色活动创意设计、教具创意设计、生活用品创意设计等，只要具有创新性，均可作为参赛内容。

考核办法：①在4月15日前，每位教师至少上交一件创意作品；各班至少上交

5件学生创意作品。②各班可以组织学生广泛参与，只要是有价值的作品，均可上交，班主任还可以在班内设置相关奖项。③学校将对收到的师生作品进行评奖，最终评出师生优秀创意特等奖、一等奖、二等奖若干，参与创意节展出，并获得相应的荣誉奖励。

对于优秀创意，学校将在学校网站发表，或组织向上级相关部门推荐发表、申请专利、成果转化等后续工作。

方案二：关于在教师中征集“我的金点子活动”的通知

在我校，有很多善于钻研、勤于探索、敢于实践的好教师，他们在自己的教育教学实践中，积累了许多行之有效的好办法、金点子，并且能够长期坚持，取得了非常好的教育教学效果。如陈小艳老师的“将你的生命载入史册”，现已被学校推广；史箭老师的“构建知识图表”，惠泽了几届九年级学生；栗小利老师的“档案袋管理”，也做得有声有色……这些都是我们学校最可宝贵的财富。为了开发我校教师群中的这一宝藏，现在我们面向全体教师征集“我的金点子活动”，具体内容如下：

①征集内容：

近年来，你在自己的教育教学实践中一直坚持使用的好方法、好点子，都在应征之列。

②要求条件：

A.要提供关于“我的金点子活动”的相关介绍性文字，如活动方案等。

B.要能够提供相应的佐证数据，如上面提到的几个活动中涉及的学生“素质教育报告册”“成长档案袋”“历史知识图表”等。

③活动时间：本次征集活动，从即日起到3月31日止。

④评奖设置：名额不限，设一等奖若干，二等奖若干，入选“学校金点子活动库”的作品，学校将颁发学校专利证书，并在学校网站长期宣传。

在这两个方案中，前者的“成果形式、上报方法、考核办法”与后者的“要求条件、评奖设置”等，其实均是活动的规则，有了这些规则，活动怎样开展，师生自然就知晓了。

3.公开公平民主。这是多元层次化考核实施过程中必须坚持的一条基本原则，离开了这一点，考核的结果将与传统的量化指标无异。

怎样做到公开、公平、民主？将考核的各类数据公开在阳光下，让每一个师生都清楚。我们的做法是：学期初，我们就将多元层次化考核表张贴在墙上，其中学校对年级、对行政科室的考核表张贴在校长室，年级、科室对备课组、班级的考核表张贴在年级活动室，备课组、班级对师生的各项考核表分别张贴在备课组活动室与教室内。于是，各类活动数据的动态变化过程，就全部呈现在阳光下，谁优谁劣，一目了然。每个年级、科室、班级、师生都能及时了解自己在学校中所处的位置，期末谁是先进，谁是模范，自己心中一清二楚，再也不用去看领导的脸色，再也无须去听别人的表决。这样，不仅使学校管理真正达到了公平、公正、公开、民主的境界，更使得师生养成了自主管理的意识，能够积极主动地根据阶段性考核数据对自己以后的工作及时做出调整，实现自我调控、自我管理。

多元层次化考核给学校管理带来了意想不到的喜悦。随着多元层次化考核的深入，民主管理之风在学校上下悄然形成，学期末的评优评先，再没有了投票选举、暗箱操作，再没有了说三道四、怨天尤人。

第三辑　归真课堂的实践操作

归真教育认为，真正高效的课堂教学是在教师主导下的学生主体活动，它应当具有生命的活力，智慧的张力，创造的魅力和发展的潜力。实践证明，活动式训练课型经得起这个标准的检验。接下来，我们主要以语文学科为例，对此课型加以介绍，其他学科教师需合理吸收其基本思想，灵活变通，创生出适合自己学科的活动式训练课型来。

一、活动式训练课型概述

（一）什么是活动式训练课型

活动式训练课型，就是在归真课堂思想指导下，使一节课由一连串精心设计、动静相间、丰富多彩的活动组成，将活动作为承载知识与能力、情感态度与价值观的载体，在教师引导下，让学生在开放、民主、自由、和谐的课堂氛围中，积极地参与活动，在活动中自觉地体验、训练，主动地探究知识、发展能力。其基础模式是“一点两步四环节活动式训练课型”。

所谓“一点”，就是一节课只围绕一个重点展开教学。“两步”，即课堂教学分两步走，“先学后用，学用结合”。“四环节”，指激趣导入、感知求疑、探究内化、拓展创新等四个具体的课堂操作过程，具体分述如下：

1.激趣导入阶段活动。“兴趣是最好的老师。”“课堂教学若能激发起学生的学习兴趣，就等于成功了一半。”设置这一阶段活动的目的，意在激发学生的学习兴趣，调动他们的学习热情，创设良好的学习氛围，为课堂教学提供成功的条件。

2.感知求疑阶段活动。感知是内化的基础，求疑是创新的开端。在这一阶段，应通过活动，让学生初步感知文本内容，独立解决表层问题，并给学生留下一定的“问题”时空，引导他们围绕教学重点，提出自己最关心的问题，或是暴露自己不能解决的问题。

3.探究内化阶段活动。围绕第二阶段暴露出来的问题，引导学生通过自主学习、合作研讨，去探究问题的答案，从而进一步消化理解教学内容，完成对所学知识由感性到理性认识的过渡。在这一活动过程中，要使学生真正成为知识形成的“参加者”和“发现者”。

4.拓展创新阶段活动。这一阶段，是让学生在具体的活动中，运用所学的新知识，解决新问题的过程。意在训练学生的求异、发散、对比、迁移等思维能力及实践操作能力，培养他们的创新精神、创新意识和实际的创新能力。

在基础模式中，这四个阶段的活动，紧紧围绕一个重点，分两步有序展开，前三个阶段重在“学”，第四个阶段立足“用”，先学后用，学用结合，循序渐进，环环相扣。

但需申明一点的是，归真教育认为，课堂教学本没有一成不变的固定模式，它要求教师必须综合考虑影响课堂教学的各种因素，以此“基础模式”为前提，充分发挥自己的创造性，大胆构想，灵活变通，设计出具有个性特色的教学活动方式。如下例：

在引导学生学习《荔枝蜜》时，围绕“以感情变化为线索组织材料”这一重点，我设计了一组“看谁读会的文章多”的教学活动：

第一步：读《荔枝蜜》，理感情线，把能表现作者感情变化的关键性语句找出来。

活动刺激物：顺利完成任务者，将会得到老师奖励的五篇优美文章。

第二步：从老师奖给的五篇文章中任选2～3篇，自由阅读，要求理清文章的感情线索，把能表现作者或文中人物感情变化的词句找出来。

活动刺激物：鼓励多读，读的文章多并能理清线索者，授予“读文能手”称号。

这样一来，传统的讲堂变成了学堂，教材变成了一个引发学生自由阅读的生发点。

“老师，今天我读了四篇文章，给我印象最深的是克伦·沃森的《生命，生命！》，《荔枝蜜》赞美的是蜜蜂的勤劳和奉献精神，而《生命，生命！》赞美的则是蜜蜂生命的顽强！这篇文章的感情线索是……”

“老师，今天我读了三篇文章，最喜欢的是冰心老人的《荷叶母亲》，那在雨中毫不动摇的红莲，不仅深深感动了作者，也震撼了我……”

“老师，这几篇文章我都读完了，三毛的《永恒的母亲》却一直在我心中激荡，我曾经像作者那样怨怪过自己的母亲，也曾觉得自己的母亲是一个太过平凡的人……”

在这节课上，没有我的“精讲”，也没有我的“点拨”，有的只是孩子们的阅读、勾画词句、分析汇报——在这里，孩子成了学习的主人，读什么文章由他们选择，能读几篇由自己确定。最使我意外的是，王崎嶂同学竟把自己的一篇习作《那一瞬，心中的汗汩汩地流》拿到了课堂上：“老师，我认为我的这篇文章也有一条变化的感情线索……”

试想，一节课上学生能够自觉地投入学习活动，成功地读上三五篇文章，较之那种“一课书几节上”的现象，哪一种收获更多？当孩子自己的文章也成了课堂上学习的“教材”时，孩子们的阅读兴趣会如何？在这样的情况下，又何必太在意我们的课堂教学究竟由几个环节组成呢？

（二）活动式训练课型的基本特点

不知从何时起，也不知从何处起，更不知是从哪位高人、专家起，现在的教学研究、教学交流，好像而且确凿不能再提“教学原则”和“教学特性”了，只要你一提，你就成老土了，甚至还会有人打趣你。我就曾听到一位大家在一大型报告会上这样说：“有些人一谈教学，就提这个‘性’那个‘性’，我们的教学啥时候都带上颜色了？”呜呼，“大家”究竟出于何种心理，我这末学后辈实在无法可想。但每天行走在教育教学的第一线，无数的实践告诉我，“教学原则”与“教学特性”是一种客观存在，是一种“道”，循之则教学阳光明媚，弃之则教育风雨如晦。试问，哪一位老师的课堂教学能够离开最基本的教学原则、教学特性、教学规律而独立存在呢？因此，重拾教学原则、教学特性、教学规律，不仅是教育回归本真的客观要求，更是提高课堂教学质量的现实需要。

多年的实践探索表明，了解、把握活动式训练课型的如下特点，将有益于我们提高对此课型的驾驭能力。

1.广泛的适用性。该课型具有广泛的适用性，单就语文学科来讲，它可以适用于各种类型的课堂教学，讲读课、自读课、作文课、复习课，既适用于记叙文、说明文、议论文，也适用于新闻、小说、诗歌、文言文等不同体裁的教学。

2.无穷的创造性。一方面对教师而言，“教学有方，但无定法”。“活动式训练课型”不仅是一种课堂教学模式，更是一种“方”，一种“道”，一种教学思想。教师的素质不同，办学条件不同，学科不同，每一节课的内容不同，面对的学生不同，设计出来的活动内容、方式、方法等也必定有所不同。因此，教师在设计每一个“活动”的过程中，尽管大胆地追求自己的教学个性，根据自身的知识结构、能力特点，结合教材、学生等具体情况，充分发挥自己的创造性，设计出具有自己特色的课堂活动过程。

另一方面对学生而言，该课型充分体现“创造力面前无‘差生’，人人可以获得发展和成功”的原则，引导学生不拘泥于书本，不迷信于权威，敢于破常规标新立异，勇探索别出心裁，敢于积极提出自己的新思想、新观点、新思路，找出解决问题的新途径、新方法、新点子。

3.科学的动态性。青少年学生好奇、好动、好胜，该课型以活动为方式，正好适应了他们这种心理，因此极易激发学生的学习兴趣，调动他们的学习积极性。但一味地动态，会使学生易烦易累。因此，设计课堂教学活动，应该注意做到动静结合，一波三折，富于变化。要努力追求，“静下来学得扎实，动起来学得精彩”。

4.丰富的趣味性。课型突出活动，以活动作为组成课堂教学过程的基本元素。动则生变，变则有趣，有趣学生才会积极参与。

5.易操作性。该课型以活动为方式，训练为主线，注意发挥教师的主导作用，突出学生的主体地位。只要备课时设计合理，在实际的教学过程中，教师就十分易于驾驭课堂。打个比方说，假如把课堂教学中的活动比作风筝，目标就是蓝天，训练就是风筝线，教师则是放风筝人。教师把风筝放起来之后，只需要适时扯扯风筝线，风筝就能载着学生在知识与能力的天空中自由翱翔。

6.前后连贯性。该课型的教学过程，由若干个活动组成，前后一脉贯通，自然相连。前一个活动是后一个活动的基础，后一个活动是前一个活动的继续，循序渐进，环环相扣。

7.学科差异性。不同的学科，不同的教学内容，活动的形式也有明显的差异。语文有语文的特点，数学有数学的个性，理化生、政史地各具特色，互不相同。但不同的学科，在素质教育的前提下，却有一个共同的目标：以人为本，育人成才。尤其应注意培养学生的创新意识、创新思维及创新能力。而这个目标，只有在学生积极参与的活动中才能实现。所以，各科教师应心系素质教育下的“育人成才”目标，根据本学科的具体特点，充分发挥自己的创造性，设计出适合于本学科特点的教学活动过程。

8.和谐统一性。“教学是一门技术，更是一门艺术。”艺术，就应力求完美，力求使影响教学效果的各种因素之间达到和谐统一。在该课型中，活动就是各种因素和谐统一的焦点。教师在设计活动方式的过程中，应对教师、学生、教材、教法、教学目标、教学环境及条件等各种因素统筹兼顾，合理安排，力求使设计出来的活动方式具备最大的合力，能在教学过程中释放最大的能量。

9.无限的发展性。社会在发展，时代在前进，教师的知识素养、经验、能力在不断丰富提高，教学条件在不断改善，尤其是当今信息技术的介入，使教学工具和教学手段日趋现代化。因此，教师在设计活动方式时，必须要有发展意识，即使是同样的教学内容，昨天与今天，在设计活动的方式上，就有可能完全不同。

（三）活动式训练课型的基本原则

运用活动式训练课型教学，关键问题在于各个教学环节中“活动”方式的设计与运作。设计与运作教学活动，需要坚守以下几个原则：

1.面向全体学生，因材导学原则。这是素质教育的基本要求。设计与运作教学活动，既要让每个学生都有参与的机会，又要因材导学，充分展示学生的个性。

2.民主开放性原则。设计与运作教学活动时，教师应把学生和自己当成一起来学习的合作伙伴。应努力营造出民主、自由、和谐、开放的教学活动氛围。教师要真正尊重学生，尊重他们的人格，尊重他们的见解，尊重他们独立探究的精神，尤其要尊重他们的创造性思维。但同时也应让学生明确，教师只有引导他们找水的权利，没有给他们灌水的义务。

3.知能结合性的原则。活动式训练课型中，活动是知识与能力的载体。通过活动，既要能让学生主动地获取知识，又要能让学生积极地参与训练提高能力。

4.结论与过程并重原则。活动式训练课型认为，教学既应重结论，更应重过程。不重结论，不足以明是非，辨曲直；不重过程，不能够发展思维，提高能力。不过在具体的操作过程中，教师可以根据实际情况有意识地淡化结论，强化过程，以鼓励学生积极思维，勇于探究，大胆创新。

5.求新与务实相结合原则。设计教学活动，观念要别树一帜，构思要别具匠心，切入点要独具慧眼，形式要别开生面，在具体的操作过程中，调控要别出一格，方法要别出心裁。但教师必须明确一点，求新是为了务实，是为了让学生能够积极主动地增知识，长能力，扬个性。因此，教师必须以强烈的敬业精神，良好的师德形象，饱满的教学热情，民主的教学风格，渊博的知识才能，精湛的教学技巧，全身心地投入到教学活动的设计与运作之中，把学生知识的掌握、能力的提高、情感的激活、个性的张扬真正落实到教学活动中。否则就会出现表面轰轰烈烈，实质一塌糊涂的局面。

6.启发—探究式原则。这是该课型中最基本的一条原则。传统的启发式教学从定义上讲本来具有极大的科学性，但在实际的操作过程中，却大多变成了“问答式”，其着眼点被定格在知识的结论上，实质上成了老师帮助学生去考虑问题，给学生提出问题，让学生被动地去回答。启发—探究式原则，通俗点讲，就是教师要想办法启发学生参与探究活动，其着眼点在学生的探究活动过程中，教师的作用在于引发学生的思维，推动他们积极地动脑、动手、动口、动耳、动眼，使学生通过自身的质疑、探疑、解疑活动，主动地获取知识，锻炼提高能力，而不是代替或帮助学生解决问题。

7.科学动态性原则。课堂活动要考虑到学生的认知、注意等规律，要做到动静结合，一波三折，富于变化。

8.趣味动力性原则。活动要考虑学生的年龄、心理特点，要充满新奇趣味，应具有激励、挑战等动力性，能够激发学生自觉参与活动的自我内趋力。

9.拓展渗透性原则。活动要立足课内，面向课外，要注意体现多元渗透，多向拓展，要有一定的外张力。

10.发展性原则。一方面指活动设计与运作要有发展眼光，要紧跟时代步伐，要善于吸收、活用新思想、新观念、新方法；另一方面指活动要面向学生的可持续发展，让学生在活动中获取相关的方法与能力。

（四）设计活动的常用方法

下面简单介绍几种我在教学过程中常用的设计课堂教学活动的方法。

1.竞赛法。即将竞争机制引入课堂，通过计时赛、分组赛、淘汰赛、擂台赛、接力赛等各类竞赛形式开展教学活动。

2.游戏法。根据训练目标，将教学内容设计成具体生动、可操作的游戏，让学生在游戏中掌握知识，提高能力。

3.闯关法。将教学内容设计成几道关卡，就如打电子游戏，让学生在闯关中既能掌握知识、训练能力，又能品尝到攀登的艰辛，享受到成功的欢乐。此法若能以信息技术为辅助手段，效果更佳。

4.表演法。将教材作创造性的变形处理，然后组织学生以表演形式展开课堂教学活动。或快板，或演讲，或短剧，因内容而定形式。这种方法主要适用于文科教学，数理化也可适当借鉴。

5.讨论法。针对具体的内容，组织学生分组展开讨论，在讨论中掌握知识，提高能力，最终找到解决问题的途径和方法。这种方法适用范围广，使用频率高，中小学各科课堂教学都能使用。

6.辩论法。将教学内容设计成论题，让正方和反方两组学生展开辩论，各立观点，讲理由，摆论据。通过辩论，完成教学任务。

7.实验法。通过实验操作，从而掌握知识、提高能力的活动方法。

其实，课堂教学活动的设计全靠教师的创造性劳动，并没有一定之规，如在引导学生学习郑振铎的《猫》时，根据教材的个性特点，我设计了一组对比性阅读训练活动，将学生思维的风筝放飞在自由驰骋的天空。

活动设计如下：

（1）制作档案卡片。认真阅读课文，然后从来历、外形、性情、在家中的地位四个方面，分别制作出每只猫的档案卡片。要求：要抓住文中的关键词句。

（2）做好感情鉴定。认真阅读课文，并结合自己制作的卡片，给作者对每一只猫的感情做个鉴定。要求：能抓住关键性词语，并注意其感情前后的变化。

（3）进行档案对比分析。认真阅读课文，并结合自己制作的档案卡片及作者感情鉴定，从来历、外形、性情、在家中的地位四个方面对三只猫进行对比分析。要求：既要分析前两只猫之间的异同，更要注意第三只猫与前两只猫之间的差异。

（4）写出简单的分析报告。①在报告中，要充分利用自己制作的档案卡片，可将其综合为一个简表，来概括介绍三只猫的情况。②要写清楚作者对每一只猫的感情态度，尤其是其中的变化，要善于引用文中的关键词句来分析。③做好前两只猫之间及其与第三只猫之间的对比性分析。④要写出经过阅读文章及对比分析各只猫之后所得到的生活或人生等方面的启迪。

课堂上，围绕这一组活动，老师似乎退出了课堂的舞台，只看见学生都在忙碌着自己该做的事情：阅读文章—设计卡片—制作表格—填写档案—比对分析—撰写报告，一切都是那么自然流畅，一切都是那样积极有序。在活动中，学生的主体作用充分发挥了出来，他们的思维获得了肆意飞扬的机会。

在此，选录几段学生分析报告中的话：

作者对前两只猫都十分喜爱，单从这两句话中就可以看出：①“我心里也感着一缕酸辛，可怜这两月来相伴的小侣！”②“大家都不高兴，好像亡失了一个亲爱的同伴……”作者在这里把猫当作了自己“相伴的小侣”和“亲爱的同伴”，其

感情自然就不言而喻了。——侯珍

从对三只猫不同的外形描写上，就可以看出作者对它们的感情态度：第一只猫，“花白的毛，很活泼，如带着泥土的白雪球似的”。第二只猫，“黄色的小猫”，“比第一只更有趣、更活泼”。喜欢之情，在描写中自然就流露出来了。而第三只猫呢，则是“毛色花白，但并不好看，又很瘦”，“大家都不喜欢它”。我认为，作者其实是在以貌取猫，这种做法和社会上那些以貌取人的人有何两样？——李源

猫的来历不同，作者及其家人对它的态度就不同，这种做法合适吗？我看这是一种世俗的趋炎附势的思想在作怪！——王杰

课堂上，让学生主动地参与到一项有意义的活动当中去，我们就会发现——每一个孩子都有无穷的潜力！只要收到了这样的效果，我们使用的方法就是最好的！

（五）活动式课型的理论基础

归真教育理念是活动式训练课型的行动指南。我们在第二章介绍到的归真思想、六大理念、归真课堂的基本理念、操作指导思想、操作方法、操作核心等，都是活动式训练的有力支撑。此外，在归真教育理论诞生之前，活动式训练课型曾受到以下诸多理论的滋养，在以后的实践中，其仍然具有一定的指导意义。

1.以哲学基本理论为基础。活动式训练课型，最根本的理论基础就是实践论。毛泽东说：“读书是学习，使用也是学习，而且是更重要的学习。”美国教育家彼得·克莱恩曾说：“学习的三大要素是接触、综合分析、实际参与。”基于此，我们提出了“先学后用，学用结合”的“活动式训练课型”。活动是实践，训练也是实践，而知识与能力皆从实践中来。在教学过程中，只有让学生亲自参与探究活动，才能培养、提高他们的创新精神及实践能力。另外，矛盾论、发展论、质量互变规律等，对我们设计和运作教学活动都有极为重要的指导意义。比如：课堂教学活动不可能面面俱到，针对一节教材，我们应学会抓住“一个”训练重点做文章，设计出能够突出这个教学

重点的活动过程来，决不能主次不分，更不能本末颠倒。这里就体现了抓住主要矛盾或矛盾的主要方面来解决问题的哲学思想。归真教育六大理念之一的“形成专业化核心思维的自觉”也源于此。

2.以毛泽东思想、邓小平理论、科学发展观的理论精华为基础。“实事求是”是归真教育的重要理念之一，活动式训练课型的九大特点，无一不体现了“实事求是”这一毛泽东思想、邓小平理论、科学发展观的理论精华。不同的教师素质，不同的办学条件，不同的学科，不同的教学内容，不同的学生，就应该有不同的教学活动过程。只有牢牢地把握住了这一点，具体问题具体对待，才能充分发挥自己的创造性，设计出具有自己特色的课堂活动方式。

3.以“启发—探究式教学”思想为基础。“启发—探究式教学”以教育人本论、发现探究教育理论、内外因互动式理论、开发潜能教育理论为理论基础，以启发式教学、成功教育、和谐教育、愉快教育、情景教育、创造教育为实践基础，以培养人的创造精神和实践能力为重点，以全面推进素质教育为基本宗旨，具有科学的前瞻性，对活动式训练课型具有直接的指导意义。

4.教法归一论。柳斌说：“我们的教育应当是创造一种适合每一个学生的教育，而不是选择适合教育的学生。”一个人只要得到对他最适合的教育，他的才能就可以得到充分的发展，他就有可能成为人才。作为教师，我们应努力寻找这个“最适合”学生的教育。那么，这个“最适合的教育”从何而来呢？一句话，从教师的广采博取、厚积薄发中来，从教师强烈的责任感和敏锐的洞察力中来，从教师的创造性劳动中来。要找到这个适合学生的最佳方法，我们决不能把希望只寄托在某一种教学思想或教学模式上，而应在传统教育，尤其是当今百花齐放般的先进教育思想群落中广采博取，含英咀华，将各种先进思想和方法的精粹化为已有。只有这样汇百川于一海，酿百花而成蜜，在设计和运作教学活动时，我们才能够得心应手，信手拈来，该用“和谐”就用“和谐”，该用“成功”就用“成功”，该用“讲授”就用“讲授”，该用“杜郎口”就用“杜郎口”，才能够找到这个“最适合的教育”，因人、因时、因势利导，因材施教，才能有效地把学生培养成为一个真正有知识、有能力的成功的人。

5.以教育学、心理学的系统理论为基础。活动式训练课型，严格遵循教育学、心理学所揭示的规律，如学生的认知规律、注意规律、记忆规律、思维规律等。在设计教学活动时，应以这些规律作为指南，方能制定出科学的活动方式。如基本模式中的四个环节，就体现了由浅入深、循序渐进的认知规律。

6.以教育现代化思想为基础。该课型无限的发展性告诉我们，活动式训练课型敞开胸怀，拥抱、悦纳一切新的、先进的教育理念、方法与模式，并积极汲取其内核为我所用。设计教学活动要有教育现代化意识，要大胆地运用现代化教学思想、方法、手段及教具，要注意培养学生使用现代化教学工具的能力。

7.以新课程理念为基础。随着新课程理念的日臻成熟，活动式训练课型迎来了最坚实的理论基础。新课程以促进学生发展为宗旨，师生角色、学习方式的根本改变，多种课程资源在教学中的广泛使用……这些都为活动式训练课型找到了最好的注脚，同时也为其在教学过程中发挥更大的效用提供了有力的指导。

（六）活动式课型操作要旨

组织教学活动犹如挥笔行文。除了掌握一定的方法、原则、特点、理论外，在行笔之前，立意、选材、构思等每一个环节都应做到心中有数，行文才能纵情挥洒，妙笔生花。一节课，也需要讲究立意、选材、构思、行文。

1.立意。作文要求立意要高。对一节课的立意也有同样的要求。无论是哪一学科、哪一节课，在设计教学活动时，我们都必须站在素质教育的高度，心系归真教育思想、理念，怀揣归真课堂操作核心，面向全体学生，结合学科的特点，设计出有利于学生掌握知识、提高能力的活动方式来。作文立意解决的是确立文章中心的问题。一节课的立意，则是解决选择什么样的活动方式来运载知识与能力，从而使学生得到有效训练的问题。

2.选材。作文选材要求要新。具体到一节课中，就涉及对原教材的合理化剪裁、调整、变形、延展等问题。一节课的教材内容固定不变，要想使其出新，必须从定中求变，即围绕教学重点，对教材内容进行重新的资源整合，通过合理化的剪裁、调整、变形、延展，使其有利于组织活动，有利于探索知识、训练能力，有利于充分发挥教材的示范功能。

3.构思。作文构思讲究奇巧。奇则引人，巧则生趣。课堂教学活动缺少趣味，就难以收到理想的教学效果。因此，整个教学活动过程的设计，应努力追求一波三折、奇巧辉映、循序渐进、水到渠成的效果，营造出一种起动惊人、张弛有度、环环相连、波浪推进的结构。要做到这一点并不难，教师只要刻苦钻研，细心琢磨，认真推敲，充分发挥自己的创造性，自然能够平中见奇，平中显奇。

4.行文。行文讲究笔随意到。课堂运作教学活动，需要紧紧围绕立意、选材与构思，选准最佳的教学突破口，开头、过渡、收束、结尾都要一丝不苟，精心运作。当然，情之所至，心之所趋，灵感时会迸发，有时课堂上的灵机一动，往往能将教学活动推向高潮。因此，运作教学活动时，一方面要依案（预设）而行，一方面也要因情（生成）而变，因势利导。

总之，立意选材也好，构思行文也罢，都需要教师充分发挥自己的教学创造性，从素质教育出发，围绕活动展开教学，在活动与训练中使学生掌握知识、提高能力。

（七）必须澄清的几点认识

1.唯活动论。活动式训练课型以活动为方式，为载体，绝不是以活动为目的。它是一种使学生获取知识、提高能力的高层次的教学手段。在组织教学过程中，绝不能只顾活动，不顾教学；或是活动起来忘了教学。而应时刻将引领学生探索知识，训练提高学生能力，使学生全面、健康、和谐发展作为活动的终极目标。

2.活动狭隘论。一提活动，有些老师不免会认为，不就是做个游戏、玩个花样吗？不对，活动式训练课型中的活动，绝不仅仅是游戏，更不是玩花样，而是一种具有高度科学性的教学手段，是教师智慧的结晶，创造性的化身，是师生知、情、意、行的有效结合体，是运化三维目标的客观载体。只要设计巧妙，运用恰当，听说读写成活动，运算实验变游戏，语数英、理化生等所有的教学活动都会生动活泼、丰富多彩起来。在此特别强调一点，前边我所列出的活动方法，仅是九牛一毛，只起抛砖引玉的作用，希望大家切莫受此局限。

3.不敢活动论。有人会认为，一堂课45分钟，要活动势必就会侵占学生学习文化知识的时间。错了，我们设计的活动本身就是知识与能力、过程与方法、情感态度与价值观的载体，只要活动达到了预期目标，那么学生就一定会有知识、能力、情感体验等多元的收获。我们应该坚信：只有在活动中，学生的能力才能提高；只有通过活动，才能使死气沉沉的课堂变得生机盎然起来。

4.模式套用论。教学上没有一成不变、一招万能的固定模式。名师大家的课，如果不吸收他们的教学思想，为己所用，你就是照着录像带模仿100遍，也难以在你的课堂上收到令人满意的教学效果。一句话，生搬硬套不行，万万不行。活动式训练课型不仅是一种课型，更是一种理论，一种思想。它要求教师必须充分发挥自己的创造性，设计出具有自己特色的教学活动来。甚至可以说，假如你能找到一种比“活动”更好的教学载体，你就可以为这种课型换一个名称，这也是活动式训练课型的最高希望。

5.自找麻烦论。活动式训练课型对教师的备课提出了较高的要求，原来照抄照搬教参的备课方式在这里根本行不通，而是需要教师付出创造性的劳动。经过一番细推敲，精加工，才能设计出合适的活动过程。于是，有的老师就会认为这是自找麻烦。其实，这是教师教学惰性的体现。备课怕麻烦，上课麻烦多；今天怕麻烦，明日麻烦多。应试教育的苦果咱们吃的还少吗？我们必须肃清这种怕麻烦的思想，认真备课，精心设计。这既是上课的需要，也是教师职业道德对我们提出的基本要求。事实上，当你真的静下心来投入到教学活动的设计中去的时候，你就会真切地感受到——原来这样的工作才最有味道!

二、活动式训练课型基本概念阐释

（一）“一点”

所谓“一点”，就是一节课只围绕一个重点展开教学。从哲学的观点来看，任何事物中都存在着主要矛盾和矛盾的主要方面，我们在解决问题时，必须善于抓住它们做文章，才能收到事半功倍的效果。而这“一个重点”无疑就是文章中的“主要矛盾和矛盾的主要方面”。从初中生认知和注意规律的角度看，建立集中、明确的任务目标是取得学习成功的重要前提。心理学研究表明，“没有目标的集中就没有注意的集中，目标的明确程度决定注意的集中程度，目标的可行性决定注意的持久性”。一节课本就只有40～45分钟，学生的有效注意时间又很有限，在教学过程中，若我们不能围绕一个重点展开教学，而是眉毛胡子一把抓，甚至只顾枝叶不取主干，势必落得个收效甚微、碌碌无为的结果。从目前语文教材的编排来看，大多采用的是“贴近生活，兼顾体裁，单元系列”的方式。在一个单元中，针对同类型文章的教学，每一课都面面俱到，显然是不科学的。相反若一节课只围绕一个重点展开教学，不仅可以避免不必要的重复教学，更能将本节课的内容学会学透，能够确保教学收到实效。因此，我们在设计和运作课堂教学活动时，需要善于围绕“一个重点”展开。

围绕“一点”展开教学，是归真教育的一个重要理念，是“形成专业化核心思维自觉”在课堂教学中的具体体现，这与王荣生教授提出的“教学要围绕、指向教学内容的核心点”同出一理。

（二）“两步”

“两步”，即课堂教学分两步走，“先学后用，学用结合”。说是“两步”，仅就活动式课型的基础模式而言，我们不能将其固化，这一点在第二章中我们已经有所提及。“学用结合”是归真课堂的行动指南。先学后用，先用后学，在学中用，在用中学，学学用用，用用学学，本节课学，下节课用，一节课学，几节课用，随机应变，灵活取舍，运用之妙，得乎一心。用中探问题，用中找方法，用中明规律，用中见智慧，用中增能力，用中有情感，用中有发现，用中有创造，用中自有教育教学的一片新天地。离开了学用结合，就没有真正的教学。

课堂教学始终围绕一个“用”字展开，以“用”代法，由“用”得法，靠“用”固法。在用中学，在用中巩固，在用中内化，在用中提升，在用中创新。

这里的“用”，我们完全可以理解为“练习”，理解为“实践”，理解为“操作”，理解为“自主探究”“合作研讨”“交流展示”。而且不同的学科，其“用”的内涵及外延均会有所不同，如语文，一切与“听说读写思做”的语文实践活动都是“用”，朗读是用，背诵是用，演讲是用，辩论是用，采访写作是用，模拟记者招待会是用，演课本剧是用，制作电子报刊还是用。如物理，观察是用，探究是用，测量是用，各类实验是用，科技小制作是用，运用物理知识解决生活中的问题更是用。用无定形，亦无定式，但凡能够引起学生思考、探究、合作，能够引导学生去质疑、析疑、解疑，能够引导学生去动手、动脑、动口实践的学科活动，均为我们所说的“用”。

以“用”代法：“在反复的练习中掌握知识、提高能力”，本身就是一种最朴素的、最有效的教学方法。这种模式就是要引导学生去练习、去实践、去操作，在练习中掌握知识，在实践中提高能力，在操作中实现发展。

由“用”得法：通过练习、实践、操作，找到解决问题的方法、步骤、思路或规律，为下一步解决问题提供思维和行动上的指南。

靠“用”固法：在由“用”得法的基础上，再进行下一步的拓展、创新性训练，不仅可以使已经掌握的方法得到巩固，更重要的是可以实现由“掌握知识”到“发展能力”的转化。

学以致用的道理其实很简单，众多名家都曾有过论述。叶圣陶先生认为，学生对学习的内容“懂得了说得清了”，以至“记住了”，但这还不能说学生已经把所学的东西掌握了，化为“自身的东西”了。必须进一步“让学生把学到的种种东西运用到实践里去”。陶行知先生强调“教学做合一”，“行是知之始，知是行之成”，“使受教育者都能实践力行，从行动上去求得真知识”，“民主的教育方法，要使学生自动，而且要启发学生使能自觉”。吕叔湘先生也说：“语文的使用是一种技能，一种习惯，只有通过正确的模仿和反复的实践才能养成。”“学习语文的过程是一个正确模仿、反复实践、养成习惯的动态过程。”活动式训练课型在继承传统教育理论的基础上，进一步突出“用”的地位，强调在学习每一项新知之后，必须进行相应的“用的训练”，意在使学到的知识在应用当中进一步活化为能力，从而有效促进学生多方面的和谐发展。

“用”的价值，新课程标准中有一句话可谓是最有力的回响：“语文是实践性很强的课程，应着重培养学生的语文实践能力，而培养这种能力的主要途径也应是语文实践，不宜刻意追求语文知识的系统和完整。语文又是母语教育课程，学习资源和实践机会无处不在，无时不有。因而，应该让学生更多地直接接触语文材料，在大量的语文实践中掌握运用语文的规律。”2011版课标更是一锤定音，从语文学科的性质上做了如下界定：“语文课程是一门学习语言文字运用的综合性、实践性课程。”语文为用，不必多言了。

实践出真知，真知生智慧。一用教育无难事，一用教学皆通途。

（三）“四环节”

“四环节”，指激趣导入、感知求疑、探究内化、拓展创新等四个具体的课堂操作过程。按理说“教无定法”，在教学上不是“自古华山一条路”，而是“条条大路通罗马”。但是，“任何理论要指导实践，就必须构建一个科学合理的序列，才能物化，发挥作用，收到成效”。如魏书生的“定向、自学、讨论、答疑、自测、自结”六步课堂教学法，钱梦龙的阅读教学“基本式”中的“自读式”—“教读式”—“练习式”，目标教学“定标—施标—查标—补标”的四环节课时教学程序，洋思中学的“先学后教，当堂训练”，杜郎口中学的“三三六”自主学习模式等，正是他们成功构建了“一个科学、严密、实用、有效的整体序列”，才使其教学思想落到了实处，才使其教学取得了引人注目的成就。因此，活动式训练课型在综合考虑学生认知、注意、思维等规律的基础上，以归真教育及现当代各种先进的教育理论为指导，创设了这一基础模式。但是，在实际的教学工作中，我们运用“模式”却绝不能固守“模式”，一固守就等于画地为牢，就一定会陷于僵化。正如我们在概述中所说，课堂教学本没有一成不变的固定模式，它要求教师必须综合考虑影响课堂教学的各种因素，以“基础模式”为前提，充分发挥自己的创造性，大胆构想，灵活变通，设计出具有自己特色的教学活动方式。

如果剖开“四环节”的表象，去洞彻其内在的本质，我们就会发现，激趣导入、感知求疑、探究内化、拓展创新这四个环节，其实质是人们认知事物的基本规律。试想，我们拿到一个文本，要想学有所得，会怎样去做？首先，产生想看、想学的欲望，这就是“生趣”。其次，感知文本，了解内容，发现问题。再次，当问题出现后怎么办？自主探究，合作研讨，分析问题，解决问题，并从中发现规律，找到方法，明确步骤，洞彻注意事项。最后，用于实践，产生效益。——这不就是我们的“四环节”吗？

事实上，这四个环节，不仅可以根据需要灵活地用于一节课上，即便是一个问题的解决，甚或是一个课题的研究，也完全可以如此进行。因为，模式可以百花齐放，但思维、认知的规律却是一种自然的客观的存在。

因此，在具体的操作过程中，我们思维不要一定在“四环节”上打转转，实践中就有很多这样的老师，好像觉得自己设计的课有了这“四环节”，就是归真课堂了，其实不然，“先学后用，学用结合”才是归真课堂的精髓，用好、用活这八个字，才是我们真正该下功夫琢磨的地方。

（四）活动式训练

这是整个课型的核心所在。其要义可以用两句话来概括：1.表现在丰富多彩的活动上；2.落实在具体切实的训练中。

我们知道，教与学的过程是一个极具艺术性、创造性、挑战性、人文性的师生双边活动过程，它涉及的内容包罗万象，诸如师生的才学、能力、兴趣、爱好、特长、个性，教材的剪裁、调整、变形、延展，教法的选择、运用，课堂的组织、调控等。但要想把一节课上好，这众多的因素我们还必须都得考虑，并且还要考虑周全才好，哪一点照顾不到，就可能会给自己的课堂留下一个败笔，就可能给学生带来一个遗憾。那么我们能不能找到一个可以把影响教学的众多因素贯穿起来的载体呢？活动式训练课型为我们解决的就是这个问题。

◆ 表现在“活动”上

实践证明，“活动”是课堂教学的智慧之花，以“活动”为方式组织教学，是打造归真课堂的基本途径，是开展素质教育、创新教育的成功之路。

上海著名的特级教师陈钟梁先生，在教学《中国石拱桥》一文时，有这样一个成功的教学活动：请学生在阅读课文的基础上，准确地画出两个小拱的位置。一时间学生兴致盎然，跃跃欲试，课堂气氛迅速活跃起来。通过这一活动，学生在轻松愉悦中分清了“两肩”与“两边、两端、两旁”等词的区别，充分体会到了说明文语言的准确性。

这一活动，做到了五个“突出”一个“关注”：1.突出教师的主导作用。陈老师只是轻轻一点，学生便有序地投入到课堂活动中去。2.突出学生的主体地位。在整个活动过程中，学生都能积极参与，努力探索，反复比较，最后自己找到问题的答案。3.突出训练。陈老师巧妙地将“体会说明文语言准确性”这一教学重点纳入生动活泼的“活动”中，通过活动来展开训练，让学生自己在训练中求提高，在活动中得发展。4.突出实践能力的培养。通过巧妙的设计，将抽象的词语教学转化为生动有趣具有可操作性的活动，让学生“动”起来，有效地培养了其动手实践能力。5.突出营造良好的课堂学习氛围。在整个活动中，学生兴致盎然，思维活跃，动手积极，训练自觉。6.关注学生的思维发展。学生在活动中，为了弄清几个词语的区别及画准小拱的准确位置，反复比较、探索的过程，自然而然地使其思维得到了训练。综观整个活动过程，所有的训练都是在教师的指导下，由学生通过不断的尝试、探索、比较，自己积极主动地完成的。

由此可见，精彩的课堂“活动”，是教师智慧的结晶、创造性的化身，是一种具有高度科学性的教学手段。它有利于营造良好的学习氛围，有利于激发学生的学习兴趣，有利于学生自觉地获取知识，有利于训练、提高学生能力，有利于发展学生的思维、智力。

◆ 落实在训练中

有人认为，在语文教学中，“所谓训练，是指以思维训练和语言训练为核心的听说读写训练”。这种看法其实是片面的。活动式训练课型认为，真正意义上的现代语文训练应是以育人成才为目标，以培养语文素质、提高语文实践能力为核心，以具体的学习、思维方法和语言媒介为内容，以听说读写思做等活动为方式的综合性训练。

钱梦龙主张把教学过程当作训练学生能力的过程。他说：“语文教学的内容不是课文的知识，不是具体的语文知识，而是各种训练。”“学生要掌握语言工具、语文工具，是要靠能力的，能力是训练的结果，离开了训练何谈能力？因此，语文教学的内容理所当然的是各种各样的能力训练与培养。”

宁鸿彬老师说，语文教学应注意加强听说读写思的训练。

于漪老师认为，学生要形成自己的能力就必须通过学生的主体活动，通过运用把言语作品内化为自己的心理要素，才能形成语言能力。而在这个过程中，一定不要忘了把育人目标贯穿于整个语文训练之中。

许嘉璐先生曾明确指出：书本知识学习应该与动手实践相结合，让学生在语言实践中去观察、发现、体验、积累和活化语文知识，提高应用语文能力。

这些名家论述都在告诉我们一个道理：语文教学要取得实效，离不开训练；同时也在为我们指明组织语文课堂训练的内容和方法，就是想办法让学生听、说、读、写、思、做起来，让学生在运用语言的实践活动中去感悟、品味、内化、活用祖国的语言文字。

在新课程改革蓬勃发展的今天，有人似乎开始对训练不感兴趣了，甚至有人一提训练就想反胃，认为这是“发霉的奶酪”了。其实，大家都心知肚明，在此，我们没有必要“拿着时髦词语说事”，训练正确与否，你只需看看获得奥运金牌的运动员就行了。

◆ “运用之妙，存乎一心”

这里的“心”的核心指的就是教师的创造性。活动式训练课型要求教师必须充分发挥自己的创造性，设计出具有个性特色的教学活动来。要求教师在遵循教育教学规律的前提下，设计教学活动时，观念要别树一帜，构思要别具匠心，切入点要独具慧眼，形式要别开生面，在具体的操作过程中，调控要别出一格，方法要别出心裁。同时还必须坚守务实的原则，要把学生知识的掌握、能力的提高真正落实到教学活动中。直白一点来说，活动式训练课型的思想精髓，就是教师在备课时动动脑筋，想个比较有趣的办法，能让学生在课堂上积极主动地听、说、读、写、思、做起来，让学生在运用语言的实践活动中自觉自愿地去感悟、品味、内化、活用祖国的语言文字，并从中得到有益的思想熏陶、性情陶冶、人生启迪。只要能做到这一点，我想活动式训练课型乃至整个语文教学的真谛你也就把握住了。

咱们虽然是以语文说事，但其理一也，只要能够灵活变通，各个学科都应能从中找出自己的路子来。

三、活动式训练课型具体操作指南

（一）找到归真课堂“四环节”的本真

在平时的教学过程中，我发现很多老师过分关注“四环节”（激趣导入、感知求疑、探究内化、拓展创新）的设置与操作，结果往往导致课上得太“死”，效果自然也大打折扣。因此，我们很有必要弄清楚在背后支撑着“四环节”的东西到底是什么。首先请看一段导学案例：

2010年12月5日，河南教育报刊社的赵鑫、朱亚娟、郭文辉等几位老师到学校采写课改情况，非要听我一节课。当时是下午，我的课已经在上午上过了，可盛情难却，就只好答应了。于是，临时向别的老师调了一节课，在没有备课、没有预习的前提下，这节课开始了。

师：今天这节课，因事出突然，老师没有备课，同学们也没有预习，面对这样一篇新课文，大家说说，咱们第一步该怎样来学习？

生：（纷纷回答）先读一读。

师：好，咱就先来读一读。请大家拿起笔，一边默读，一边把文中的生字词画下来，并思考解决，同时揣摩作者在文中流露出来的情感。（学生很快投入了学习状态，其间，我也投入了对文本的阅读，同时兼顾查看学生的阅读批注情况）

师：大家在默读的过程中，读得很认真、很仔细，现在咱再来朗读一遍看看读音、情感把握得怎么样。（在学生自告奋勇的朗读过程中，我感觉到孩子们对“看见一棵结实累累的柚子树”一句中“结实”一词没有理解到位，于是就围绕这

一词语引导学生）

师：同学们请想一想，这里的“结实”是什么意思？

生：（纷纷回答）是树长得很结实，是树显得很强壮，是很牢固的意思……（我知道，孩子们没有真正理解这个词语）

师：先别忙着下结论，俗话说“文读百遍”（我说到这儿，学生就把后半句接过去了），“其义自见！”（我们的孩子就是这样可爱）咱再来读一读这句话。（结果，一读，孩子们就发现自己错了，纷纷说道：“是结了果实的意思。”）

师：学习到这儿，接下来我又不知道该怎么做了，大家说说，咱接下来干什么？

生：思考处理课后题。（接下来，课堂教学自然而然进入了阅读、思考、独立解决问题、讨论、交流、学用结合的流程中）

课后，赵鑫老师激动地说：“这是真课改，是一节原生态的本真课！”县教研室的马汉君科长也给予了高度评价：“这是真正的高效课堂！”

这节课，就是这样自然天成，却收获了无限的精彩！由此可见，真正决定课堂走向的，绝不是事先设计好的各类框框，而是教师的教学理念及其指导下的课堂行走方式。在这节课上，我就坚守了两个原则：一是在民主和谐的氛围中，把学生推到学习的前台；二是以学定教，该怎样学，就怎样引导，循着语文学习的基本规律去做。

这就是我们倡导的归真课堂！

真在何处？真在对课标的准确理解中，真在对文本的个性化解读中，真在引导学生参与听说读写思做的语文活动中，真在课堂上对每一个生命的真切关注中，真在对学生课堂生命状态的激活中，真在对师生课堂生活质量的提升中，真在师生真诚对话的智慧闪光中……它不在僵死的“四环节”中！

环节是相对固定的，如果我们运用不好，那环节是非常可怕的，它可以让我们的课堂变得僵死。大家知道，我们的语文课堂是丰富多彩的，是个性特异的，我们的每一节语文课都可以找到它独具个性的东西。事实上，每一个老师，你也是独具个性的，你的知识，你的素养，你的特长，也是千差万别的。独具个性的老师，独具个性的文本，为什么要用一个僵死的模式去硬套呢？所以在这儿，我们要注意，模式是死的，但人是活的；文本是死的，但人对文本的解读是活的，咱们要用活的人、活的文本解读把模式用活。这就需要我们了解模式背后的东西是什么，“一点两步四环节”背后的东西是什么呢？它是学生的认知思维规律！我一给你解读可能就豁然开朗了。你想，假如现在我们拿到一篇生涩的文章，从来就没有读过，第一步需要怎么做？那自然是读一读，首先你得产生读它的欲望，那不就是激趣导入吗？我们上课不也这样吗？先得让学生想上你的课，必须解决这个问题，这就是激趣。有阅读的兴趣了，接下来会怎么做？感知，求疑。什么是感知？拿到一篇文章，我得先读读它，了解它写了什么，这个过程就叫感知。一篇文章读过之后，会有什么结果？一般情况是，有的读懂了，有的读不懂，有的了解了，有的不清楚。那么有的不了解，有的不清楚，这是什么东西？这就是一种求疑的情况！求疑，有两方面的理解：一方面，简单的问题读懂了，解决了表层的问题。在课堂上操作的时候，需要老师们先设置几个简单的问题，引导学生去读，当学生通过阅读、思考，完成了这些表层问题的时候，你想一下，学生会有什么样的心理状态？他高兴，他愉悦，因为他成功了！这就为他下一步的学习奠定了积极的心理基础。另一方面，他读不懂，想不通，存在疑问，这就是求疑的另一个方面，这个方面，才是对我们的课堂教学最有价值的。这就是为什么我们归真课堂强调围绕问题展开教学、以问题为航标来设计教学的原因所在。这就是感知求疑的本质，一读，问题出来了，咱们的有效教学也就要开始了。下面咱们还回到读文章来，当读不懂的时候，你会采用什么办法？一般有以下几种情况：一是自己再读一读，再想一想，再琢磨琢磨，这叫啥呢？这叫自主探究。如果自己读了，想了，琢磨了，还是搞不懂，还是百思而不得其解，怎么办？和他人商量，向他人请教，同学之间讨论讨论，小组之内交流交流，这叫合作探究。还有一种情况，小组讨论还解决不了怎么办？找个高手请教请教，在课堂上谁是高手？老师！这时候老师就可以作为一个课堂教学参与者出现了，去引导、去点评、去讲解——这就是探究的三种基本形式。“内化”怎么说？前面的问题咱都想通了，弄明白了，但咱仅仅是解决了一个问题而已。学习需要进入一种境界，就是举一而反三，融会而贯通，怎样才能进入这种境界？内化！引导学生再进一步想一想。我们备课时也是这样，我教这个问题，怎样引导学生由一知百，由百到万？这就需要我们去寻找其规律、方法、注意事项，这就是内化。但这个内化的过程，不能外灌，要通过引导学生找出来，说出来，而不是老师告诉他。这就是课型的第三个环节。下面我们再想一想，当这些问题都解决了，接下来我们该干什么？如果是咱们自己在学习时会怎么样？自然而然就是一个拓展创新的过程，就是一个使用的过程。这就是“四环节”背后的东西，当你把这个东西理会透的时候，你会忽然发现，什么是“四环节”？思维的过程是“四环节”。这个“四环节”，它不仅仅对一堂课适用，是不是也适用于一个小问题的解决？一个问题的解决，它也遵循这四个环节。因此，我们现在需要对这“四环节”有一个清晰认识，认识清楚之后，你就可以忽然发现，我的课堂可以是两个环节，我的课堂可以是三个环节，我的课堂还可以是一个环节，但不管是一个环节也好，两个环节也好，三个环节也好，这四个过程绕不过，因为这是思维、认知、注意等基本规律在起作用，这就是四环节的本质所在。

（二）活动式训练课型的基础模式及几种变式

活动式训练课型“有模式，但不囿于模式”。因此，在具体的操作过程中就显得十分灵活自由。我们可以用“基础模式”来上课，如案例：

活动，课堂教学的智慧之花

以活动为方式组织课堂教学，在教师引导下，让学生积极地参加活动，在活动中主动地掌握知识、发展能力，是活动式训练课型的基本指导思想。在引导学生学习《秃鹰之死》一文时，我有意融入了这种思想。

1.激趣导入阶段活动：读作文片段，看环境画片，营课堂氛围，激学习之趣。

师：昨天的作文课上，我们以“环保”为话题写了一篇文章，我发现王健同学的《二十年后的武陟》写得很好，尤其是第一段十分精彩，下面请王健同学把这一

段文章给我们朗读一下好吗？（得到同学们的支持后，王健很高兴地走上讲台）

王健："这是我的！""我的！""是我的！"在乌烟瘴气的大街上，人人都戴着防毒面具，背着氧气瓶，他们正在争抢着一棵可怜的小树。现在，氧气瓶、防毒面具都已成了家用必需品，人们出门在外戴着它们就像戴眼镜一样平常。这能怪谁呢？只因当初乱砍滥伐……

师：王健同学的这段文章，是不是"故作惊人语，要吓武陟人"呢？下面请看大屏幕上这一组触目惊心的画面。

大屏幕上缓缓推出一组与环境污染有关的画面，同时老师以低缓沉重的语调陆续发出了以下指导语——

师：看污水横流，看满目疮痍，看垃圾成山，看浓烟滚滚……

生：（纷纷说）沁河桥头、大堤坡旁的垃圾山比这高多了！这烟比起巴格达上空的油烟差远了！

师：看了画面，回望身边的生活环境，我们就知道王健同学所言非虚，这样下去，也许真有那么一天，我们得戴着防毒面具、背着氧气瓶上街！其实，放眼世界，这种骇人听闻的事还多着呢，请同学们将书翻到第10课，看《秃鹰之死》一文。

2.感知求疑阶段活动：召开记者招待会，别出心裁读课文。

师：今天我们换一种方法来阅读这篇文章，具体请看大屏幕（显示如下内容）：

方法：自由结合学习小组，以答记者问的形式谈一下本文介绍的主要内容。

要求：①每小组定一或两位专家，可以有几名记者。

②记者要问清秃鹰的死因，工业污染主要表现在哪些方面；专家要有序回答，并根据课文内容较详细地进行介绍，也可以补充材料，自由发挥。

下面请看一组活动记录——

记者：大家好，我是来自实验中学《蓝天报》的记者，即将参加第23届奥运会开幕式表演的"轰炸机"秃鹰突然死掉，大家一定很想了解它的死因，带着这个问题，今天我们来请教一下世界生物研究所的李专家。（面向李专家）李专家您好，您能为大家介绍一下这个问题吗？

专家：好的，我们解剖了这只鹰的尸体，确诊是患了烟雾诱发的肺尘病，导致血液中毒和血管破裂而死，毫无疑问，是臭名昭著的“洛杉矶烟雾”杀死了这个奥运会的生灵！

记者：那么请您简单为大家介绍一下“洛杉矶烟雾”是怎么回事。

专家：（清清嗓子）“洛杉矶烟雾”俗称“杀人烟雾”，它之所以称为“洛杉矶烟雾”，是因为它最早出现在洛杉矶。它直接刺激人的眼睛、鼻子、喉咙、气管和肺部黏膜，造成眼睛红肿、流泪、喉痛、胸痛和呼吸衰竭等现象，严重的会导致死亡。

记者：噢……这么可怕的烟雾是怎样形成的呢？

专家：它的罪魁祸首是汽车和化工厂。汽车和某些化工厂排出的废气中含有大量的碳氢化合物，这些有害气体经太阳紫外线照射后会发生化学反应，产生一种“光化学烟雾”，这就是“洛杉矶烟雾”。

记者：那么工业生产对环境的污染还表现在哪些方面呢？借此机会，请您也给大家做个简单介绍。

专家：除了光化学烟雾，还有有毒化合物，潜在的核污染，以及近年来海洋中大量的石油泄漏事故等。

记者：（面对观众）同学们，听了李专家的介绍，我们已经了解造成环境污染的一些原因及其危害，应该记住：工业污染不但是杀害秃鹰的凶手，而且是杀人的凶手，还是毁灭人类和地球的凶手！最后，让我们谢谢李专家给我们带来的精彩解答。（面对专家）谢谢您，李专家。（握手后离开）

3.探究内化阶段活动：浏览图片，感受环境污染造成的危害；研读课文，找到警示并分析说明的方法。

师：听了各位专家和记者所做的报道，我相信大家已经了解了文章的内容，下面请看大屏幕，通过画面再来感受一下环境污染给人类带来的灾难。

屏幕上依次出现了“洛杉矶烟雾”、化工厂污染的河流、核辐射造成的人体腐烂、巴格达上空的油烟、海面上弥漫的石油……

师：看了这些画片，大家心里一定都沉甸甸的，那么请思考一下这个问题（大屏幕显示）：

秃鹰之死带给人类的警示是什么？

生：一定要珍爱环境，保护环境。

生：在发展经济的同时，一定要解决环境污染问题。

生：破坏环境，就是毁灭人类。

…………

师：这篇文章中，作者条理清楚地介绍了环境污染的危害，请大家再次研读课文，完成下面问题（大屏幕显示）：

试从文中找出所使用的说明方法，并各举一例说明。

生：文中使用了举例子的说明方法，如……

4.拓展创新阶段活动：展自己智慧，提治理建议。

师：治理环境污染迫在眉睫，请你以课文内容或自己的见闻为例，谈谈对这个问题的认识，并提出相关的治理建议。

生：我建议人们还都骑自行车，这样一可以锻炼身体，二可以减少汽车尾气污染，有利环境保护。

生：为了治理汽车尾气污染，我认为必须加快研制太阳能汽车的步伐。

生：我认为，人类必须尽快实现月球上无污染能源的开发和利用。

…………

一句话点评：课堂上，只要给了学生活动的舞台，你就会发现，自己的学生原来竟这样精彩！

（原载《师道》2005年第3期）

这个案例基本上体现了活动式训练课型的四个操作环节。但更多的情况是，我们应该根据教学的内容以及课堂教学的实际需要，大胆灵活地做出变通。这样，活动式训练课型就出现了多种变式。

1.一节课就是一个活动。如案例：

“一明三悟”巧读文

——《斑羚飞渡》教学后记

感悟既是一种心智活动，又是一种感情经历，还是一种审美体验。在语文教学中，学生只有感受到并且真正领悟到了那些“只可意会不可言传”的东西，能悟得许多教师由于充分描述而未曾或无法教给他们的东西，那才是感悟的最高境界。

——窦桂梅《语文教学要着眼于人的发展》

新课程标准中明确提出：“应该重视语文的熏陶感染作用，注意教学内容的价值取向，同时也应尊重学生在学习过程中的独特体验”，“尤其要重视培养良好的语感和整体把握的能力”。

在引导学生学习《斑羚飞渡》一文时，基于这种思想，我创设了一组“一明三悟巧读文”的课堂教学活动，收到了良好的教学效果。

活动设计：请学生自读课文，然后围绕下列问题展开自我探究活动。

①一明（必做题）：弄明白这篇文章叙述了一件什么事，用简明的语言概括出来，并能生动地复述。

②三悟（选做题，鼓励多做）：

悟情：可从作者之情、斑羚之情、猎人之情、读者之情等多方面进行感悟。

悟理：可从多角度挖掘作品所揭示的现实意义、生活哲理，也可以就某一方面谈对自己的启迪。

悟方法：既可悟作文之道，也可悟生活之法。

第一步的活动虽然波澜不惊，但学生却从整体上感知了全文内容，为下一步的“三悟”奠定了思维基础。当一朵朵思维之花绽放在眼前的时候，我们就可以真切地感觉到现在的孩子学语文真的不需要我们多讲！

“老师，我觉得作者很虚伪——斑羚群遭逢的灾难，他也是一名帮凶，如果他稍有一点爱心，就会阻止同伴，放过这些斑羚，可他却‘趴在山头观虎斗，坐在桥头看水流’，眼睁睁地看着一只只斑羚坠下山崖，这时的他简直就是一只冷血动物！事后还写出文章显露忏悔之情，真是虚伪！”——出口就有惊人语。

“老师，斑羚群陷入绝境后，没有消极等死，而是积极自救，尽管付出了惨重的代价，但却求得了种族的延续。联系生活，我觉得这是一种积极向上的人生态度。”

“老师，读过这篇文章后，给我印象最深的是镰刀头羊，它处乱不惊，指挥若定，先主动放弃生的机会，最后又坦然地消失在一片灿烂中，充分展现了一个卓越领导者的风采，想想现在社会上一些为一己私利而贪赃枉法的达官贵人，真为他们汗颜！”

“老师，我从半大斑羚跳过山崖后的咩叫声中，似乎听出了这样的意思，它好像在提醒我们，前辈的牺牲和付出，我们一定要用成功和发展来回报。”

…………

在活动中，孩子的思维触及了文章的方方面面，斑羚的牺牲精神、团队精神，人与动物的生态关系……娓娓道来，有理有据。尤其值得一提的是邱梦缘同学的发言：“老师，从这篇文章中，我不仅悟到了情、理和方法，而且还悟到了一种美——镰刀头羊和那些老斑羚们，为了种族的生存，心甘情愿地用生命为下一代搭起一条生存的道路。我觉得，那凌空坠落的一道道身影，要远比空中的彩虹更美丽！因为它让我理解了生命的真谛。”

孩子的思维飞了起来，不但悟出了情、理、法，而且悟出了生命的美，这难道不是我们的语文教学所渴望出现的景象吗？

解放了孩子的思维，他们就获得了发展和成功的机会！

2.一节课上，有一个小活动足矣。如案例：

我有一双发现美的眼睛

——美读《鹤群翔空》

读文章，尤其是文质兼美的散文，我们要善于引导学生去发现其中的美。在引导学生自读《鹤群翔空》一文时，我组织学生成功地完成了一个发现美、欣赏美、品读美的课堂教学活动——“我有一双发现美的眼睛”。

活动初始，我用充满激情的语言引导学生：有哲人说，世上并不是缺少美，而是缺少发现美的眼睛。可我认为，当我们读过江口涣的《鹤群翔空》后，同学们也一定会很欣喜地发现——自己就拥有一双发现美的眼睛！同学们，试一下如何？

这时有不少学生已经跃跃欲试了。于是，我又加了一把火：“同学们，老师有一句话送给大家，如果你能用心朗读两遍，你那双善于发现美的慧眼就会更加明亮起来，也就一定能通过自己的独立阅读，发现文中无限的美来！这句话是——我有一双发现美的眼睛！”

孩子们的探美活动开始了——

“老师，我发现了一种悠然之美——在文章的第三段，这句话是：‘它们一律将长颈伸向前方，双足向后方笔直延伸，悠然翱翔太空的美姿，实在是无可言喻。’你看，这幅印在天空中的画多美呀！”王杰的话音未落，王崎嶂就接了过来：“老师，我发现了一种回旋之美——在文章的第七、八段……这种景观多么壮丽啊！”古小涛更是不甘示弱：“老师，我发现了一种拼搏之美——鹤本来比较弱小，但面对苍鹰，它们并没有退缩，而是迎难而上，勇敢拼搏，最终取得了胜利。”

孩子们的思维之闸就这样次第拉开了。

“老师，我发现了一种团结之美——一只鹤的力量是弱小的，但一百只鹤拧成一团，就可以战胜强大的苍鹰！”

“老师，我发现了一种谨慎之美——当苍鹰消失之后，鹤群仍然零乱飞舞，担心地啼叫，直到弄清苍鹰不会再来袭击，才放下心来，恢复了圆形队，向高空升去。”

“老师，我发现了一种组织之美——当鹤群遇到强敌时，它们先是用圆形阵警戒，后又用旋涡阵对敌，显得很有组织性。”

“老师，我发现了一种协作、关爱之美——当遇到危险时，鹤群就发出嘹亮的啼鸣，互相报警，彼此关照；在战斗中，一名同伴遇险，其他鹤就一只紧跟一只，疾速转身，俯冲下来去追逐下滑的苍鹰；尤其是当受了重伤的鹤要脱离队列飘摇下坠的时候，两只健壮的大鹤各伸出一只长长的翅膀，架着受伤的鹤飞向了高空。读到这儿时，我觉得在鹤的身上也有一种人性美在闪光。”

“老师，我还发现了一种变化之美……”

“老师，我还发现这一课的比喻句用得很美……”

…………

孩子们的慧眼张开了，还需要老师再讲什么呢？

在沉思中，我的心笑了。

引导学生在阅读过程中发现美，欣赏美，品味美，感悟美，内化美，不仅是语文学科人文性的要求，更是促进学生情感发展、提升学生人格品位的内在需要。在这一活动中，我从文本的个性特点出发，有意识地引导学生围绕一个“美”字展开多元化自我探究，鼓励他们大胆地进行个性化解读。从一个个精彩的答案中，我们可以欣喜地发现，孩子们从文中读出了属于他们自己的东西——悠然之美，回旋之美，拼搏之美，团结之美，谨慎之美，组织之美，协作之美，关爱之美……这些东西，不是对文本的简单概括，也不仅仅是对文本的表面解读，更蕴含了孩子们在固有体验的基础上对人生、对生活的一种独特理解和感悟！而这一点正是我们的阅读教学应该追求的一种境界。

这一成功的活动片段，使我进一步感受到：课堂上，我们只有敢于放飞学生的思维，其灵动的智慧才能闪现光辉。同时，语文阅读教学的探究活动，一定要关注引导学生对“文本”的多元化解读，离开了对“文本”的关注，一切教学活动就会成为无源之水、无本之木，其本质也就脱离了“语文”的轨道。但是，我们也不能一味地囿于“文本”，要能基于“文本”，出于“文本”，努力实现从关注“文本解读”到关注“生命发展”的有机迁移。只有这样，我们的语文教学才会蓬勃出盎然生机，我们的课堂才会荡漾出浓浓春意。

3.一个活动贯穿几节课。如：

在教学义务教育课程标准实验教科书作家版七年级语文（上册）第六单元的六篇文章时，我采用“纵向比较，求同析异”的方法引导学生展开比较性阅读，使本来互不相干的六篇文章形成了一个完整的阅读本体，从而引导学生围绕一个“情”字，从特殊的师生情、深厚的母子情、闪光的父女情、亲密的知己情等几个方面，不仅有效解读了《我的几个先生》《合欢树》《记忆的闪光》和《伯牙和钟子期》等六篇文章，更引导其从文中走向生活，在内心深处感受到了最温暖、最绚丽的人间真情。

在教学鲁迅的名篇《社戏》时，我打破常规，别开蹊径，引导学生围绕两个话题“平桥村的民风”和“真正的友谊”展开研究性学习活动，第一节课完全交给学生独立自主学习，阅读，撰写研究报告，一节课在安静而又紧张的氛围中悄悄地进行。第二节则将课堂变成了学生展示研究成果的平台。课堂上，展示者宣读自己的研究报告，有理有据；倾听者认真捕捉有价值的信息，及时提炼展示者报告中的关键词，并记录下来，有条不紊。最后，引导学生根据自己记录的关键词，对这两个话题各用一段简明的话进行概括，并用上自己认为最有价值的关键词。通过这样的课堂综合性活动，小说教学中的什么理情节、析人物、明主题，一切的一切都迎刃而解。

方式根据需要而生，究竟采用什么样的活动方式来建构我们的课堂，完全是根据教材的内容特点及相关的课程资源灵活而定。

了解了活动式训练课型的几种变式，我们就可以开始确立起一种理念：归真教育的课堂，其实是一种充满生命灵性和智慧闪光的课堂，是一种追求百花齐放而绝不囿于僵化模式的课堂，是一种主张充分弘扬教师教学个性、发挥教师教学创造性的课堂……也只有这样的课堂，才更具有生命力和发展力！

（三）活动式训练课型教学重点的确定和运作

在传统的教学教程中，能否抓住教学重点，是衡量一节课成败的关键因素之一。教学抓住了重点，就可以使教材从厚变薄、由博反约，就可以使教学以简驭繁、以纲带目，就可以使训练多向辐射、化难为易，就可以使学生举一反三、触类旁通。在“一点两步四环节活动式训练课型”中，“一点”更可谓整个教学活动的领军和统帅，“两步”“四环节”所有的活动设计与运作，均需围绕这“一点”展开。因此，其地位与作用就尤显突出。

那么，在活动式训练课型中，怎样确定这“一点”并围绕这“一点”设计和运作教学活动呢？

首先，宏观调控，总体把握。尽管“一点”指的是一节课只围绕一个重点展开教学，但是我们在确定这“一点”时，决不能把目光仅仅定格在一节课上，而应在学期初分课教学前，根据课程标准的要求，对整个单元、整本书乃至初中阶段几本书的内容做到系统性的了解，应该明确每一册教材的重点、每一单元的重点，应该明确册与册、单元与单元之间知识上的联系。这样做到了胸中一盘棋，我们在针对一节课设计和运作教学活动时，就可以高屋建瓴，就能够实现宏观调控，总体把握，不至于抓了这一点，漏了那一处，或是出现不必要的重复性训练。

其次，“瞻前顾后”，大胆取舍。活动式训练课型一节课只围绕一个重点展开教学，其根本出发点在于利用有限的时间使学生将重点知识学会、学透，力争当堂能够举一反三、融会贯通，让有限的课堂时间发挥无限的效用。要确保做到这一点，我们在设计和运作教学活动时，就必须敢于大胆取舍，绝不能东抓一把，西挠一下。但取舍应遵循两个最基本的原则：①忠于课程标准。课程标准是师生进行一切教与学活动的行动指南，在“一点两步四环节活动式训练课型”中，“一点”又起着领军与统帅作用，因此，我们在确定教学重点时，必须紧扣课程标准，严格落实课标精神，决不能舍本求末。②切合教学实际。任何学科的教材重点都是从已知的旧知识中引申出的新知识。因此，确定教材重点时，就必须先搞清楚哪些是旧知识，哪些是新知识，新知识即是教材的重点。但是我们应该清楚，教师与教师、学生与学生之间存在着个性差异，不同的教师对教材的把握和处理不同，不同的学生学习的结果也不同，这样虽然面对同一节新教材，学生所面对的“新知识”却会有差别，相应的本节课应该确定的教学重点也就会不一样。因此，我们在确定教学重点时，必须做到“瞻前顾后”，综合考虑自己所面对的教学实际，切不可人云亦云，甚至照抄照搬，以致在失去自己教学创造性的同时，失去教学的本真。一定要将“这一个重点”定在思维卡壳处，定在知识枢纽处，定在问题丛生处，定在内容核心处。

再次，多管齐下，四面出击。活动式训练课型所确定的教学重点，究其实是一个多元复合性的“点”，其外显形式是教材知识性重点，但其实质上还包含着其他几种内隐性重点，如方法、技能、思维训练重点及情感态度与价值观等。而这些内隐性重点，从“育人成才”的角度来看，较之教材知识性重点更为重要。这就要求我们在确定教材知识性重点的同时，兼顾考虑内隐性重点；在设计与运作教学活动时，要围绕所有外显性、内隐性重点，多管齐下，四面出击，多角度设计，多方位训练。只有这样，活动式训练课型围绕“一点”展开训练的真意才能落到实处，我们的教学也才能取得理想的训练效果。果能这样做，何愁“三维目标”不能达成？

最后，精推细敲，以“点”生发。一旦教学重点确定下来，我们设计与运作教学活动就有了核心，所有的设计与运作都要围绕这“一点”展开。但在此，我们必须明确一点，我们围绕一个重点展开教学，并不是说与重点相关的一般知识就可以弃之不顾。我们知道，“重点”是相对于“一般”而言的，离开了“一般”也就无所谓“重点”。教学重点，从某种意义上来说，就是指教学内容中带有共性的、规律性的知识、方法和技能。我们抓这“一点”的目的，就是为了把和这“一点”密切相关的知识学会学透，就是为了使学生能够围绕这“一点”而触类旁通、举一反三。

针对这个问题，最便捷的方法是，集群体智慧，认真研究新课程标准，将其细化，并与文本的具体内容对接，构建起自己的新课程标准实施体系。通俗一点讲，就是将新课程标准具体细化为教标、学标、练标、考标。把这个东西研究、构建好了，这“一点”就基本确定了。有了这“一点”，我们备课、上课、观课、议课，就都有了“主心骨”，工作的效率也会大幅提升。这也是近几年来，我们一直致力于构建课标细化三大体系（教材分析体系，课时教学体系，复习迎考体系）的初衷。

（四）怎样设计激趣导入阶段的活动

传统教学就十分重视课堂导入的艺术，关于这方面的论述已经很多，从原则、特点到方法、功能，均有较为系统的理论阐述。本文仅就活动式训练课型“激趣导入阶段活动”与传统导入艺术的异同做一比较性说明，并在此基础上简要阐述这一阶段活动设置的基本要求和常用方法。

我们在课型概述中提到，设置激趣导入阶段活动的目的，意在激发学生的学习兴趣，调动他们的学习热情，创设良好的学习氛围，为课堂教学提供成功的条件。其实，这一提法与传统教学中导语设置的目的完全相同。那么，活动式训练课型“激趣导入阶段活动”与传统导入艺术的根本区别是什么呢？一句话，激趣导入阶段的活动要求必须由学生亲自参与完成，绝不能由教师一人唱独角戏。

综合考虑传统导入艺术的基本理论与活动式训练课型激趣导入阶段活动的个性特点，我们认为，设计与运作激趣导入阶段的活动，应努力做好四个字：

1.新。心理学研究表明，令学生耳目一新的“新异刺激”，可以有效地强化学生的感知态度，吸引学生的注意指向。因此，设置课堂导入活动必求新，新则出奇，新则生趣，只有新才能引人入胜，只有奇趣横生，才会使自己的课堂导入环节产生磁性。所谓新，一指语言新，二指形式新，三指内容新。语言新，则使人闻之如聆仙乐，品之如饮甘泉，心境舒泰，兴致盎然。形式新，会令人精神为此震荡，耳目为此吸引，自然专心致志，乐学不疲。内容新，一方面能让人心驰神往，沉迷陶醉；另一方面又能够启迪心智，开拓思维，催人咀嚼品味。

2.巧。设置激趣导入阶段的活动，要善于巧穿针，妙引线：①与教学内容巧妙相连。可以直冲重点，也可旁敲侧击，还可蜻蜓点水，不求解决问题，但求激发兴趣，调动学生心中潜在的学习需要。②与思维训练巧妙相连，力争点燃学生思维的火花，开拓学生思维的广阔性和灵活性，使学生在积极的思维过程中体会到学习的乐趣，从而产生高昂的学习情绪。③与学生生活巧妙相连。走进孩子的心灵，走进孩子的生活，我们就会知道什么叫丰富多彩。教学活动与孩子自己的生活相连，他们顿时就会产生一种亲近感，自然也就乐意参与。④与实际需要巧妙相连。与课堂教学无关的活动，即使设计、组织得再生动再精彩，也不足取。

3.快。莎士比亚说："简洁是智慧的灵魂，冗长是肤浅的藻饰。"激趣导入阶段的活动要精心设计，力争用最短的时间，最大限度地激发学生的学习热情，引发学生的思维积极性，营造出民主、自由、和谐、开放的课堂活动氛围。

4.动。有两方面的含义：①在激趣导入阶段设置的"活动"，宜动不宜静，应"动"多"静"少。在这一点上，我们一定要把握好活动式训练课型"科学动态性"的特点。②这一阶段的活动，尽管说教师的主导作用相对突出，但我们必须要让学生直接参与完成活动。可以说，没有学生参与的活动，即使教师表现得再好，也不符合活动式训练课型的要求，就是一个失败的"活动"。

这四个字相辅相成，不可分开来看，在设计教学活动的过程中，只有统筹兼顾，综合考虑，才能灵光迸现，妙想天成。当然，也不必一味固守，大巧若拙，静中有动，不也是一种很高的境界吗?

（五）感知求疑阶段活动的创设及运作

在课型概述中我们说过："感知是内化的基础，求疑是创新的开端。在这一阶段，应通过活动，让学生初步感知教材内容，独立解决表层问题，并给学生留下一定的'问题'时空，引导他们围绕教学重点，提出自己最关心的问题。"这一段话，基本上为我们设计与运作“感知求疑阶段的活动”指明了方向。在本文中，我们将重点从以下几个方面再做一些具体说明。

◆ 感知求疑阶段活动主要的教学指向是什么？

1.引导学生初步感知教材内容，独立解决与教学重点相关的表层问题，并给学生留下一定的“问题”时空，引导他们围绕教学重点，提出自己最关心的问题。

2.树立学生自学意识，培养其独立钻研的精神，养成良好的自学习惯。

3.注重培养、提高学生围绕重点质疑的能力。

4.通过这一阶段的活动，让学生初步体验学习成功的快乐，为下一阶段的探究性学习积蓄动力。

◆ 为什么要设置这一阶段的活动？

1.通过第一阶段的活动，学生学习的积极性、自觉性被充分调动起来，其注意指向也开始向获取新知识转移，可以说，学生已经处于一种跃跃欲试、渴求新知的状态，在这种情况下，我们自然就应该满足学生这种“我要学”的欲望，放手让他们自己去读，去说，去写，去思索，去寻求自己可以解决的问题的答案，去发现自己不能解决的问题。如果我们不这样去做，第一阶段活动中师生付出的努力就会付诸东流，学生求知的心火就会被浇灭。

2.从初中生的认知规律及意志特点来看，本阶段的学习内容我们只能安排基于表层的或是稍有深度的知识。初中生在学习的起始阶段关注的往往是基于表层的知识，这些知识涉及的问题一般难度不大，稍加努力学生就可以自己解决，易于从中品尝到学习成功的快乐。从初中生意志特点来看，其坚韧性、自制性尚未稳定，而依赖性、动摇性却随时存在，如果在本阶段我们设置的教学内容过难，学生（最起码一部分学生）凭自己的力量无法解决，他们就会因受挫而意志动摇，从而为下一步的学习埋下心理上的障碍。相反，若他们在学习中自己解决了问题或是发现了新问题，他们意志特点中的冲动性就会发挥积极的作用，就会以更加兴奋的状态投入到下一阶段的学习活动中去。

3.从感知求疑阶段活动的本质来看，其实质是引导学生进行尝试性的自学。关于这一点，叶圣陶先生有一段精辟的论述："尝试的结果，假如真了解了，这了解是自己的收获，印入必然较深，自己对于它的情感必然较浓。假如不能了解，也就发现了困惑所在，然后受教师的指导，就困惑所在加以解答，其时在内容的领悟上和方法的运用上，都将感到恍然有得的快感；对于以后的尝试，这是有力的帮助和鼓励。无论成功与否，尝试都比不尝试有益得多；其故就在运用了一番心力，那一番心力是一辈子要运用的，除非不要读书。"邱学华老师提出的尝试教学，更是为我们提供了成功的先例，在此，我们就不再多说。

4.叶圣陶先生认为，学生是"有机的种子，本身具有萌发生长的机能"。魏书生、钱梦龙、宁鸿彬、姚竹青等老师的实践也已经证明，相信学生的能力，让他们放手去做自己能做的事情，我们的教学就一定会得到丰厚的回报。因此，我们设置感知求疑阶段活动也是符合初中生能力特点的。

◆ 如何设置、运作这一阶段的活动？

1.用课型的基本思想、原则、特点做指导，从自己的教学实际出发，全方位、多角度考虑影响教育教学的各种因素，充分发挥自己的教学创造性，尽可能使各种因素达到和谐统一，从而设计出高质量的教学活动方式。

2.以"一点"为核心。这是该课型每一阶段的活动都必须遵循的基本原则，前文中多有论述，在此不再赘言。

3.以"与重点相关的表层问题"为内容。所谓表层问题，指的就是那些绝大多数学生经过自己的努力可以找到答案的问题。其实，这是一个比较模糊、宽泛的概念，其内涵是学生"力所能及"，其前提是"教师必须了解自己的学生"，因为对甲来说比较容易的问题，对乙来说可能就相对深奥。

4.以"引导自学、适当合作"为基本思路。本阶段活动中，要充分让学生自己以各种形式去"听、说、读、写、思、做"，让他们在"教师指导下的自学活动"中自己去寻求问题的答案；以学生的"说与做"为反馈方式，让他们在"说"中去享受成功，在"做"中去暴露问题。当然，在必要的时候，也可以引导学生进行适当的合作，比如感知过程中的分角色朗读实际上就是一种学习上的合作。

5.以“问题”为航标。在活动中，教师可以围绕重点设计几个问题，让学生带着问题去学习。有了问题，就犹如为学生思维的小舟插上了航标，他们自学起来才不会茫然无着，才会有兴致，才会有效果。这一点，如果套用杜郎口教学经验中的一句话，我们可以概括为“知识问题化，问题活动化”，即先将我们要教学的重点内容问题化，再设计一个活动将这些问题运载起来。

6.以“力所能及”为评价标准。感知求疑阶段的活动，在很大程度上是为下一阶段的探究内化蓄势，在为其创造新的动力源。因此，在本阶段不宜让任何一个学生受挫。这样，我们在设计问题的时候就必须考虑到问题的层次性，然后让学生根据自己的情况自由选择；在评价时应以“力所能及”为标准，充分肯定学生的每一个正确答案或是答案中的每一丝可取的地方，让不同层次的学生都能享受到学习成功的快乐。

（六）探究内化阶段活动的创设及运作

◆ 探究内化阶段活动主要的训练指向是什么？

探究内化阶段活动主要是围绕感知求疑阶段活动中暴露出来的问题，引导学生通过自主学习、合作研讨，去探究问题的答案，从而进一步消化理解教学内容，完成对所学知识由感性到理性认识的过渡。本阶段，我们要重点针对以下几个方面对学生展开训练：

1.引导学生在反复研读教材的基础上，针对难点、疑点或有争议的问题展开自主探究、合作研讨，从而挖出答案，找出规律，总结出解决同类问题的方法，真正达到理解消化知识的目的。

2.引导学生面对疑点问题，敢于攻坚；面对疑点问题，敢于不唯书、不唯人，能够从实际出发，大胆考证，用事实揭疑；面对有争议的问题，在虚心听取他人意见的前提下，敢于坚持、维护、证明自己的观点。从而逐步培养学生严谨治学、科学探索、自立自信的精神和行为习惯，并努力“在他们身上塑造起未来社会所必需的主动好学、开拓创新、自强不息的人格”。

3.在感知求疑的基础上，注重培养、提高学生的解疑能力。

4.引导学生树立相互合作意识，培养其团结合作、携手攻坚的精神。

◆ 为什么要设置这一阶段的活动?

叶圣陶先生认为，教学，绝不是学生对教师所授内容的消极被动地容受，而是在教师引导下学生能动地凭借“自力”对所学东西进行探索、消化、实践、建构，从而“把所学的东西化为自身的东西”，促进自身发展，增强自学能力的过程。法国教育家卢梭说：“教育的问题不在于告诉他一个真理，而在于教他怎样去发现真理。”现代教育研究也从多渠道证明着同一个结论，那就是“培养能力，事实上要靠学生自己去经历一个实践、感悟、内化的过程”。我们在感知求疑阶段活动之后设置探究内化活动，符合现代教育认知论规律。

从心理学的角度看，现代中学生的成人意识、独立意识与参与意识日见增强，他们在学习上已不再满足于教师的“一家之言”和“喋喋不休”，他们开始想有且已经有自己对问题的独立见解，已经初步具备最基本的独立探究、相互合作的实践能力，已经开始想独自干点自己的事。在这种情况下，我们怎么还能固守“唐僧念经——给学生念紧箍咒”的老套？怎么还能不让学生自己去实践、去探索、去解决问题？

如今，新课程标准中已经明确“倡导自主、合作、探究的学习方式”。

因此，在教学活动过程中，大胆地让学生去探究、去内化，是学生“学活知识”、提高实践能力的唯一出路。

◆ 如何设置、运作这一阶段的活动?

1.在设计与运作探究内化阶段活动的时候，与其他阶段一样，必须以课型的基本思想、原则、特点为指导，必须以“一点”为核心，从自己的教学实际出发，全方位、多角度考虑影响教育教学的各种因素，充分发挥自己的教学创造性，尽可能使各种因素达到和谐统一，从而设计出高质量的教学活动方式。

2.本阶段活动所涉及的知识性因素，应以“挖掘知识内容所潜在的规律性”为主，整个活动应以发展学生思维、培养其综合的语文素养与语文实践能力为轴心。

3.以“自主学习与合作研讨相结合”为基本思路。在本阶段的活动中，教师既要善于引导学生敢于独自质疑问难，还要善于引导和组织学生进行合作研讨，以培养其基本的合作意识与能力。

4.必须让学生明确探究的目标。只有目标明确，才会有十足的动力，学生的探究才会有方向，才会不走或少走弯路。这样，在组织运作这一阶段的活动时，教师必须把要探究的问题明确地提出来，最好是引导学生明确地提出来。

5.要教会学生一些最基本的探究、讨论问题的方法，如怎样围绕“中心”查资料，怎样筛选、运用手头的资料，怎样围绕一个问题发表自己的见解等。

6.对于每一个学生的探究所得，我们都应该珍视，对其中每一丝成功都应给予充分的肯定，即使是错误的答案，我们也应该换一个角度，把它转化成一种新的动力源，重新去激起学生探究的欲望，切不可有丝毫慢待，更不可出言讥讽。

7.对不同层次的学生，我们对其探究结果要区别对待。系统的规律、完整的思想、妥善的答案固然要赞赏，但一点想法、一点发现、一点见解也同样值得我们去肯定。事实上，在语文活动式探究训练中，激活学生的多角度思维、引发学生的奇思妙想才是我们追求的最理想的答案。

（七）拓展创新阶段活动的创设及运作

拓展创新阶段的活动在该课型中占有十分突出的地位，它既是前三步活动的继续和升华，又具有一定的相对独立性。我们在课型概述中提到的“两步”中的第二步“用”，主要就落实在这一个阶段的活动中。

◆ 拓展创新阶段活动主要解决什么问题？

1.引导学生在具体的活动中，运用所学的新知识，解决新问题，从而达到巩固新知、融会贯通的目的。

2.在活动中训练学生的求异、发散、收敛、聚合、对比、迁移、联想、想象、反向、形象等思维能力。

3.培养学生的创新精神、创新意识和实践创新能力。引导学生不拘泥于书本，不迷信于权威，敢于破常规标新立异，勇探索别出心裁，敢于积极提出自己的新思想、新观点、新思路，找出解决问题的新途径、新方法、新点子。

4.完成由课内学习向课外拓展的过渡性引导，培养学生运用课内所学知识解决课外问题的意识和习惯。

◆ 拓展创新阶段的活动该如何设计和运作?

1.设计与运作拓展创新阶段的活动，必须以课型的基本思想、原则、特点为指导，以“一点”为核心，充分体现“创造力面前无‘差生’，人人可以获得发展和成功”的原则，力求设计出来的活动使每一个学生都有一试身手的天地。

2.在知识内容上，要紧承探究内化阶段所得，使学生的拓展、创新建立在“内化”的基础之上。我们要时刻牢记，“拓展”与“创新”都是为了“用”新学的知识，通过“用”达到举一反三、融会贯通的目的。若是设计的活动完全脱离了新学的知识，一方面无疑不能突出“一点”，更重要的是我们的拓展与创新训练就会成为无源之水、无本之木，自然也就收不到良好的训练效果。

3.应以科学的思维方法做指导。平时，教师应教给学生一些科学的思维方法，如求异、发散、收敛、聚合、对比、迁移、联想、想象、反向、形象思维等。有了这些科学的思维方法做指导，在拓展创新阶段的活动中，学生才会走出习惯的思维定式，摆脱封闭型求同思维的束缚，扬起创新思维的风帆。相反，学生在活动中就会像一只无头的苍蝇，东一头西一头地乱撞，自然也就难以收到理想的训练效果。

4.要选好“拓展创新的生发点”。我们知道，并不是每一个知识点都可以引导学生来一番拓展和创新。这就需要我们在设计与运作“拓展创新活动”的时候，必须善于选择和挖掘“拓展创新的生发点”，也就是那些能够使学生思维活跃起来的知识点。否则，学生的思维就可能被禁锢在一个“死点”上，拓展不开，创新不了。

5.立足文本，以“语言文字”为工具，以“听说读写思做”为方式。这是由语文学科的个性特点决定的。语文课堂上无论进行怎样的拓展与创新训练，都应该让学生立足文本，以“语言文字”为工具，具体地“听说读写思做”起来，若使设计的活动游离于“语言文字”之外，脱离了“听说读写思做”的基本方式，那么这种训练就会浮于虚空，就会成为一种“玩笑的游戏”“娱乐的方式”，我们的语文教学就会失去“语文味”，也就远离了语文学科教学的本真。

6.以“思维训练”为轴心。思维是行动的先导，只有思维得到了拓展、得到了创新，才有可能实现行动上的拓展与创新。因此，设计与运作该阶段的活动时，我们应以放飞学生的思维为起点，然后再以其为轴心组织、运作具体的训练活动。

7.以实现由课内向课外、由短时向终身学习过渡的成功性引导为归结点。课堂上的拓展创新训练毕竟是有限的，但课外的时空却是无限的，语文课堂教学只有实现对学生由课内向课外、由短时向终身学习过渡的成功性引导，才是我们追求的最理想的境界。

◆ 设计拓展创新阶段的活动应避免哪些思想倾向？

1.为拓展而拓展，为创新而创新。我们应该时刻牢记，“拓展”与“创新”都是为了使学生“学以致用”，为了使其学到的知识融会贯通，为了使其思维、实践能力得到训练，为了使其语文素养得到提高，绝不是为了赶时髦、图热闹、走过场、玩形式。因此，我们必须杜绝为拓展而拓展、为创新而创新的“教学作假”现象。

2.“画地为牢”式的拓展创新。说是拓展创新，其实操作起来，完全还是教师牵着学生的鼻子走，学生犹如“牢中人”“茧中蛹”，其思维并没有多少可以自由驰骋的空间。我们在设计与运作本阶段的活动时，在围绕“一点”的前提下，应大胆放手，要敢于让学生各抒己见、各展其能，真正放飞学生的思维，尽情地让他们说出心中的新点子，道出找到的新方法。

3.“完美”式拓展创新。学生的知识、阅历、能力不同，在本阶段活动中其所能达到的结果一定有很大的差别。我们决不能苛求每一个学生的拓展创新都能达到完美的境界，而要随时肯定他们的一点点标新立异、一点点别出心裁。只有这样，学生的创新思维之花才会竞相开放，拓展创新之果才能溢蜜流芳。

当整理完这一节的时候，我觉得很有必要再明确一个观点：我们课堂上的“创新”现在不是多了，而是太少了，每一个归真教育的实践者，都有责任、有义务去落实好这一个环节，于小处说，这是为了一节课，于大处说，这寄寓着我们民族美好的未来——《国家中长期教育发展和规划纲要（2010—2020）》中将“着力提高学生服务国家服务人民的社会责任感、勇于探索的创新精神和善于解决问题的实践能力”作为我国下一阶段的战略目标，试问，这种“勇于探索的创新精神和善于解决问题的实践能力”从何而来？我们作为教育的直接实施者，又肩负着怎样的重任？别再听某些所谓的专家们那些“一节课，玩什么创新”的怪论了，踏踏实实地做好我们的“拓展创新”，哪怕是一点点星光，也能够照出一片希望来。

（八）“感知求疑”与“探究内化”的模糊界限

在现实生活中我们可能都有这样的体会，在某些概念与概念之间难以找到一个明确的界限，只有一个大致的范围。如“少年、青年、中年、老年”四类人，“赤、橙、黄、绿、青、蓝、紫”七种色，“春、夏、秋、冬”四季,等等，我们很难在这一年龄段与那一年龄段、这一种颜色与那一种颜色、这一个季节与那一个季节之间找到一个确切的分界点来。这就涉及事物之间的一种特性——模糊性。在“感知求疑”与“探究内化”这两个环节之间，同样具有这种模糊性。

◆ 两环节之间为什么会有这种模糊性？

这个原因很简单，归根结底只有一句话：都是因为学生！我们知道，学生之间的个体差异性是客观存在的。一个问题，对甲来说可能只是个“表层问题”，只需“初步感知”就可以解决，但对乙来说可能就成了“难点、疑点或有争议的问题”，必须经过一番探究、通过与别人的合作才能解决。学生之间存在这种差异，两环节之间的界限能不模糊吗？

◆ 两环节之间有没有一个界限？

说这两个环节之间具有模糊性，其实指的是二者之间没有明确的、绝对的界限。但究其实，模糊现象仅仅出现于环节交界的边缘区域，其各自范围的中心区域则是清楚的。我们知道，“感知求疑”阶段就是要：“①引导学生初步感知教材内容，独立解决与教学重点相关的表层问题，并给学生留下一定的‘问题’时空，引导他们围绕教学重点，提出自己最关心的问题；②树立学生自学意识，培养其独立钻研的精神，养成良好的自学习惯；③注重培养、提高学生围绕重点质疑的能力；④通过这一阶段的活动，让学生初步体验学习成功的快乐，为下一阶段的探究性学习积蓄动力。”“探究内化”则是：“①引导学生在反复研读教材的基础上，针对难点、疑点或有争议的问题展开自主探究、合作研讨，从而挖出答案，找出规律，总结出解决同类问题的方法，真正达到理解消化知识的目的。②引导学生面对疑点问题，敢于攻坚；面对疑点问题，敢于不唯书、不唯人，能够从实际出发，大胆考证，用事实揭疑；面对有争议的问题，在虚心听取他人意见的前提下，敢于坚持、维护、证明自己的观点。从而逐步培养学生严谨治学、科学探索、自立自信的精神和行为习惯，并努力‘在他们身上塑造起未来社会所必需的主动好学、开拓创新、自强不息的人格’。③在感知求疑的基础上，注重培养、提高学生的解疑能力。④引导学生树立相互合作意识，培养其团结合作、携手攻坚的精神。”这样一对比，二者之间的模糊界限就出来了——前者针对“表层问题”“初步感知”，后者针对“难点、疑点或有争议的问题”“反复研读”。

◆ 怎样把握二者之间的模糊界限？

由于模糊性的客观存在，本阶段的教学工作就富有了挑战性和创造性。在实际的备课、上课过程中，我们该怎样来把握二者之间的模糊界限呢？一个基本的原则是面向全体，兼顾个性，抓住一般，考虑特殊。

首先，我们在备课时要将深入了解学生和研究教材结合起来，搞清楚哪些问题一般的学生通过努力就可以自己解决，就把其归入“感知求疑”阶段，哪些问题必须通过学生艰苦的探索、相互的合作才能解决，就将其归入“探究内化”阶段。

其次，在课堂上，针对“两头学生”，我们要根据实际情况随时实现两环节之间的灵活转化。对于学习困难生，必要时“一般学生感知的内容”就要变成他们“探究的任务”，我们要为他们提供“重新感知和二次甚至多次质疑”的机会，让他们把有疑的问题提出来，解决掉。对于学习优势生，我们要鼓励他们“超前探究”，适时引导他们帮助其他学生完成学习任务。

再次，无论是“感知求疑”也好，还是“探究内化”也罢，都要本着一个基本的指导思想，即学生力所能及的事就让他自己去做，自己无法解决的问题，就引导他们相互合作。这样“感知求疑”与“探究内化”在其实质及课堂操作上也就相通起来。

最后，“感知求疑”与“探究内化”两个环节也可以合二为一。有时，针对某些特殊问题，我们也可以引导学生“在感知中探究，在探究中求疑，在求疑中内化，在内化中贯通”。没有必要时时循规蹈矩，处处按部就班。要敢于大胆变通，灵活转化；要善于因情而变，因势利导。

（九）活动式训练课型教学活动目标的设置

◆ 关于“教学活动目标”的说明

变传统的“教学目的”“教学目标”或者是当前流行的“学习目标”为“教学活动目标”，是活动式训练课型的一大特色。这一变革，是由该课型“以活动为方式”的基本特点决定的。“教学目的”“教学目标”或“学习目标”，其指向均为具体的“知识与能力”，以活动式训练课型的教学思想来看，有其不科学的地方：1.直指“知识”，用现代教育观念衡量，显然是片面的；直指“能力”，似乎也并不科学——所设计的能力目标岂是一节课就可以达到的？2.只重教学结果，不体现教学过程或淡化教学过程。而“教学活动目标”的设置，则克服了这些弊端。新课程理念提出的“三维目标”建设，在具体的实践过程中，往往浮于虚空，备课时虽然也都能够将三维目标一一列出，但实际上在课堂操作时很难实现三者的有机融合。“教学活动目标”的设置，则从根本上解决了这一困扰新课改的难题。

所谓教学活动目标，就是指在课堂上依次要实施的经过精心设计的具体活动。它直指“活动”，以“活动”的运作过程及效果为目标。与“教学目的”“教学目标”“学习目标”相比，“教学活动目标”除“运载知识与能力”这一最基本的目标外，还具有五个特点：1.以“人”为本。传统的“目的”或“目标”，只注重“物”的一面，即只考虑所谓的“知识点”“能力点”，恰恰忽略了课堂教学中最活跃的“人”的因素；而“教学活动目标”则以“人的活动、实践、发展”为出发点，体现了以

"人"为本的基本思想。2.突出实践活动。这是由该课型"活动式训练"的基本特点决定的，每一个教学环节的目标均由一个或几个具体可感的活动组成。3.突出教学过程。通过"活动目标"，我们可以初步看出学生——这一学习过程中的主人在课堂上将要做些什么、怎么做。4.注重方法因素。"活动目标"中，不仅反映着教师的教学思想、观念和方法，同时也反映着学生的学法。5.考虑"情志"因素。在传统的"目的"或"目标"中，学生的情感、意志、毅力、世界观等心理因素根本没有体现，但在"活动目标"中，则必须考虑这些因素，不考虑这些内隐性因素，我们的课堂教学活动就难以收到奇巧辉映、循序渐进、水到渠成的效果。

◆ 怎样设计"教学活动目标"？

我们在上面谈了"教学活动目标"不同于传统的"目的"或"目标"的五个特点，有人可能会提出，这个"目标"这样复杂，在具体实践中该如何操作呢？其实很简单，只要坚持两个原则、掌握一个窍门，你就可以从容地设计"教学活动目标"了。

两个原则

1.坚守"一点"，胸怀"两步"，立足"四个环节"，活用"基本模式"。

2.以人为本，突出过程，注重方法，兼顾情志，贵在创新。

一个窍门

即以"知识与能力"为圆心进行多点辐射。我们在课型概述中谈得明白，该课型是"将活动作为承载知识与能力、情感态度与价值观的载体，在教师引导下，让学生在开放、民主、自由、和谐的课堂氛围中，积极地参与活动，在活动中自觉地体验、训练，主动地探究知识、发展能力"。因此，教师在设计"教学活动目标"时，首先必须考虑到本节课涉及的知识与能力目标，然后再考虑这些目标该选用什么样的"活动"方式作为载体，最后我们才会综合考虑整个课堂教学过程，才会去设想每一阶段教学活动的具体细节，教师、学生在课堂上各做什么、怎样做、为什么这样做。了解了这个基本的思维过程，我们就以"知识与能力"目标为圆心，向各个教学活动环节进行辐射，也就是在设置每一个环节的教学活动时，我们不妨在心中问上这么几个问题：1.这一阶段我要落实哪些知识与能力目标？即"知识问题化"。2.我要选取什么"活动”方式？即“问题活动化”。3.师生在这一活动中各做什么？怎样做？4.我应怎样处理知识、能力与活动、方法、情感、意志、毅力、世界观等各种因素之间的关系？5.这样的设计可能会产生什么样的课堂效果？6.我这样的设计理由是什么？符合不符合归真教育体系中活动式训练课型的思想？只要我们这样去努力了，就一定能设计出具有创造性的高水准的课堂教学“活动目标”。

下面提供几个不同类型的案例，供大家参考。

1.《人民解放军百万大军横渡长江》教学活动目标设计：①欣赏图片，说内容，谈感受，给图片命名，导入新课。②读课文，练播音，争当“优秀播音员”。③读课文，查资料，争当“新闻知识小博士”。④读课文，找导语，划层次，结合地图述内容，当好“小小解说员”。

2.《中国石拱桥》教学活动目标设计：①拼桥模，比速度，激趣导入。②明对象，抓特征，感知求疑。③画桥图，品创意，探究内化。④看辉煌，试设计，拓展创新。

3.《观舞记》教学活动目标设计：①让我的想象插上翅膀：听朗读浮现形象。②分享我的收获：读课文分享收获。③揭开老师的谜底：品经典综合阅读。④展现我的精彩：观现场即兴作文。

4.《想和做》教学活动目标设计：①激趣导入：奇思妙想争“礼物”。②感知求疑：细读课文列提纲。③探究内化：品头论足议论点。④拓展创新：课外阅读练能力。

5.《鲁提辖拳打镇关西》教学活动目标设计：①唱《好汉歌》，交流好汉绰号。②读课文理情节，感知人物。③看录像说感受，读课文析人物。④结合背景挖主题，联系当今话鲁达。

6.《社戏》教学活动目标设计：①说说童年的事，激趣导入。②赏赏平桥的景，整体感知。③谈谈平桥的人，分析人物。④品品文中的情，明确主题。⑤议议家乡风俗，拓展延伸。

（十）活动式训练课型教学活动案编写例谈

在活动式训练课型中，教学活动案是课堂教学活动的脚本。与传统的教案相比，活动式训练课型的教学活动案从格式到内容都有其独特的个性特点。下面以《观舞记》为例，介绍一下活动式训练课型教学活动案的设计与编写。

教学活动目标：

①让我的想象插上翅膀：听朗读浮现形象，激趣导入。

②分享我的收获：读课文分享收获，感知求疑。

③揭开老师的谜底：品经典综合阅读，探究内化。

④展现我的精彩：观现场即兴作文，拓展创新。

教学重点：探究多角度观察、多方位感受、立体化表现的写作方法。

教学方法：活动式训练

课时安排：一课时

设计理念：合理选取文中最有价值的内容，打破文本界限，重新组合教材，真正实现变“教教材”为“用教材教”，从而放飞学生思维，完成个性化阅读，真正激活学生的生命状态，提高师生的课堂生活质量。

教学过程：

课前准备：

安排学生预习，试着完成：用最简洁的话概括自己读过这篇文章后的最大收获。可以从人生启示、生活启迪、写作方法、语句积累等方面来说。

课堂操作：

1.让我的想象插上翅膀：听朗读浮现形象，激趣导入。

导入语设计：首先请同学们跟着老师的指导语来做一个活动。请同学们闭上眼睛，做一次深呼吸，尽量放松。下面老师朗读一段文章，大家请跟着老师的朗读，放飞自己想象的翅膀，在头脑中浮现出老师朗读的内容所描绘的形象或画面。

老师朗读，学生脑中浮现形象。

过渡语设计：请大家说说，刚才你的头脑中浮现出了怎样的画面？

结论：一个技艺高超的舞者。

导入语设计：这就是冰心老人在《观舞记》中为我们描绘的印度舞蹈家卡拉玛·拉克希曼。

出示课题：

观舞记　　　　　冰心

——献给印度舞蹈家卡拉玛姐妹

2.分享我的收获：读课文分享收获，感知求疑。

过渡语设计：分享是一种快乐，分享是一种幸福！课前调查，同学们已经做好了预习。想不想把自己的最大收获与大家分享一下？

出示：昨天的预习题（见课前准备）。

指导语1设计：为了使你的展示更精彩，给大家一分钟准备时间。

请学生说说自己的预习收获，教师适时做出点评。

指导语2设计：我在读了这篇文章后，也有一大收获，也很想与大家一块分享，不知大家允许不允许？我的这个收获出自文中一个十分精彩的文段，下面请大家快速浏览一遍课文，看能不能猜出是哪一段。（如果有学生已经把这一“收获”找出来，就直接切入后面的教学）

指导语3设计：请大家一齐朗读这一段，同时猜想——这段文章中究竟是哪些地方给老师带来了收获？你这样认为的理由是什么？

内容提示：六个“忽而”。（还有没有其他可能？）两个“忘怀”。

顺便引导学生在具体的语言环境中理解“湿婆天”“浑身解数”这两个词语。（做个性的自己，别做书本的奴隶）

过渡语设计：大家的推断很有道理，但老师的谜底怎会这样轻易就被揭开呢，还想不想揭开它？（提示：如果你能揭开这个谜底，我敢断言，你的写作水平定能突飞猛进！）

3.揭开老师的谜底：品经典综合阅读，探究内化。

指导语1设计：咱们先来看两段以前学过的文章。

屏幕显示：第13课《音乐巨人贝多芬》选段

思考：这一段话是通过哪些角度来描写贝多芬的外貌的？在这一段外貌描写中有没有融入作者的感受？

屏幕显示：第16课《社戏》选段

思考：这一段话是从哪些角度来描写景物的？这一段景物描写在此有何作用？

指导语2设计：回到《观舞记》中的六个“忽而”上来，请大家再来读一遍六个“忽而”，读时咱们分一下角色，女同学读前半句，男同学读后半句，注意体会前后两部分的内容。

指导语3设计：大家比较一下这三个文段的写作方式，看看能有什么发现，能不能概括出一种写作方法？试着用自己的话概括出来。并想一想，怎样才能用好它？（此问若有难处，可追加提示语：谜底揭开了吗？请大家读一下最后两句话。两个“忘怀”）

（可以适时组织学生讨论，用群体智慧与老师较量）

内容提示：围绕一个中心，多角度地描写，多方位地感受。

前者静态、平面，后者动态、立体。

用心观察，用心体验，用心感受，用心表述。

小结语设计：六个“忽而”，让我感受到了冰心语言文字的无穷魅力，并且从中悟到了一种很重要的写作方法；两个“忘怀”，让我感受到了卡拉玛·拉克希曼舞蹈艺术的精髓，以及她身上所折射出来的人格光辉。

4.展现我的精彩：观现场即兴作文，拓展创新。

过渡语设计：有道是“纸上得来终觉浅，绝知此事要躬行”。下面我们用今天学到的方法来一个即兴口头作文，大家有没有信心？

屏幕显示：请你认真观察我们的课堂现场，自拟一个中心，自选几个角度（老师、同学、环境、听课的人等），用“多角度地观察、多方位地感受”的方法来写或说一段话。如果能用一组排比句最好。

作业：看看朱自清的《春》与老舍的《济南的冬天》是怎样进行多角度描写的。

板书设计：

观舞记　　　　　冰心

——献给印度舞蹈家卡拉玛姐妹

六个“忽而”

↓

多角度地描写，多方位地感受

案例解读：

从上面案例不难看出，活动式训练课型的教学活动案以该课型教学思想为指导，与常规教案在以下几个方面存在明显不同：

1.变传统的“教学目的”或“教学目标”为“教学活动目标”。这一变革，是由该课型“以活动为方式”的基本特点决定的。传统的“教学目的”或“教学目标”，其指向均为具体的“知识与能力”，以活动式训练课型的教学思想来看，有其不科学的地方：①直指“知识”，用现代教育观念衡量，显然是片面的；直指“能力”，似乎也并不科学——所设计的能力目标岂是一节课就可以达到的？②只重教学结果，不体现教学过程或淡化教学过程。而“教学活动目标”的设置，则克服了这些弊端。所谓教学活动目标，就是指在课堂上依次要实施的经过精心设计的具体活动。它直指“活动”，以“活动”的运作过程及效果为目标。教师在设计“教学活动目标”时，一方面自然要考虑本节课涉及的知识与能力目标，另一方面必然要综合考虑整个课堂教学过程，必须动脑筋设想出每一阶段教学活动的具体细节，教师、学生在课堂上各做什么、可能怎样做都应大致做到心中有数。它既涵盖了传统的知识与能力目标所涉及的内容，更注意突出了教学的过程，突出了学生的主体地位，突出了在活动中训练的特点。

2.教学重点只定一个。这样，重点突出，目标明确，训练集中，可以确保学生在某一个方面得到充分的训练，使其在一堂课上学有所得，练有所获。从而彻底避免了那种多管齐下、蜻蜓点水式的训练，有利于实现高效教学。

3.注重教学活动过程的设计，尤其对课堂“四语”（导语、过渡语、指导语、小结语）及学生活动的设计更是一丝不苟。教师在课堂上说什么、做什么，学生做什么、怎么做，在备课时教师都得做好一定的预设，达到心中有谱，并且设计每一个活动环节均应以活动式训练课型的基本思想为指导，一切以“学生”为本，想方设法让学生最大限度地参与到活动中去，让他们在活动中主动地掌握知识，发展能力。

4.淡化知识性内容的书写。知识性内容并不是不重要，但这一部分内容教参上面翔实得很，教师在备课时只要参考一下也就可以了，完全没有必要将其照搬到教案上来。淡化知识性内容的书写，既免除了教师的无用劳动，又使整个教学活动方案的骨架突露出来，更利于教师在组织课堂活动时进行参考。

了解了与传统教案的不同，我们在编写活动式训练课型的教学活动案时，就应力求突出这些个性。当然，我们必须谨记，形式只是一种外表，其真正的内涵还是教师以活动式训练课型的方法、原则、特点、理论和基本模式为指导，大胆地进行创造性劳动，设计出具有自己个性的教学活动方案来。

（十一）活动式训练课型作业的设置及评改

◆ 谈谈作业的设置

现代教育研究表明，作业在教学中的功能主要有以下三个方面：①巩固与延伸功能。②培养与发展功能。③反馈与交流功能。诚然，作业对学生知识的巩固与延伸、能力的培养与发展，对师生之间的相互交流与协作，有着极其重要的作用。但传统教学中的作业设置，因受教师教学观念、教学惰性及其他因素的影响，这三方面的功能往往难以真正实现。活动式训练课型从改变传统的作业观念与形式入手，通过四种转化，既落实了作业的上述功能，又切实减轻了学生的身心负担，为他们健康、全面、和谐地发展提供了保证。

所谓四种转化，指实现由课外作业向课内练习的转化，由课时作业向微型复习课的转化，由知识性作业向实践性作业的转化，由机械性作业向拓展创新性作业的转化。

1.实现由课外作业向课内练习的转化。学生作业的环境直接影响着其学习的效果,一般来讲，课外作业，干扰因素较多，辅导受客观条件的限制；而课内练习，学生注意力集中，干扰因素少，遇有困难，还可得到师生的帮助，因此，课内练习的效果往往要比课外作业的效果好。于是，在实践中，我们有意识地把传统的课外作业经过精心设计，转化为课内练习，上课时以各种形式展开训练，使学生在课堂上手、眼、口、耳、脑共用，看、听、嗅、尝、触结合，这样各种分析器相配合，使外来信息通过多种通路建立多方面的联系，既可以加快记忆速度，又可增强巩固性，学习效果远比单调机械的课外作业要好得多。同时，这样做既充分发挥了课堂教学的主渠道功能，又使学生从繁重的作业堆中解放出来，有时间、有精力去做有益于他们身心发展的事。

2.实现由课时作业向微型复习课的转化。从学生的认知、记忆规律来看，每上一节课后留点作业，确实有助于学生对知识的巩固，尤其是对那些有代表性、典型性、关键性的作业，教师决不要认为学生见过一次就能过关，还必须有选择、有计划、有目的地安排一定程度的重现性作业，才能保证学生获得牢固的知识和熟练的技能。但是，要重现就一定要占用时间，要占用时间就必定加重学生的负担。那么，怎样解决这种现实的矛盾呢？我们提出了由课时作业向微型复习课转化的方略。心理学研究表明，间隔时间不太长的分散复习，效果最好。基于此，我们将课时作业转化为微型复习课，利用每周一、三、五的语文早读，或5五分钟，或10分钟，有计划地组织学生对刚学过的知识进行温习巩固，收到了很好的效果。这样，既能及时地巩固知识，加深记忆和理解，又减轻了学生的负担，确实具有一定的科学性和可行性。

3.实现由知识性作业向实践性作业的转化。培养学生的创新精神与实践能力，是素质教育的一个根本出发点，更是新课程改革的一行动基点。实现由知识性作业向实践性作业的转化，是时代及学生发展对教育的必然要求。在实践中，我们本着巩固知识、训练提高学生能力的思想，大胆设置各种形式的实践性作业，如认真指导学生办手抄报、黑板报，组织他们积极参与校内外举办的演讲赛、故事会，以及校广播站的采访、组稿、播音等活动，有效地促进了学生语文实践能力的发展。

4.实现由机械性作业向拓展创新性作业的转化。所谓机械性作业，指内容枯燥，题型单调，不考虑学生实际，缺少趣味性、思考性和综合性的作业。这样的作业，不仅会增加学生负担，还会抑制学生学习的积极性、主动性和智力的发展，不利于学生的思维，甚至会扼杀学生的创造力。而拓展创新性作业则不同，它力求使作业的内容和形式丰富多彩，力争使所设置的作业具有趣味性、思考性和综合性，注意由课内向课外的拓展，注意类型的多样化和同一内容的多变性，考虑学生的知识基础、年龄特征，注意做到难易适度，符合学生的实际水平。这样的作业，既能复习旧知、巩固新知，又能培养学生灵活运用知识的能力，更重要的是学生乐于花时间去完成，能够怀着愉快的心情去做每一道题，做作业时也就能做到思维活跃、视野开阔、富于想象力和创造力。这样的作业效果，远非机械性抄写可比。在机械性作业过程中，学生只不过是一台抄写的机器；而在拓展创新性作业过程中，学生始终是一位充满智慧的探索者和创造者。

◆ 谈谈作业的评改

活动式训练课型认为，作业评改是一种最富探究性的教学活动，传统的“作业由教师批改，学生被动地承受批改结果”的做法，实质上是对教学资源的一种极大浪费。组织引导学生参与作业评改活动，是一项事半功倍、一举两得的教学措施，既能有效培养学生发现问题、探究问题、解决问题的能力和相互合作精神，又能把教师从繁重的作业堆中解放出来，使其以更充沛的精力和更充裕的时间投身到教研教改中去，从而释放出更大的能量。

那么，怎样引导学生参与作业评改活动呢?

首先，教师要引导学生彻底消除“作业由教师批改”的传统的心理定式，让他们从内心里真正认识到评改作业是自己的事，是一种很有意义的教学探究活动，从而激发起他们乐于参与作业评改的意识与热情，逐步养成自觉、认真评改作业的习惯。

其次，教会学生评改作业的基本程序和方法。学生评改作业，其实也是一个很系统的教学活动过程。完全可以把它看作或上成一节“微型的作业评改课”。具体可按以下几个步骤进行：①批，请学生用红笔判出对错。②评，请学生分析错误之处的原因。③究，引导学生探究正确的解题思路和方法。④改，指导学生在查明原因、探清思路的前提下订正错误之处。⑤议，引导学生围绕共性问题探究解题的规律。⑥练，指导学生针对出现问题的题型，找出相关的内容进行巩固练习。

最后，建立科学民主的制约机制。

让学生评改作业，如果不建立相应的制约机制，在活动过程中就会出现许多问题，不仅会影响学生对这一活动的信任度，而且会直接导致学生不负责任地批改，这样就收不到理想的评改和训练效果。因此，引导学生参与作业评改前，我们有必要和学生一起讨论制定一套科学的评改制约机制，以保证这一活动的顺利实施和实际效果。

在实践中，我们从“评改操作规范”和“评改组织形式”两方面下功夫，较好地解决了这一问题。首先，我们本着民主、平等、全体参与的基本原则，引导学生制定出具体的“作业评改操作规范”，内容涉及批改符号、书写规格、批语要求等方方面面。同时，我们又商定出具体的“作业评改组织形式”，以求形成学生与学生、教师与学生之间的相互制约，从而达到规范批改、确保训练效果的目的。（下面附一简表，以供参考）

活动式训练课型作业评改项目及程序简表

<table>
<tr><td rowspan="2">第一步</td><td rowspan="2">自评</td><td colspan="2">错误题号</td><td colspan="2">错误原因分析</td><td colspan="2">改错方案</td><td colspan="2">签名</td></tr>
<tr><td colspan="2"></td><td colspan="2"></td><td colspan="2"></td><td colspan="2"></td></tr>
<tr><td rowspan="2">第二步</td><td rowspan="2">互评</td><td>错误题号</td><td>错误原因分析</td><td>纠错指南</td><td>初评打分</td><td>纠错</td><td>纠错批改</td><td>二次打分</td><td>签名</td></tr>
<tr><td></td><td></td><td></td><td></td><td></td><td></td><td></td><td></td></tr>
<tr><td rowspan="2">第三步</td><td rowspan="2">组长评议</td><td colspan="6" rowspan="2"></td><td colspan="2">签名</td></tr>
<tr><td colspan="2"></td></tr>
<tr><td rowspan="2">第四步</td><td rowspan="2">教师查阅</td><td colspan="2">综合评议</td><td colspan="4">遗留问题</td><td colspan="2">签名</td></tr>
<tr><td colspan="2"></td><td colspan="4"></td><td colspan="2"></td></tr>
</table>

（十二）活动式训练课型中的师生关系

构建民主、和谐、平等、合作的新型朋友式师生关系，确立教师为主导、学生为主体的师生地位，让学生真正成为学习活动的主人，是活动式训练课型中教学活动顺利进行并取得成效的重要前提。这一点，在现代教育论中已经达成共识，无须赘述。本文仅就在教学活动过程中如何确立这样的师生关系，谈几点看法。

1.尊重学生。吴国通说："尊重学生的人格，就是尊重教育。"苏联著名教育家苏霍姆林斯基曾告诫教师，对待学生的自尊心"要像对待一朵玫瑰花上颤动欲坠的露珠那样小心"。我们在课型概述中也曾经强调，"教师要真正尊重学生，尊重他们的人格，尊重他们的见解，尊重他们独立探究的精神，尤其要尊重他们的创造性思维"。"应把学生当成朋友，当成一个与自己有平等关系的公民，把自己当成引导学生一起来学习的合作伙伴。"事实证明，只有当学生在活动中切实感受到他人的尊重时，自己才会以一种积极、主动甚至是兴奋的状态投入到活动中去。

2.了解学生。苏霍姆林斯基说："不了解孩子，不了解他的智力发展、思维、兴趣、爱好、才能、禀赋、倾向，就谈不上教育。"学生是个复杂的、处于变化中的、社会化的有机体，正如一位教育家所说："儿童每天来到学校，并不是以纯粹的学生——致力于学习的人的面貌出现的。他们是以形形色色的个性展现在我们面前的。每一个学生来到学校的时候，除了怀有获得知识的愿望外，还带来了他自己的情感世界。"这样，我们在设计与运作教学活动时，就必须走进学生的心灵，弄清楚其所学、所能、所思、所想、所爱、所好，然后因情而变，因势利导，才会收到满意的活动效果。

3.相信学生。当代美国人本主义心理学家的主要代表人物罗杰斯认为，"学生有自我认识、自我指导，自我实现的潜能"。"教学在于促进潜能的发展，使学生成为一个具有独立性、自主性、创造性和流动性的自我。"魏书生的教学实践也在告诉我们，只要我们相信学生，敢于让他们去做那些力所能及的事，每一个学生都可能爆发出我们意想不到的潜能。从现代教育心理学研究的结果上看，实现学生个性充分发展的决定因素是学生本人而并非教师，学生只有积极地参与实践，在活动中充分发挥自己的主观能动性，不断获得自我价值，增强自我意识，才能促进自身个性的发展。因此，我们在设计与运作教学活动时，在充分了解学生的基础上，要相信学生的潜能，针对不同层次的问题，敢于大胆引导学生自己去感知求疑，探究内化，拓展创新，使他们在获取知识、提高能力的同时，促进自身个性的发展。

4.解放学生。“著名教育家陶行知先生针对传统教育的弊端，早就大声疾呼，要对儿童实行五大解放：解放儿童的头脑、解放儿童的双手、解放儿童的嘴、解放儿童的空间、解放儿童的时间。”印度著名诗人泰戈尔有句爱情诗：“让我的爱像阳光一样，随时包围着你却又给你充分的自由。”这句诗移用到活动式训练课型中的师生关系上，是最恰当不过了。解放学生，就是要卸下传统教育给学生造成的身心重负，就是要给学生提供自由活动的时空，让他们放飞思维，舒展手脚，表现才能，实践创造。

5.引导学生。前四点，说的都是教师应如何对待学生。但实际上，要“构建民主、和谐、平等、合作的新型朋友式师生关系，确立教师为主导、学生为主体的师生地位，让学生真正成为学习活动的主人”，单靠教师的投入是无法实现的，必须要有学生的自觉参与。这样一来，引导学生参与和谐的师生关系的营建就显得极为重要。在活动式训练课型中，认识师生关系，我们应该从三个方面来看：①教师对学生；②学生对教师；③学生与学生。在这三个因素中，前者是后两个因素的基点。只要教师在活动过程中，真正做到了尊重学生、了解学生、相信学生和解放学生，学生的心理就会进入一种“安全地”，他们一旦有了安全感，就同时拥有了自由的心理活动空间，那些闭锁的甚至是尘封的心灵就会自动开启。在此基础上，教师只需稍加引导，学生就能学会尊重、学会理解、学会沟通、学会合作，师与生、生与生之间相互尊重、相互理解、相互体谅、相互信赖的人际关系自然就会确立起来。

（十三）活动式训练课型中活动氛围的创设

活动式训练课型，应努力为学生营造出民主、自由、和谐、开放的活动氛围。因为只有在这样的氛围中，学生才会实现“心理安全”，获得“心灵自由”，才会自觉、自愿地投入到教学活动中去，才会真实地展现自己的个性，创造性地发挥自己的潜能。

那么，如何创设这样的活动氛围呢？应从两方面下功夫。

第一，要构建民主、和谐、平等、合作的新型朋友式师生关系。“教育是艺术，艺术的魅力在于感情。师生之间，同学之间，应该相互尊重，相互合作，形成和谐的人际环境。”当代美国著名人本主义心理学家罗杰斯指出，在教学活动中必须“实现师生之间的感情沟通共容，建立融洽的人际关系和真诚合作”。陶行知先生也有一句非常形象的话：“学校里面先生有笑容，学生也有笑容。”“先生板了脸孔，学生都畏惧他，那是难免有逃学的事了。”苏霍姆林斯基在教学实践中，更是把自己和孩子们融为一体，“他把孩子带到蓝天下、森林里、河流边、牧场、清晨的校园……观察蝴蝶飞舞、蜜蜂歌唱、牛群洗澡、露珠滚动……”这些都在告诉我们建立和谐融洽的师生关系是多么重要。在此环节中，教师必须充分尊重学生、了解学生、相信学生和解放学生，要注意引导学生学会尊重、学会理解、学会沟通、学会合作，注意引导学生甩下传统教育给他们造成的心灵重负，拓宽自己的思维天地，只有这样，师与生、生与生之间相互尊重、相互理解、相互体谅、相互信赖的人际关系才能够确立起来。

第二，教学活动的特殊性决定，要营造出民主、自由、和谐、开放的活动氛围，必须与创设特殊、新颖、适宜的课堂教学情境相结合，通过师生的努力，力争使课堂“成为一个有序、有情、充满生机的活动场所”。现代教育心理学研究表明，创设特殊、新颖的课堂教学情境，有利于激发学生学习的兴趣，调动学生思维的积极性，给学生留下深刻的记忆。在教学实践中，我们主要从以下几个方面进行了探索。

1.活用教材。语文教材本身就是一个丰富的“情境资源库”，我们在设计教学活动时，只要动脑筋，想办法，大胆创新，就总能从字、词、句、段、篇中找出“特殊的情境资源”来。如《我的叔叔于勒》一类的故事型文章，我们就可以组织学生编、演课本剧；像《故宫博物院》一类的说明性文章，我们就可以来一个“小小解说员或导游员”挑选。即便是一个字词、一个字母的教学，只要我们认真钻研教材，大胆活用教材，那些看来枯燥乏味的东西中就往往会蹦出充满情趣的内容来。

2.巧用环境。“教学情境”究其实就是一种特殊意义下的“环境”。在教学过程中，如果我们能够巧用所处的环境展开教学活动，往往能收到意想不到的效果。有一次我在阶梯教室做公开课，教学“作比较”这种说明方法的应用时，我设置了这样的问题情境：“请同学们观察一下这个阶梯教室，看看它和我们班的教室有什么相同或不同的地方，然后用一段话进行简单的说明。”从而引导学生在轻松愉快的叙谈中完成了学习任务。

3.妙连时政。1999年6月初，县教研室安排我做《“友邦惊诧”论》一文的公开课，时值我国驻南斯拉夫大使馆被袭不久，于是我设置了这样一个活动情境拉开了本节课的序幕：低沉的哀乐中，我用投影徐徐推出了邵云环、许杏虎、朱颖三位烈士的照片，同时，用悲壮的语调配音：“5月8日凌晨，以美国为首的北约悍然向我驻南斯拉夫大使馆发动袭击，造成馆舍严重倒塌，二十余人受伤，三位记者殉难。请记住这些烈士吧！他们是——（学生紧跟着就自己说出了烈士的名字）”接着，我说：“事件发生后，以江泽民为首的党中央及全国人民对此持什么态度？”（生：号召全国人民积极行动起来，学习、缅怀英烈，谴责美国暴行，捍卫祖国主权）然后，我话锋一转，“可是，68年前的国民党反动政府，面对‘日本占据辽吉’，国土、主权沦丧，面对爱国学生的请愿，表现出来的又是一副怎样的嘴脸呢？”从而导入新课。这一个激趣导入阶段的活动设置，就采用了“妙连时政法”，当时收到了很好的教学效果。

4.借用网络多媒体。网络多媒体的介入，为我们创设教学活动情境提供了一件理想的坚兵利器，它集图、文、音、像于一体，合视、听、触及多种交互活动于一块，从多角度多方位给学生带来新异刺激，在激发学习兴趣、营造学习氛围、创设教学情境等方面有传统教学无法比拟的优势。王小芬老师在引导学生学习《漫话小行星》一文时，为了拓宽学生的视野，激发学生热爱科学、探索宇宙奥秘的兴趣，设计了这样一个情境：首先，她引导学生搜集课文中关于小行星的信息；然后，用课件制作了相关的动画演示；接着，她说："同学们，网络世界就像那浩瀚的星空，鼠标的每一次点击，都可能给你带来一份惊喜。大家想进一步了解小行星的有关知识吗？那么不要犹豫，请点击——"于是，学生带着对宇宙的向往、知识的渴望愉悦地走进了网际星空……

5.善借群体优势。"事实上，教学过程中的一切活动，几乎都发生在学生群体之间的相互作用的情境之中。""现代心理学的研究证明，教学中学生同伴之间的互动确能改善人际关系，形成良好的心理品质，提高学生的学业成绩。"集体动力学的作用原理也告诉我们："学生的反映将会引起相互诱发，或者相互补充，甚至相互撞击，这种学生之间的波及更能调动学生的思维，从而形成集体中每一个人的积极思维。"因此，我们在创设教学活动情境时，一定要考虑到学生的群体作用。我在引导学生编写《我的叔叔于勒》"船上相遇"一段的课本剧时，巧借群体优势，设置了这样一个活动情境：首先，引导学生人人动手编写剧本；然后，要求学生用"我认为这一点应该这样"或"我看这一句这样写比较好"为表述方式，在小组内进行集体推敲；最后，由组长执笔根据集体意见定稿。这一点，如果用一个当前的流行词语来说的话，就是要善于利用"小组合作"组织教学活动。

其实，影响教学活动氛围的因素有很多，诸如教师的语言、气质、精神风貌、教育思想、教学观念，学生的心情、志趣、需求爱好、学习态度、世界观和价值观等等，我们都应该一一考虑在内，且应一丝不苟，精益求精，只有这样，我们的课堂教学活动才会生机盎然，日臻完美。

（十四）自主·互助·层组式教学

——活动式训练课型的课堂基本组织形式

什么是"自主·互助·层组式"教学？概括地讲，就是建立在学生自主、互助活动基础上的分层、分组教学。

“自主、互助、分层、分组”这几个词，如果分开来看，现代教学论中谈及得已经很多，有的还论述颇详，如分组教学，从分组的原则、方法到分组的组织、调控，乃至细到分组的座位安排等，都可以找到十分翔实的理论和实践材料。但在活动式训练课型中，把它们当作一个整体提出来，就需要我们重新审视其内涵和外延。

“自主·互助·层组式”教学，不是“自主、互助、分层、分组”的简单相加，而是它们之间能动的、创造性的有机组合。

“自主”，既是一个总纲，也是一种学习方式。在活动式训练课型中，无论采用什么样的教学组织形式，都必须让学生真正成为学习的主体、主人，都应该想办法让他们自觉、积极、主动地投入到训练活动中去。若违背了这个总纲，就等于背离了“以人为本”的基本指导思想。从这个意义上来讲，“自主”就是“让学生自己成为学习的主人”。这样，在分组时要讲“自主”，分层时也要讲“自主”，要时时处处考虑学生的意愿与能力，不要轻易做违背学生意愿的事。同时，“自主”性学习，又是“感知求疑”与“探究内化”阶段中一种很重要的学习方式，它与“互助”相对，它主要是引导学生靠自己的力量来解决问题，相当于“独立感知”或“独立探究”。

“互助”，是培养学生协作精神的一条重要途径，也是活动式训练课型中分层、分组教学的主要出发点之一。“互助”可以渗透到活动式训练课型的每一个阶段，尤其在“探究内化阶段”，更是一种最为突出的学习方式。但这种“互助”必须建立在学生“自主”的基础上，即两相情愿——帮助者自愿，求助者也自愿，否则就难以收到良好的训练效果。

作为活动式训练课型中两种基本的学习方式，“自主”与“互助”始终处于一种动态的变化之中，该“自主”时“自主”，该“互助”时“互助”，教师要能因情而变，因势利导。一个需要把握的基本原则是，学生力所能及或经过努力自己可以解决的问题，就用“自主”；学生确有困难或是问题头绪繁多过于复杂必须合作才能解决时，就用“互助”。

“分层与分组”，在现代教学论中，关于这方面的论述很多，在此不再赘述，只谈一点，即在活动式训练课型中的“分层与分组”有什么独特的个性。在活动式训练课型中，“分层”可从两方面来理解：1.从获取知识与能力的纵向的角度来看，活动式训练课型的基本模式中就体现着科学分层的理念。从“感知求疑”到“探究内化”到“拓展创新”，由对“表层问题”的“初步感知”到针对“难点、疑点或有争议的问题”的“反复研读”，由“学”到“用”，无不体现着科学的层递关系。2.从学生个体差异的横向的角度来看，活动式训练课型也体现着科学分层的理念。活动式训练课型分层时不搞“一刀切”，分的是动态层、变化层。由于能力发展的不平衡性，使得在A方面甲居于上层、乙处在下层，但有可能在B方面甲就处于了下层，而乙却居上层。学生究竟处在哪一个层面上，教师没有决定权，需由学生在坚守自主性、量力性原则的基础上用自己的实力决定。至于“分组”，在活动式训练课型中，首先，应把握一个原则，即充分发挥学生的自主自愿性。“知之者不如好之者，好之者不如乐之者”，只有学生乐于参与，分组教学才能收到理想的效果。如若“牛不喝水强按头”，学生不愿参与，或者是分组不切合学生的能力实际，那么，分出的组又有何用？其次，要抓住一个时机，即需要协作、互助式分组。现代心理学研究表明，只有当学生对某种事物产生一种内心需要时，他们才会主动地为之付出努力。这样的分组活动也才会收到实效。

由上述可知，“自主 · 互助 · 层组式”教学，其实也是一个处于变化中的动态模式，它需要以“自主”为总纲，以“层组”为组织形式，以“自主”性学习和“互助”性学习为基本的学习方式；同时，也可以看到，要“自主”就必须“分层”，要“互助”就需“分组”。

如何利用“自主 · 互助 · 层组式”教学来组织教学活动呢？其实在上文中已经可以找到答案，在此一言概之，以求给大家一个明确的印记——将“自主 · 互助 · 层组式”教学贯穿在活动式训练课型的基本模式之中，该“自主”则用“自主”，该“互助”则用“互助”，“自主”时必考虑“分层”，“互助”时要考虑“分组”。如果硬套一下模式的话，在“感知求疑”阶段，以“自主”性学习为主，也可适当地“分组”而“互助”；在“探究内化”阶段，则以“分组”“互助”性学习为主，间以“自主”

性探究；在“拓展创新”阶段，则根据活动设置灵活选择。

通俗一点讲，我们可以这样具体实施操作：备课时，针对不同程度的学生，分层设计教学内容；上课时，给予学生自主选择的权利，在确定学习内容后，开始自主性学习，需要互助时，开展分组互助合作性学习；反馈考核时，对学生实施分层考核，以使不同程度的学生均收获成功的快乐。

（十五）谈谈课堂活动动力源的设置

精心设计的“活动”本身，就是学生参与课堂学习的最好动力源！

有段时间，学校在学习杜郎口教学模式的过程中，有不少老师提出这样的困惑：一开始，学生对小组积分还很在意，但过一段时间好像就麻木了，有没有更好的办法来激发学生学习的积极性？我的答案是——精心设计一些“活动”，让学生在活动中完成学习，我们的课堂就会有永不枯竭的动力源。

但话又说回来，我还是十分欣赏杜郎口人所说的“小组建制”的，尽管这不是他们的发明，但在杜郎口中学，小组建制却一直使用得很好，在其整个课改的进程中，起到了极其重要的作用。我们的态度是，既不要无限地夸大小组的作用，也要积极地吸收其合理的机能。因此，在活动式训练课型中，我们很有必要学习、完善这一基本的做法。

科学、简明的小组建制，不仅是课堂上激活学生生命状态的动力源，更是教师有效组织教育教学活动的助推器。在集思广益、立足实践的基础上，我们拟定了“小组建制基础操作方案”，以期能给我们的教育教学带来一定的指导，更希望大家以此为基础，进一步在实践中探索、提升、完善。

1.基本原则

①组内异质，组间同质。简言之，即同一小组内，要包含好、中、差不同层次的学生，在不同的小组之间要保持相对的均衡。这样既有利于组内的帮扶，也便于组间的竞争。

②关注学科，方便教学。不同的学科，可以从学科教学的需要出发，合理分组。

③关注班级，方便管理。同一班级的任课教师，尽可能地在班主任的统一指导下，完成合理分组。如果确系学科需要进行个性分组，在小组评价的计分方面，也要力求与班级管理保持一致。

④关注年级，方便竞争。不同的班级，在学校小组建制基础操作方案的指导下，可以建立自己的个性化小组建制方案，但是从学校工作的大局出发，需要各班在评价计分方面，能够与年级管理保持一致，这样不仅有利于学校管理，同时也更能使班级明确自己在整个年级中的发展状况，从而为自己班级下一步的良性发展提供指导性的数据。

2.基本方法

①分好小组，选好组长。在实践中，有的老师在建制小组过程中，是先定组长，再分小组；有的老师是先分小组，再选组长。这两种方法各有利弊，但我们更倾向于后者，因为这样更具有科学性与民主性。

②分层分组。有两方面的含义：一方面，就我校班额情况来看，每个小组一般由8～10名学生组成。班主任根据学生的成绩、性别、性格、能力等因素，综合考虑，尽可能本着“同组异质，组间同质”的原则完成分组。这样在每一个小组内，都有不同层次的学生。另一方面，每一个大组下，还可以再划分出若干个2人小组、4人小组。这样，在教育教学过程中，我们就可以根据不同的内容，灵活地驾驭不同层次的小组，从而发挥出小组学习的最大效用。一般情况下，2人小组的学习密度值与效率值最大，4人小组次之，8～10人组最差。

③构建小组文化。小组文化的构建在小组的良性运转中起着十分重要的作用。主要包括小组名称、小组口号、小组成员编号、小组成员日常分工、小组考核规则、小组奖项设置、小组公约等。

④完成小组培训。一方面，班主任及任课教师要对组长进行培训，要引导组长在做人上成为组员的楷模，在做事上（学习、纪律、生活等）成为组员的引领者；另一方面，组长要完成对组员的培训，力争使组员明确小组在学习、纪律、生活等各方面

的运作方法与规则，具备参与小组学习与活动的基本能力。

3.考核体系

构建“豆—星—月—日”或“芽—叶—花—果”后续动力考核体系。能否真正激活学生的生命状态，后续动力考核体系的构建至关重要。

①首先，我们应从教育教学的实际出发，将各类教育教学工作用具体的分值量化，并与小组及学生个人表现挂钩。

②构建后续动力体系，为学生参与课堂及各类活动注入持续不断的原动力。如：5分积1颗豆→5颗豆积1颗星→5颗星积1个月亮→5个月亮积1个太阳→1个太阳获1枚魅力币→根据魅力币的多少获取相应荣誉。

4.考评反馈

①坚持做到一天一反馈，一周一汇总，一月一评比，一期一表彰。

②多角度、多方位、多层面设立相应的荣誉称号。如下表：

<table>
<tr><th>级别</th><th>内容</th><th>称号</th><th>标准</th></tr>
<tr><td rowspan="6">校、班</td><td rowspan="3">小组</td><td>太阳神小组</td><td rowspan="9">所在班、组综合评定在校、班前三名的小组，获得相应荣誉，小组长、组员同时获得相应称号。</td></tr>
<tr><td>红月亮小组</td></tr>
<tr><td>启明星小组</td></tr>
<tr><td rowspan="3">小组长</td><td>红太阳勋章组长</td></tr>
<tr><td>绿月亮勋章组长</td></tr>
<tr><td>金星星勋章组长</td></tr>
<tr><td rowspan="3">校、班、组</td><td rowspan="3">组员</td><td>红太阳勋章组员</td></tr>
<tr><td>绿月亮勋章组员</td></tr>
<tr><td>金星星勋章组员</td></tr>
<tr><td rowspan="4">学生个体</td><td>学习</td><td colspan="2" rowspan="4">可从不同角度命名荣誉称号，如学习进步之星、质疑之星、智慧之星、创新之星、助人为乐之星、创卫之星、黄金搭档、展示之神等。</td></tr>
<tr><td>文明</td></tr>
<tr><td>卫生</td></tr>
<tr><td>纪律</td></tr>
</table>

③要将考评结果与期末评模及学生的综合素质评定挂钩。在这一点上，我非常赞赏陈小艳老师充分利用《素质评定报告册》开展的“让学生书写自己的历史档案”活动，这个活动，既让每一个学生在书写自己的生命成长史的过程中实现了自我教育，

也使他们从中获取了源源不断的前行动力。

关于小组建制，除了这些粗线条的东西，还有许多细节性东西需要我们用心去揣摩，用心去实践，如小组长及组员的培训，学生阶段性惰性心理的克服等。不过，我们应当坚信，只要我们充分信任每一个学生，用爱心为其打造发展的平台，用精心为其营造成长的空间，在课改面前，我们就一定会迎来硕果满枝、溢香流蜜的那一天。

（十六）活动式训练课型课堂教学评估体系

现代教育研究表明，课堂教学评估具有导向、激励、改进、鉴定、研究五大功能，因此，建立课堂教学评估体系，自然也就成了“一点两步四环节活动式训练课型”中极为重要的一环。在实践中，我们广泛参考各种先进教学模式的评估体系，尤其是在学习“创新学习评估”“研究性学习评价”“启发—探究式课堂教学评估体系”的基础上，结合活动式训练课型的个性特点，确立了“一点两步四环节活动式训练课型”的课堂教学评估体系。

◆ 构建活动式训练课型课堂教学评估体系的基本指导思想

活动式训练课型的本真在于“以人为本，育人成才”，它“将活动作为承载知识与能力、情感态度与价值观的载体，在教师引导下，让学生在开放、民主、自由、和谐的课堂氛围中，积极地参与活动，在活动中自觉地体验、训练，主动地探究知识、发展能力”。它主张“构建民主、和谐、平等、合作的新型朋友式师生关系”，“营造出民主、自由、和谐、开放的活动氛围”，“确立教师为主导、学生为主体的师生地位，让学生真正成为学习活动的主人”。它追求课堂教学的趣味性、探究性、实践性、创新性及科学动态性，它倡导学生自主钻研、合作探究的学习方法，它坚持面向全体、张扬个性、注重发展的基本原则，它立足课内，面向课外，着眼学生全面、健康、和谐地发展。因此，要构建活动式训练课型课堂教学的评估体系，就必须以这些基本思想为指导，决不能套用传统的、封闭的课堂评估指标，否则，就会限制教师创造性地设计、运作教学活动，就会扼杀学生参与活动、探究实践的积极性，就会阻碍具有创新精神和实践能力的新型人才的培养。

◆ 构建活动式训练课型课堂教学评估体系的基本原则

根据上述指导思想，我们在制定活动式训练课型课堂教学评价指标时，注意体现了以下几条原则：

1.创新性原则。一指教师创新，即课堂活动的设计与运作要“新”；二指学生创新，在活动中学生要有新思维、新看法、新发现、新点子、新角度……

2.民主开放性原则。要做到人际关系民主，教法学法民主，活动氛围民主、和谐、自由、开放。

3.主体参与性原则。每一个活动都要面向全体学生，力争引领学生积极参与、精彩参与。

4.自主合作性原则。教学活动的设计与运作，既要有学生自主感知的过程，也要有合作探究的成分，二者之间要能实现灵活变通。

5.知能结合性原则。活动是知识与能力的载体。通过活动，既要能让学生主动地获取知识，又要能让学生积极地参与训练提高能力。

6.科学动态性原则。课堂活动要考虑到学生的认知、注意等规律，要做到动静结合、一波三折、富于变化。

7.趣味动力性原则。活动要考虑学生的年龄、心理特点，要充满新奇趣味，应具有激励、挑战等动力性，能够激发学生自觉参与活动的自我内趋力。

8.拓展渗透性原则。活动要立足课内，面向课外，要注意体现多元渗透，多向拓展，要有一定的外张力。

9.发展性原则。一方面指活动设计与运作要有发展眼光，要紧跟时代步伐，要善于吸收、活用新思想、新观念、新方法；另一方面指活动要面向学生的可持续发展，让学生在活动中获取相关的方法与能力。

活动式训练课型课堂教学评价体系表

<table>
<tr><td>学校</td><td colspan="3"></td><td>年级</td><td></td><td>班级</td><td></td><td>时间</td><td></td></tr>
<tr><td colspan="2">授课人</td><td colspan="2"></td><td>课题</td><td></td><td>科目</td><td></td><td>评课人</td><td></td></tr>
<tr><td colspan="4">一级指标</td><td colspan="4">二级指标</td><td>宏观把握</td><td>评课意见</td></tr>
<tr><td colspan="4">教学活动目标</td><td colspan="4">①以“人”为本。　②突出实践活动。
③突出教学过程。　④体现方法因素。
⑤考虑“情志”因素。⑥运载知识与能力。</td><td rowspan="6">①教材内容切分合理。
②教学方法恰当灵活。
③教学原则落实到位。
④活动设计科学实用。
⑤教学过程水到渠成。
⑥师生关系和谐民主。
⑦课堂氛围自由开放。
⑧学生状态积极，智慧灵动闪光，活动参与充分，表现精彩高效。</td><td rowspan="6"></td></tr>
<tr><td colspan="4">一点</td><td colspan="4">①科学确定重点。
②活动围绕重点，注意多点辐射。</td></tr>
<tr><td rowspan="4">两步</td><td rowspan="3">学</td><td rowspan="4">四环节</td><td>激趣导入</td><td colspan="4">①新。
②巧。
③快。
④动。</td></tr>
<tr><td>感知求疑</td><td colspan="4">面向表层问题，引导尝试性自学，培养、提高质疑能力。</td></tr>
<tr><td>探究内化</td><td colspan="4">针对难点、疑点或有争议的问题，展开自主探究、合作研讨，培养、提高解疑能力。</td></tr>
<tr><td>用</td><td>拓展创新</td><td colspan="4">①由课内向课外自然过渡。
②“生发点”选择恰当。
③以思维为轴心。
④突出语文学科的个性。</td></tr>
<tr><td colspan="4">独创性</td><td colspan="4">符合学科教学规律，有利学生全面发展。</td><td colspan="2"></td></tr>
</table>

◆ 评价指标含义说明

1.教学活动目标

在活动式训练课型中，教学活动目标是师生参与课堂教学活动的指南和航标，它浓缩了活动式训练课型的整个思想。在对其进行评价时，应从以下几个方面进行把握：

①以“人”为本。“人”是课堂教学中最活跃的因素，“教学活动目标”应以“人的活动、实践、发展”为出发点，要体现以“人”为本的基本指导思想。

②突出实践活动。这是由该课型“活动式训练”的基本特点决定的，每一个教学环节的目标均由一个或几个具体可感的活动组成。在评价时，我们应将重心放在看学生是否实现了真正意义的活动上，即学生是否真正自觉自愿地参与活动，并从活动中获取了知识、锻炼提高了能力。

③突出教学过程。通过“活动目标”，应该能够初步看出学生——这一学习过程中的主人在课堂上将要做些什么、怎么做。在评价时，我们要看学生在课堂上究竟做了些什么，怎样做的，不能只要结果，不看过程。

④体现方法因素。“活动目标”中，不仅要反映教师的教学思想、观念和方法，同时也要反映学生的学法。

⑤考虑“情志”因素。在“活动目标”的设计与落实过程中，对学生的情感、意志、毅力、世界观等内隐性因素要有适当的体现。

⑥运载知识与能力。“活动”一定要成为知识与能力的载体，且要紧紧围绕“一点”进行设置与运作。若设置的“活动”一旦失去了“知识与能力”这一基本的内涵物，就变成了一个虚空的肥皂泡，就成了无用的东西。

2.一点

即一节课只围绕一个重点展开教学。

①科学确定重点。要将“这一个重点”定在思维卡壳处，定在知识枢纽处，定在问题丛生处，定在内容核心处。

②活动围绕重点，注意多点辐射。在课堂教学过程中，所有的训练活动均要围绕重点展开，不能东挠一把，西抓一下。但是，我们又不能将目光固化在这一点上，还要注意外显性重点与内隐性重点、重点与一般之间的联系，要能够以“一点”为核心进行多点辐射。

3.两步

在这一点上，不能固守模式，既可“先学后用”，亦可“先用再学”，要能够灵活地落实“先学后用，学用结合”的基本思想。

4.四环节

能够综合考虑学生认知、注意、思维等规律，以活动式训练课型的基本思想为指导，以“基本模式”为前提，充分发挥教学创造性，大胆构想，灵活变通，设计出具有自己特色的教学活动方式。

5.宏观把握

四个环节虽各有特点，但在具体评价过程中，我们却不能简单地将它们割裂来看，应该既能看到局部，更能胸怀全局，要注意从宏观上把握整体活动效果。可从如下几方面进行考虑：①教材内容切分合理；②教学方法恰当灵活；③教学原则落实到位；④活动设计科学实用；⑤教学过程水到渠成；⑥师生关系和谐民主；⑦课堂氛围自由开放；⑧学生状态积极，智慧灵动闪光，活动参与充分，表现精彩高效。其中，最关键的还是要看第⑧条，这是衡量一节课成败优劣的关键。

6.独创性

可以说，独创性是活动式训练课型的灵魂。尽管我们设置了该课型的基本模式，但在教学活动中，我们决不能囿于模式，一定要善于以模式为基础，然后走出模式，设计出具有自己特色的、有利于学生全面发展的课堂教学活动方式来。因此在评价活动式训练课型的课堂教学效果时，也决不能以固定的模式来对号硬套，而应以学生主体性的发挥及实际的训练效果为基本标准。

在平时的实践中，我们更多的是使用如下简表：

武陵县实验中学归真课堂展示课评价简表

上课教师：　　　　　　　　　　　　评课时间：

评价标准	简洁评语	综合评分
①重点突出。②充分落实“先学后用，学用结合”。③活动设计科学实用。④师生关系和谐民主，课堂氛围自由开放。⑤学生状态积极，智慧灵动闪光，活动参与充分，表现精彩高效。		
实验中学归真课堂基本理念：张扬生命灵性，追求智慧闪光，做到重点突出，落实学用结合，达成教学目标，实现拓展延伸。		
实验中学校本教研公开课追求：厘清课标，上明白课；落实课标，上有效课；科学活动，上精彩课。		

（十七）活动式训练课型的课外延伸

我们在前文中谈到，拓展创新要“以实现由课内向课外、由短时向终身学习过渡的成功性引导为归结点。课堂上的拓展创新训练毕竟是有限的，但课外的时空却是无限的，语文课堂教学只有实现对学生由课内向课外、由短时向终身学习过渡的成功性引导，才是我们追求的最理想的境界”。其实，何止是拓展创新这一阶段，活动式训练课型的本真就在于“以人为本，育人成才”，这就要求我们必须立足课内，面向课外，着眼发展，锁定成才。活动式训练课型研究的重心虽然在课堂上，但其思想的实质，仍适用于课外。

“将活动作为传授知识、培养能力的载体，在教师指导下，让学生积极地参加活动，在活动中自觉地接受训练，主动地掌握知识、发展能力。”

也许我们都有这样的体会，平时有些事独自一人不愿去做，但若有人组织一下，以某种形式的活动一促，大家也就都行动起来了，并且还能干得很好。我们要实现引导学生由课内学习向课外学习的成功过渡也需要这样。与其每天费尽口舌要求“某某某，你去多读点书吧，你要坚持写日记呀”，不如费点心思设计几个活动，有了活动，学生自然也就乐意参与了，不仅可以少费我们许多唇舌，更重要的是能收到意想不到的绝好效果。

实践证明，以“活动”为组织形式展开课外学习确实能收到显著效果。这一结论其实在苏霍姆林斯基、陶行知、魏书生、姚竹青等教育大家的教学实践中早已得到了证实。我们多年来的实践活动也进一步证明了这一结论的正确性。学生在“小演讲”“小辩论”“作文竞技台”“课本剧编演”“我的新闻角”“班级小报”等活动中表现出来的热情与智慧，告诉我们，“活动”这一用师生智慧架设的金桥已经使课内向课外的有效延伸成为可能。

活动式训练课型由课内向课外延伸，其基本的表现形式仍然是一个个生动、活泼、有目标、有内涵的“活动”，具体的方式因内容而定，在此不再赘述。下面仅就活动式训练课型实现由课内向课外成功延伸时的注意事项谈几点看法。

首先，我们要确立大语文观念，努力营造开放式学习氛围。目前，这一点已经成为中学语文界的共识。早在20世纪70年代初，姚竹青先生就发出了“教大语文，育小能人”的呼声，并开始注意在“活动”中培养、发展学生的能力，取得了十分可喜的成绩；近年来，创新性、探究性、开放式学习论更是百家争鸣，百花齐放；同时，又出现了像魏书生这样的实施“大语文”与“开放性”学习战略的集大成者。一切都在证明，确立大语文观念、实现开放性学习，是中学语文教学不二的选择。基于这种思想，活动式训练课型认为，语文学习只有实现了由课内向课外的成功延伸，实现了由短时学习向终身学习的成功引导，实现了让学生真正地在课外能放开“拐杖”走路，才算是基本实现了教学的目标。

其次，我们要搞清楚课内外活动的不同，处理好它们之间的关系。1.时空条件不同。课内活动受有限的时空条件限制，教师在设计和指导学生运作活动时，不免瞻前顾后。这样一来，在某些活动环节上，就不可能满足每一个学生的内在需求，不可能使每一个学生都能够练得举一反三、融会贯通。可课外活动就不同，它有极其充分的活动时空，尽可以满足每一个学生的活动愿望，确保他们练得尽兴，练得通透。因此，针对那些在课内这一有限的时空条件下难以完成的活动，教师不妨把它安排在课外进行，使它成为课内活动的有益补充。2.可参与的对象不同。一般来讲，在课内可参与活动的对象主要是学生和教师；而在课外活动中，社会各界人士都可以成为与学生一块活动的参与者。这样，无疑为学生获取知识提供了多方位的“老师”。针对那些与其他行业联系紧密的课内知识，教师不妨与相关社会职能部门结合，借助其专业优势，设计一些专题性的活动，让学生与其专业人员一块参与活动，从而在活动中获取在课内得不到的知识。3.可供利用的资源不同。“社会即学校”，“生活即教育”，在广阔的社会、生活天地中，有取之不竭、用之不尽的教育资源。与课外相比，可利用的教育资源在课内显得是多么可怜。我们必须认识到，生活与社会才是学生学习语文的源头活水，以课内为基础，以活动为桥梁，让学生积极主动地走进生活，走进社会，自然就可以迎来语文教学的春天。4.可采用的方式不同。相对于课内活动来说，课外活动的方式更加丰富多彩，演讲、辩论、相声、小品、快板、课本剧、新闻追踪、地方名人采写、家乡环境调查、科技小制作介绍……凡是能想到的有益活动，都可以在课外组织学生进行大胆尝试。

最后，要建立相应的调控机制。学生由“课内”走向“课外”，学习的天地一下子广阔起来，自然若脱笼之鹄。但基于初中生的年龄特点，他们在自觉性、自控力等方面还有待加强，因此，我们在组织学生参与课外活动时，有必要建立一套良性的调控机制，来引导和规范学生的活动行为，使他们在活动中增强目的性、自觉性、科学性和开拓性，克服盲目性、怠惰性、散漫性与固守性，从而使学生的每一次活动都有所获、有所成，能使他们不断地品尝成功的甘果，嗅到胜利的花香。在实践中，我从以下几方面对学生的课外活动实施调控。1.加强“活动”的趣味性和可为性。“活动”本身的趣味性和可为性，是吸引学生投入活动的极其重要的因素。如果我们设置的活动学生不乐意参与，即使允许我们采用其他外力来控制活动，学生也很难会积极投入。更何况我们一旦采用了强制性的调控手段，“活动”也就背离了活动式训练课型的正常轨道，教学的民主性、学生的主体性及其主人公地位也就不复存在。2.定准“活动”的价值基调。也就是说，我们设置的“活动”在学生看来，应该有一定的价值。现代心理学研究表明，对于自主性、独立性、成人意识日强的中学生来说，他们在内心需要上对自己所从事的活动，已经有一种朦胧的乃至较为清晰的价值要求，他们开始对自己参与的活动评头论足，这个有价值，那个没意义，有价值的便愿意参与，没意义的就不感兴趣。因此，我们在设置活动时，一定要充分考虑“活动”这一载体所运载的具体内涵，一定按照活动式训练课型的基本思想精心设计每一个课外活动，力争使每一个学生在“动”有所获、练有所得的同时，体验到成就感和价值感。3.引导、督促学生加强自我管理，实现自我调控。培养学生的自学能力，是活动式训练课型的一个基本目标，而自我管理能力可谓自学能力的连襟，尤其是在课外活动中，如果没有自我管理能力，也就意味着将失去自学能力。事实上，对一般的初中生只要稍加引导和督促，他们还是可以实现自我调控的。4.充分发挥小组的群体优势，实现互助性调控。小组互助是培养学生协作精神的一条重要途径，魏书生“在教书育人的实践中，非常重视学生群体之间的互动作用，千方百计地使学生成为学习的主人”，实现了学生的“自我教育，自我管理”，使得班上“事事有人管，人人有事做”。他的成功启示我们，充分发挥小组的群体优势，实现互助性调控，是完成由课内向课外活动成功过渡的一条有效途径。“研究过小群体行为的人发现，在群体里，最终会有许多不同的‘角色’出现。其中会有‘活跃分子’，他能促使该小组活跃起来；还会有‘求知者’和‘知识提供者’；那些‘创造—贡献者’提出新的观点；那些‘细心人’提供各种例证并指出其含意。‘提出观点者’表达自己对问题的看法。此外还会有一些‘评论家’，专在别人的话中指出毛病，或是对别人的发言做出评价。还有其他一些角色，是为了更好地维护小组的团结。比如那些‘调和者’，其作用就在于使不同意见得到调解。‘促成者’和‘鼓励者’则赞扬别人的观点并表述自己与之相同的观点。”这一段话也证实着同一个问题，即在一个群体中的不同角色之间，确实存在着互助互补的关系。我们在组织学生展开课外活动时，如能充分利用好这种关系，就可以收到满意的调控效果。杜郎口经验中的小组建制，不是一个很有力的见证吗？

（十八）活动式训练课型的多元渗透

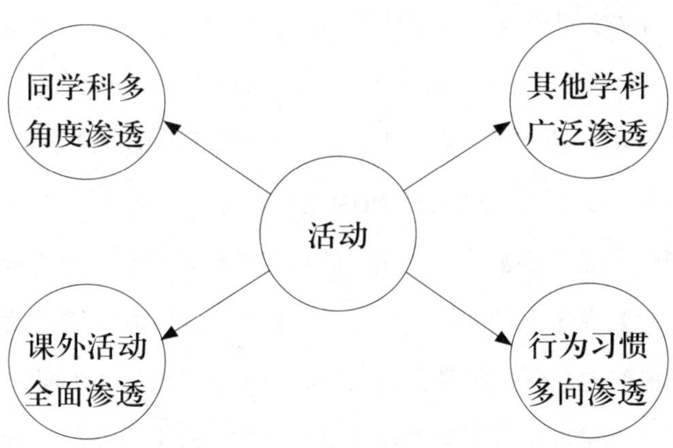

如上图所示，活动式训练课型作为一种教学思想，具有多元渗透性。其内涵与外延可以概括为一句话，即所有涉及学生教育教学的过程，都能以“活动”为方式来组

织进行。

在语文学科内的多角度渗透。我们在课型概述中曾经提到，该课型具有广泛的适用性，单就语文学科来讲，它可以适用于各种类型的课堂教学，讲读课、自读课、作文课、复习课；既适用于记叙文、说明文、议论文，也适用于新闻、小说、诗歌、文言文等不同体裁的教学；从另一个角度来说，还可以适用于中小学不同阶段的语文课堂教学。

向其他学科的广泛渗透。语文有语文的特点，数学有数学的个性，理化生、政史地各具特色，互不相同。但不同的学科，在素质教育的前提下，却有一个共同的目标：以人为本，培养素质，提高能力，发展个性。尤其应注意对学生创新意识、创新思维及创新能力的培养。而这个目标，只有在学生积极参与的活动中才能实现。所以，各科教师在组织教学的过程中，都必须心系素质教育下的“育人成才”目标，根据本学科的具体特点，充分发挥自己的创造性，设计出适合于本学科特点的“活动”，然后引导学生在活动中参与训练，在训练中提高能力。

向课外活动的全面渗透。课外活动是培养、发展学生综合能力的后方阵地，它比课内活动时空更广阔，内容更丰富，形式更多样，方法更灵活，只要设计与运作恰当，可以收到课内活动无法企及的效果。我们在《活动式训练课型的课外延伸》一文中，曾详细介绍了语文学科由课内向课外延伸的活动内容及方法，也许我们从中即可以“管中窥豹，可见一斑”。不过，我们在这里所说的全面渗透，它的涉及面可以涵盖学生整个的课外学习生活，绝不单单是指一个语文学科的课外延伸，其他学科的课外延伸同样也可以借“活动”让学生的思维闪光。

在学生行为习惯养成方面的多向渗透。活动式训练课型以“育人成才”为根本，在课堂训练中就十分重视学生行为习惯的养成，如在感知求疑阶段活动中要“树立学生自学意识，培养其独立钻研的精神，养成良好的自学习惯”，在探究内化阶段活动中要“引导学生树立相互合作意识，培养其团结合作、携手攻坚的精神”。在课外活动中，我们也不能背离这一根本，同样要重视学生行为习惯的养成。无数实践证明，要培养学生的行为习惯，没有比“活动”更理想的方式了。如我们日常坚持的“每周升旗”活动可以培养学生的爱国意识，激发爱国之情；利用校广播组织的“每天新闻早知道”活动，可以培养学生关心国事、关心生活的习惯；利用节假日组织的“家乡名人调查”和“家乡名胜调查”活动，在培养学生热爱家乡之情的同时，养成勤于调查研究的习惯；等等。

最后一句话，课内也好，课外也罢，设计运作教育教学“活动”，都应该时时把握活动式训练课型的本真，育人为本，张扬个性，勇于探索，大胆创新。

事实上，2007年我提出的归真教育，也正是活动式训练课型向教育的各个领域多元渗透的结果。

（十九）活动式训练课型课堂“四语”浅说

所谓课堂“四语”，即导语、过渡语、指导语和小结语。在课堂教学过程中，“四语”的运作是否恰如其分，直接影响着课堂教学效果的好坏。尽管课堂“四语”因人而异、因情而变，但总其规律又有如下特征：

1.导语要新。设置导语的目的，意在激发学生的学习兴趣，调动他们的学习热情，创设良好的学习氛围，为课堂教学活动提供成功的条件。因此，设置导语必求新，只有新才能引人入胜，才会产生理想的教学效果。所谓新，一指语言新，二指形式新。语言新，则使人闻之如聆仙乐，品之如饮甘泉，心境舒泰，兴致盎然。形式新，会令人精神为之震荡，耳目为之吸引，自然专心致志，乐学不疲。

2.过渡语要巧。课堂过渡语的作用，在于承上启下，使整个教学活动过程一脉相连，前后贯通。好的课堂过渡语，往往能使课堂教学一波三折，跌宕生姿，情趣盎然，异彩纷呈，既能使学生循序渐进、水到渠成地获取知识，也能让他们在“山重水复疑无路”时，进入“柳暗花明又一村”的境地。设置课堂过渡语，需要教师从课堂教学的整体构思出发，巧穿针，妙引线，因情造语，就势搭桥，使一个个教学活动自然相连，前后贯通。

3.指导语要明。明即简明。课堂指导语的作用，在于帮助学生理解重点，突破难点，指导学生生动有序地展开课堂活动。因此，课堂指导语的设置应努力做到：①简洁、明了，一语中的。②深入浅出，富于启发性。只有这样，学生才能闻言知动，懂得该做什么，怎么做，其主体地位才能在教师的主导作用下得到充分体现。

4.小结语要精。课堂小结语的作用，在于概括内容，总结规律，以利于学生明确重点，强化理解，为下一步的学习活动提供帮助。设置课堂小结语，应力求精练准确、简明扼要、深入浅出、易记易懂，使学生一听就能明中心，知重点，懂方法，掌握规律。

以上所述，只是课堂“四语”应该具备的一些基本特征。在课堂教学过程中，具体该怎样设置和操作呢？首先，教师在备课时，应从素质教育的基本要求出发，针对教材的具体特点，结合自身的知识结构和学生的认知、注意等规律，充分发挥自己的创造性，从课堂教学的整体构思出发，一丝一环，认真推敲，细心琢磨，自然能够合乎特点，造语惊人。其次，在课堂教学过程中，开头、过渡、收束、结尾，都要一丝不苟，精心运作，切忌信口开河，乱了章法。最后，情之所至，心之所趋，灵感时会迸发，有时课堂上的灵机一动，往往会产生妙语惊人的效果。因此，运作课堂“四语”，一方面要依案（活动案）而行，一方面也要能因情而变，因势利导。

（二十）活动式训练课型如何高效地使用教材

——让“死教材”活起来

让“死教材”活起来，充分发挥教材的示范功能，是课堂教学十分重要的一环。教师备课时，只有针对每篇课文的具体特点，结合自身的知识结构和学生的认知、注意等规律，选准最佳的教学突破口，通过对教材的合理化剪裁、调整、变形、延展，创造性地设计出循序渐进、清晰明确的教学思路，选定丰富多变的训练方式，才能使学生积极地参与训练，收到水到渠成的教学效果。在此，仅介绍几种处理语文教材的基本方法，以供参考。

1.剪裁。作文讲究详略，上课须重剪裁。一节课45分钟，一篇文章百枝千叶，究竟哪些该教、哪些该学、哪些重点教、哪些可一点而过？总不能眉毛胡子一把抓。这就要求教师备课时，必须会对教材进行合理化的剪裁。所谓剪裁，就一棵树来说，即是修去其多余的旁枝，以利主干的生长；对于一节课，则是要根据课程标准的要求，结合每课书的训练重点，精心设计，妥当安排，使教学重点突出。

例如教学《谁是最可爱的人》，根据其训练重点（选用典型事例表现人物的精神风貌），可以拟定下列教学活动：

①阅读课文，找出文中选用的三个典型事例，并用自己的话概括其内容。

②讨论分析这三个事例分别表现了志愿军战士哪一种精神。

③在②基础上引导学生总结出“因德选材，以事立人”的作文方法，然后展开口头作文训练（要求：首先说清楚要表现人物哪一方面的精神或品质，然后叙述自己所选的事例，力求生动具体，最后再引导学生进行评议）。

2.调整。课堂教学要想取得理想的效果，必须善于选择最佳的教学突破口，这样就涉及对教材内容的合理化调整。调整教材，就是对其内容在顺序上重新进行组合安排，使其有利于教学活动的开展。常用的方法有：高潮入题法、首尾切入法、回首望月法等。

①高潮入题法。即直接从文章的高潮或最有趣的地方展开教学。例如《范进中举》一文，范进中举发疯是最具讽刺色彩的一幕，教学活动就可由此展开：金榜题名本是人生的一大喜事，然而范进在中举后有什么表现呢？（发疯）请大家速读课文，找出文中描写范进发疯的一段文章，读一读，品一品，然后谈谈自己在读了这段文章后有什么感触。在此基础上，再以“范进在发疯前与发疯后又有什么故事呢”为过渡，转入对文章其他内容的学习。

②首尾切入法。即从文章的首尾入手展开教学。例如《荔枝蜜》一文，“我”对蜜蜂的感情变化是组织材料的线索。教学时，可以先引导学生阅读文章首尾部分，找出能够表明作者对蜜蜂的思想感情的语句，然后提出问题：开头“我”对蜜蜂“总不大喜欢”，结尾却“梦见自己变成一只小蜜蜂”，为什么“我”对蜜蜂的思想感情前后

发生这样大的变化呢？引导学生阅读文章的中间部分，从而展开下一步的教学。

③回首望月法。即从文章的结尾展开教学。例如教学《阿长与〈山海经〉》时，我是这样切入教学的：同学们在课前预习了课文，已经知道阿长只不过是“我”的保姆，但是，作者鲁迅先生却在文末用了一句感情色彩特别浓重的话抒发了对她的深沉怀念之情，这句话是——仁厚黑暗的地母啊，愿在你怀里永安她的魂灵！（生读）那么阿长有何特殊之处，值得鲁迅先生如此深情怀念呢？由此导入下一环节的学习。

3.变形。即根据课堂教学的实际需要，将原教材进行再创造，或快板，或短剧，或游戏，或故事……使其有利于激发学生兴趣、训练提高学生能力，有利于组织教学活动。例如教学《变色龙》，就可将教材改写成课本剧，通过组织学生排练、表演，使学生了解、把握警官奥楚蔑洛夫多变、媚上欺下的思想性格。

4.延展。新课程中很重要的一点，就是要敢于打破教材本位主义，变传统的“教教材”为“用教材教”。要充分发挥教材的训练示范功能，切实提高学生的语文综合能力，就必须对教材进行适当的延展。延展，就是对教材内容进行适当的扩充、延伸。大致有以下几种情况：

①比较性延展。即和学过的同类型文章进行比较，通过比较使学生更清楚地了解其特点。例如：学过《想和做》一文后，可以和前边的《谈骨气》进行比较，通过比较，引导学生更清楚地理解“直接提出论点”与“由社会现象引出论点”这两种方式的异同。

②阅读性延展。即引导学生阅读与文章内容相关的其他诗文，以扩大学生的知识面，开阔学生的视野。如学习朱自清的《春》时，就可以引导学生阅读、背诵有关春天的其他文章。

③应用性延展。即在让学生掌握文章特点的基础上，引导学生进行模仿性应用练习。例如教学《说勤》一文，在学习了解了文章的写作特点之后，就可以引导学生按照“用名人名言引出中心论点—利用事实论据证明两个分论点—得出结论”的论证过程，进行口头作文练习。

最后，需要明确一点，无论是剪裁、调整，还是变形、延展，都需要教师依据课程标准，认真钻研教材，从教学的实际需要出发，充分发挥自己的创造性，精心设计，统筹安排。只有这样，才能真正地使“死教材”活起来，从而使其有利于激发学生兴趣，有利于开展教学活动，有利于培养学生能力，有利于完成教学任务。

（二十一）由“因材施教”到“因材导学”

——浅谈新课标下一个教学原则的转变

“因材施教”这一教育思想和原则，以其不朽的科学性在传统教育教学中发挥了十分积极的作用。但是，随着新课改的深入，其内涵及外延都遇到了新的质疑，其提法也理应发生相应的变化。

1.内涵的转变：变“重视施教”为“重视导学”。

新课改实施的重心，就是要实现师生角色的转换，完成学生学习方式的根本转变。很明显，“因材施教”的行为重心在“教”，教师是教学的主宰和中心，学生只能做被动的接受者，这就与新课改的思想格格不入。而“因材导学”的提法就不同了，其行为重心由“教”转移到“学”上来，学生也随即成为学习的主体、主人；同时，“因材导学”的提法，兼顾了教师在教育教学过程中的“主导”作用，使其由原来居高临下的知识传授者变为“学生学习的伙伴、学生学习活动的组织者、引导者”。这样一来，既体现了新课改对师生角色转换的要求，也体现了教学过程重在“学”的本质特点。

2.外延的转变：变“单一的施教”为“多元的导学”。

自古以来，“因材施教”都只是针对学生的个性差异，力求根据其能力、性格、志趣等具体情况，有针对性地施行教育。事实上，教师素质的高低，学生个性的差异，教材特点的不同，教学条件的好坏，环境氛围的创设，其他外来因素的干扰等，都直接影响着教育教学的效果，而这些恰恰都是新课程下应当积极开发的课程资源，因此，现代的“因材导学”必然具有多元性，这是由影响教育教学效果的客观因素的多元性决定的。

在实践中，“因材导学”的多元性主要体现在以下几个方面：

①教师要“因己之材”而导学。教师本身所具有的知识、能力是一种活的资源，是师生双方都需开采的矿藏，在教学过程中，教师若能根据自己的知识结构、能力特点，扬长避短，进行导学，定能收到良好的教学效果。

②要“因生之材”而导学。根据学生个性特点，有针对性地开展教育教学活动，促使学生健康发展，这一点自不必说。新课改下，每一个学生所拥有的知识、经验、阅历、能力等，也都是教学可以利用的资源。在设计与组织教育教学活动的过程中，巧妙地“因生之材”而导学，往往可以收到奇效。

③要“因教材特点”而导学。新课改下，我们要变传统的“教教材”为“用教材教”，更确切地说，就是利用教材引导学生开展学习活动。教材内容不同，采用的引导方法也应有所不同。在具体的实施过程中，教师必须针对教材的具体特点，结合自身的知识结构和学生的认知、注意等规律，选准最佳的导学突破口，通过对教材的合理化剪裁、调整、变形、延展，创造性地设计出循序渐进、清晰明确的教学思路，选定合适的训练方式，引导学生积极地参与训练，才能充分发挥教材的训练、示范及话题功能。

④要“因教学条件”而导学。教学条件的差异，也制约着教学方法及手段的选择。教师应持积极的态度，创造性地利用身边拥有的物质条件，使其充分发挥作用，为教育教学服务。

⑤要“因客观环境”而导学。时间、地点、环境氛围和其他外部条件，对教育教学的效果都会产生一定的影响，从新课改的理念来看，这些因素又都可以转变为教学可以利用的资源，因此，教师必须能够因情度势，因时、因地制宜，灵活变通，巧妙创设教育教学情境，排除一切不利因素的干扰，让“客观环境”为我教学所用。

变“因材施教”为“因材导学”，更能体现新课改的理念及要求，也更能指导教师去综合考虑影响教育教学的各种因素，从实际出发，具体问题具体分析，充分发挥自己的创造性，努力激活各种因素的潜能，最大限度地为教育教学服务。

第四辑　归真教育经典案例

一、教学案例

（一）活动，让思维飞扬

——《周处》教学后记

《周处》是九年义务教育三年制初级中学教科书第三册《语文》上的一篇自读课文，根据文言文教学的要求，本应引导学生“读读背背，了解大意”，但鉴于本文故事性强、课下注释详、字面意思障碍不大的特点，我设计了一个“自读课文，改写课本剧”的教学活动，具体设计如下：

1.根据课文故事情节，充分发挥创造性想象，将文章改写成一部课本剧。

2.根据塑造人物的需要，允许虚构补充性情节。

3.注意对人物语言、动作的刻画，力求生动、形象，具有表现力。

活动刺激物：

1.所有剧本均应参与小组交流。

2.每小组推荐两篇优秀剧本在班内交流，并参加评选。

3.确定三篇班级优秀剧本在课外活动时间组织兴趣小组排演。

这样，课堂教学完全失去了“文言味”，代之而来的是学生兴致盎然的思维飞扬！下面选录几节学生改写的剧本及其同学的点评，也许从中我们可以“管中窥豹，可见一斑”，领略到当时活动中学生思维的灵光。

◆ **选段一：**

乡里集贸市场上，凶神恶煞般的周处冲马挥鞭，一菜摊被踢翻，人们四散奔逃……

周处：所有的商户听着，明天午时三刻之前不交保护费者，别怪周爷我不客气！（说完，顺手抄起身旁摊点上的一只烧鸡大啃起来）

老头：鸡……鸡……我的鸡……（一副既心疼又害怕的样子）

周处：（把烧鸡兜头向老头砸去）老子吃你的鸡是瞧得起你！（一鞭子打下去，老头抱着头滚到了地上）（作者：陈孟慧）

邱梦缘点评：陈孟慧同学写的这个段子，充分体现了周处“凶悍”的性格特点，但开头处的介绍作为课本剧来说好像不大好排练，若是拍电视就好了。

◆ **选段二**：

白额虎一个猛虎摆尾，将周处甩飞出去。周处趁势来了个鹞子窜林，拧身跳到三丈外的一块青石上。那猛虎气得怒吼一声，前爪伏地，弓腰蹬腿，饿虎扑食般直冲过来。好个周处，只见他手提朴刀，刀尖朝上，腰背一弓，双腿劈叉，一个白猿偷果，只听“噗”的一声，再看时，周处满身鲜血站了起来，那只白额虎却趴在了地上……（作者：刘晨）

秦志鹏点评：刘晨同学根据课文“处即刺杀虎”一句展开丰富的想象，为我们写出了这段精彩的“周处杀虎”，尤其是剧本中动词的使用生动传神，为我们塑造了一个打虎英雄的形象。不过我觉得他这样写，有点把周处美化了，好像不太符合其“凶强侠气”的特点……

◆ **选段三**：

周处：（杀死了蛟龙）哼，这下看你们这帮家伙还有何话说！（迈起四方步向村子里走去，远远地见村子里张灯结彩，伴有敲锣打鼓的喜庆之声）噢，看来在为老子庆贺哩，这帮鸟人！

一小伙：不好了，周处回来了！（人们四散奔逃，家家关门闭户）

周处：（来到村里，见街上一下子变得冷冷清清，不由得高声大骂）一村鸟人！老子出生入死杀虎斩蛟，竟如此对待老子！都他妈给我滚出来！（叫骂了半天，始终未见一人）唉，看来他们把我看得比老虎、蛟龙还要凶啊！（作者：陶小娟）

薛慧杰点评：小娟同学根据“竟杀蛟而出，闻里人相庆，始知为人情所患，有自改意”一句创作的这个段子，很好地刻画了周处杀虎斩蛟后的表现。不过我觉得若能将其心理变化的过程刻画得再具体一些，就一定会锦上添花。

瞧，孩子们写得生动传神，评得精彩恰当。课堂上，孩子们迸发出空前的热情，写稿时聚精会神，交流时灵光屡现，点评时出语不凡，修改时集思广益……

然而说实在的，尽管我知道孩子们在学习过程中收获了许多，但他们对这一课的知识究竟掌握了多少我尚不得而知，于是心中总觉得有点不够踏实。不过，第二课时下课前的检测反馈使我吃了颗定心丸——全班50名学生，有43人背会了全文，且对重点词句的理解人人过关！

当我们的语文教学采用了一种学生喜欢的学习方式时，作为教师，也可以获得一份意想不到的喜悦！

（原载《教育时报》2004年11月3日）

（二）见面课，我给新来的同学测字

班里一下子来了十个新同学，师生、同学互不相识，这新学期的第一节课可该怎么上？

早读时，我一直在思考着这个问题。作为一名有16年教龄的教师，我深知这第一节见面课的重要性。多年来我已养成了一种习惯——凡是新学期的第一周、每一周的第一节，或是班里添了新同学的时候，我都会最大限度地去精心备课、上课，用自己的课堂教学艺术去感染、影响、征服学生。可别轻瞧了这些看起来好像少不更事的孩子，其实他们心底清着呢。尤其是新来的学生，他们都瞪着眼瞅着老师哩。作为教师，只有用自己的学识、课堂征服了学生，才能真正赢得他们的心。

看着一张张陌生的面孔，我心里涌上一种冲动——我要先认识他们！于是，我找来纸和笔，先后走到每一个新同学跟前，弯下腰，微笑着说：“请写下你的名字好吗？老师很想认识你。”孩子们一个个书写着自己的名字，我认真地观察着他们运笔的姿势和每一个细微的动作，头脑中蓦然浮现出一个清晰的思路——第一节课上，我要先给这十个同学测测字。

我就这样和新来的同学见面了——

“各位老朋友，今天咱们共同迎来了十个新同学。早读时，我请他们在这张纸上分别写下了自己的名字。虽然是初次见面，互不相识，但字如其人，现在我想试着通过这些字把他们介绍给大家。”听我这么一说，新来的同学都睁大了眼睛。

“石鹏，”石鹏同学应声站了起来，面向大家，“从这两个字可以看出，这个同学有岩石般的性格，大鹏般的志向。他的字写得有棱有角，硬挺端正，显得坚决刚毅，正气凛然。老师坚信，只要他发奋努力，日后定能如鹏高飞。”石鹏笑着坐下了。

吴琦，一个看起来很腼腆的女孩，但她的字却分明露出一种刚气。我这样说：“这个‘吴’字，上面的‘口’大，下面的‘天’长，合起来大有吞天气势。再说这个‘琦’字，左边的‘王’小而工整，犹如小家碧玉，右边的‘奇’悠长挺拔，尤其是最后一笔竖钩，骨力突现，颇显英挺之气。我觉得吴琦同学外柔内刚，品质如玉般高洁，志向似天般奇伟，将来必成大器。”

班里所有的同学都用一种异样的眼神定定地看着我，脸上个个溢满了惊奇与笑意。尤其是剩下的几个新同学，他们的眼睛里还闪烁着一种殷切的企盼。

介绍于俊杰的时候，我先引导同学们观察他的外貌，并说说自己对他的第一感觉。结果同学们一致认为，于俊杰同学忠厚、老实。然后，我谈了自己的看法：“的确，从外貌看，于俊杰同学忠厚、老实，但他的字却又告诉我们，他聪颖内秀。请看前面的‘于’和‘俊’，写得清秀俊逸，充满才情。但有一丝遗憾的是，‘杰’字上面的‘木’写得稍微有点小而歪斜。因此，老师衷心祝愿俊杰同学能够珍惜自己的这份才气，刻苦努力，奋发向上，且做事上一定要站稳立场，持之以恒，善始善终。”

…………

说到翟萌萌同学了，我发现她神情有点低落。这是一个刚刚经历了考试失败的复读生，也许还未从失败的阴影中走出来。于是，我便有了下面的话：“‘翟’字上面为‘羽’下面为‘隹’，‘隹’乃一种‘鸟’，这个字含有大鸟展翅高飞之意，意味着日后定能青云直上，壮志得酬。但‘萌’字上为‘草’下为‘明’，明乃‘日’‘月’相合，日月都藏到了草底下，说明这位同学遇到了暂时的挫折，但日月同辉，岂是区区小草可以遮蔽，只要振作起来，很快就能渡过难关，迎来光明前途。”听到这些话，萌萌的头抬起来了，眼睛里开始闪烁着一种亮光。

二十多分钟过去了，我没有给学生上新课，但孩子们的神情告诉我，他们已经有了很多的收获，我的心底也升腾起一种欣慰的感觉。

（原载《中国教师报》2004年8月25日）

（三）课堂上，我与学生谈“情”说“爱”

爱情，作为人类最圣洁的感情之一，面对如今的中学生，我们已经无法回避。也许我们的部分老师在课堂上谈到这个话题时，自己还觉得有些口齿不灵，脸红耳热。但当你认真去观察坐在你面前的孩子们时，你却会发现，原来他们谈起“情”说起“爱”来竟没有一点点躲闪，而是在充满激情中却又包含着几分坦然。关注学生的“情感态度和价值观”，是新课改下课堂教学的一项重要目标。对于爱情，我们的教师也不应再让它在课堂上遮遮掩掩、羞羞答答。

在学习《麦琪的礼物》一课时，针对教材的个性及九年级学生的年龄特点，我有意介入了引导学生建立正确的爱情观的话题。请看下面截取的几个教学片段：

◆ 片段一

师：“麦琪的礼物”这个题目我觉得有些抽象，猛一看不大好懂，同学们能不能根据你对课文内容的理解将它换成一个容易理解的题目？

生1：可以换成“智慧的礼物”，因为在我看来，德拉和杰姆的选择无疑是最聪明的，表面上他们为对方买来的礼物似乎已经派不上用场，实质上他们却收获了对方的一颗爱心，这颗爱心正是世界上最可宝贵的财产。

生2：可以换成“圣洁的礼物”，正是因为他们阴差阳错地为对方买来了看似无用的礼物，才更能反映出他们之间爱情的圣洁和纯真。

生3：可以换成“见证爱的礼物”，因为德拉和杰姆互送的礼物，都是用他们最珍贵的东西换来的，他们的礼物见证了夫妻俩神圣的爱。

…………

◆ 片段二

师：作者在文中极力刻画了德拉之美，请大家阅读课文，看看德拉的美体现在哪些方面。

生：首先是德拉的头发美，作者在文中这样写道：“这时德拉的美丽的头发披散在身上，像一股褐色的小瀑布一样，波浪起伏，金光闪闪。头发一直垂到膝盖下，仿佛给她披上一件衣服。”

师：这样的头发无疑会让我们产生许多美好的向往和遐想，但就是这样美丽的头发，我们的德拉为了给自己心爱的人买一件圣诞礼物，最终做出了怎样的选择？

生：她毅然卖掉了自己的头发，而且态度非常坚决，这从她说的一句话——“赶快把钱给我”就可以看出来。

师：德拉的这种选择说明了什么？你是怎样理解的？

生：我觉得在德拉的心中，爱情才是最可宝贵的东西，它远远要比自己的头发重要得多。

师：好，请同学们继续看，德拉的身上还有哪些美？

生1：德拉的身上有一种节俭美，她为了给杰姆买礼物，尽可能地节省了每一分钱。

生2：她有一种执着美，为了给杰姆买礼物，她“搜索了所有的铺子”。

生3：她有一种奉献美，为了给杰姆买礼物，她心甘情愿地卖去了自己最引以为豪的头发。

生4：她有一种质朴美，虽然跟着杰姆过着贫寒的日子，但她依然深爱着杰姆。

…………

师：这样美的德拉，一心想着杰姆的德拉，当她把自己美丽的头发卖掉之后，她心爱的杰姆又会如何对待她呢？请大家从文中找出描写杰姆回家后第一反应的句子读一读。

生：“一进门杰姆就站住了，像一条猎犬嗅到鹌鹑似的纹丝不动。他两眼盯着德拉，有一种她捉摸不透的表情，这使她大为惊慌。那既不是愤怒，也不是惊讶，又不是不满，更不是厌恶，不是她所预料的任何一种神情。他只是带着那种奇怪的神情死死地盯着她。”

师：既不是愤怒，也不是惊讶，又不是不满，更不是厌恶……那究竟是什么呢？杰姆在看到德拉剪去了最让他们引以为豪的美丽的头发之后，为什么会做出这样的反应呢？

生1：杰姆做出这样的反应，表明了他对德拉的深深理解和爱怜，面对这样的现实，他没有愤怒、不满、怨怪，如果不是深深爱着德拉并对德拉有着充分的理解，他是不可能做到的，这正说明了他们爱情的真挚和圣洁。

生2：我再补充一点，我觉得除理解和爱怜外，也表现了杰姆对德拉的尊重。

师：由此看来，真挚的爱情必须建立在一种相互尊重、相互理解、相互爱怜的基础上，只有这样才不会轻易被生活中的一点小小变故所击垮。

◆ 片段三

师：当二人交换礼物时，各自有什么反应？请找出文中描写的句子。

生：德拉先是“狂喜地叫喊”，紧接着又变成“女性神经质的眼泪和号哭”，并且“把它紧紧地抱在怀中，隔了很久，她才能抬起迷蒙的泪眼”。

师：她为什么而狂喜？她的眼泪又意味着什么？

生1：在圣诞节她得到了自己向往已久的发梳，并且是最心爱的人送的，因此而狂喜。

生2：她的泪是幸福的泪水。

生3：她的泪是激动的泪水。

生4：她的泪中也有些遗憾。

生5：她的泪中更多的是一种陶醉。

…………

师：作为女性，德拉的感情是细腻的，她的反应是丰富的，那么杰姆有什么反应呢？找出文中描写的句子。

生：“杰姆并没有照她的话去做，却倒在小榻上，头枕着双手，微笑着。”

师：杰姆的微笑在这时又意味着什么呢？

生1：他的笑是一种内心喜悦的流露。

生2：他的笑是对德拉所给予他的爱情的欣赏。

生3：他的笑中也有一种激动的成分。

生4：他的笑中也包含着对真爱的陶醉。

…………

师：这样一读，我们可以发现，尽管他们在接受对方礼物时的反应不同，但其实他们的心却是相通的，我心中有你，你心中有我，彼此在心底深爱着对方。学习到这儿，我想问大家两个问题：从德拉和杰姆的爱情故事中，你得到了哪些启发？你认为什么才是真正的爱情？

生1：爱情是一种奉献。

生2：爱情是一种理解。

生3：爱情是一种宽容。

生4：爱情是一枚小小的凝聚着真情的发梳。

生5：爱情是一条窄窄的寄托着真爱的表链。

…………

尽管孩子们对爱情的理解是单纯的，抑或是片面的，但孩子们的理解却又是真挚的，也许这短短的一节课并不能给他们留下太多的知识，可我相信只有通过这样的对话，真情与真爱的种子才会健康地萌芽，生发！

（原载《教育时报》2005年1月19日）

（四）老师，今天我读会了三篇文章

“老师，今天我读会了三篇文章！”当一向不大爱学习的荆伟杰同学兴奋地告诉我这句话时，我从孩子溢满喜悦的笑脸上读出了一个结论：孩子们需要这样的课！

随着新课改的深入，我越来越深刻地体会到要想使语文教学从枯燥、低效的劣势中走出来，必须彻底打破“教材本本主义”，必须彻底改革“一课书，两天学，有时还需往后挪”的教学现状。于是，在实践中，尽管我校所使用的仍然是“老教材”，但本着“老教材”也可教出“新课程”的理念，我和我的学生们进行了一项大胆的尝试——确立新课程理念，让教材成为课堂教学的“话题”和“由头”，从单一的“分析·训练”走向多元的“阅读·感悟”，收到了一些意想不到的好效果。

在引导学生学习《荔枝蜜》时，我完全放弃了常规导读的教学形式，而是围绕“以感情变化为线索组织材料”这一重点，设计了一组“看谁读会的文章多”的教学活动：

第一步：读《荔枝蜜》，理感情线，把能表现作者感情变化的关键性语句找出来。

活动刺激物：顺利完成任务者，将会得到老师奖励的五篇优美文章。

第二步：从老师奖给的五篇文章中任选2～3篇，自由阅读，要求厘清文章的感情线索，把能表现作者或文中人物感情变化的词句找出来。

活动刺激物：鼓励多读，读的文章多并能厘清线索者，授予“读文能手”称号。

这样一来，讲堂变成了学堂，教材变成了一个引发学生自由阅读的生发点。

“老师，今天我读了四篇文章，给我印象最深的是克伦·沃森的《生命，生命！》，《荔枝蜜》赞美的是蜜蜂的勤劳和奉献精神，而《生命，生命！》赞美的则是蜜蜂生命的顽强！这篇文章的感情线索是……”

“老师，今天我读了三篇文章，最喜欢的是冰心老人的《荷叶母亲》，那在雨中毫不动摇的红莲，不仅深深感动了作者，也震撼了我……”

“老师，这几篇文章我都读完了，三毛的《永恒的母亲》却一直在我心中激荡，我曾经像作者那样怨怪过自己的母亲，也曾觉得自己的母亲是一个太过平凡的人……”

在这节课上，没有我的“精讲”，也没有我的“点拨”，有的只是孩子们的阅读、勾画词句、分析汇报——在这里，孩子成了学习的主人，读什么文章由他们选择，能读几篇由自己确定。最使我意外的是，王崎嶂同学竟把自己的一篇习作《那一瞬，心中的汗汩汩地流》拿到了课堂上：“老师，我认为我的这篇文章也有一条变化的感情线索……”

试想：一节课上学生能成功地读上三五篇文章，较之那种“一课书几节上”的现象，哪一种收获更多？当孩子自己的文章也成了课堂上学习的“教材”时，孩子们的阅读兴趣又会如何？

从孩子们灿烂的笑脸上，我知道他们需要什么！

（原载《教育时报》2004年5月18日）

（五）寻找丑小鸭的生命能量

安徒生的童话名篇《丑小鸭》，影响了无数个成长中的少年。如今被人民教育出版社《语文》七年级下册选录在以“成长”为话题的第一单元，足见编者对其青睐有加。如何开发这篇文章的人文价值，使其最大限度地给学生带来生命的感悟及人生的启迪？结合课后练习3的问题（讨论：丑小鸭形象的现实意义），我在课堂上实施了这样一个活动环节——

请学生根据课文的内容，用自己喜爱的方式，画出丑小鸭命运变化的轨迹图，要求：（1）在每一次命运转折处，标出从文中找到的关键性词语；（2）在图下方配上“丑小鸭命运轨迹”解说词；（3）最后用一句富有哲理性的话概括自己的人生感悟。

活动的指令一发出，所有的学生很快沉浸在一种自我阅读、自我探究、自我创造的境界里。

我徜徉在孩子们中间，看看这个的轨迹图，瞧瞧那个的解说词，品品这个的感悟语……一种极其美妙的感觉油然而生——在课堂上，我幸福着孩子们的幸福！

创造是幸福的，孩子们的幸福总写在脸上，瞧——

谢思琪画的是一组曲曲折折的折线图，最低点，一只丑小鸭显得孤苦可怜；末尾处，折线陡然升高；上面，一只白天鹅振翅高飞。

王闻慧画的呢？左一只丑小鸭，右一只白天鹅，它们的背上扛起了一个由几条曲线段组成的圆，中间的每一个连接点处都有一只丑小鸭，且一只只呈顺时针由小到大……

武庆云画的轨迹图，整体轮廓是一个倒放的心形，上部80%的地方用铅笔涂上了淡淡的铅影，唯有心尖处露着一方光明。

创造是幸福的，孩子们的幸福洋溢在口中，听——

“道路曲折，命运坎坷，但无论遇到怎样的磨难，丑小鸭始终前行在奔向光明的道路上……”

“每一条曲线段，就是一段生命的历程，尽管充满荆棘，但顽强的丑小鸭一步一步，用自己蹒跚的脚步走出了一条圆满的成长之路，最终它蜕变成了美丽的白天鹅……”

听武庆云谈她创作轨迹图时的想法，我与所有的同学不由得为她喝彩。“倒放的心形，淡淡的铅影，映射出丑小鸭心灵的负重，命运的惨淡；心尖处的这一方光明，告诉我们，只要有了这颗忍辱负重的心，只要有了这颗坚忍不拔的心，只要有了这颗正视磨难的心，只要有了这颗追求光明的心，丑小鸭就一定能变成美丽的白天鹅！”

给孩子们一个展现自我的平台，你就会发现他们有多优秀。

孔楠在大家的耐心鼓励下，终于第一次走上了讲台，结果她的精彩展示让大家刮目相看。

她设计的命运轨迹图别出心裁。左边用刻度尺标注着不同的“心情指数”，右边依次是八根高低不同的“命运轨迹柱”，前七根柱上分别卧着一只可怜的丑小鸭，最后一根柱的左上角，一只白天鹅正展翅向柱顶飞翔……

她的解说词言简意赅，文采斐然。“初临世界，丑小鸭满心欢喜；因为丑陋，被家人唾骂、遗弃，心灰意冷，外出流浪；四处遭白眼，连猎狗也不屑一顾；找得一栖身之所，却被猫和母鸡戏弄；经历寒冬，丑小鸭死里逃生；蜕变成天鹅，丑小鸭幸福一生。”

同学们把最热烈的掌声送给了孔楠，我也用最诚挚的评价向她祝福：“今天，孔楠同学在登上讲台的过程中，内心经历了一番丑小鸭般的磨难与斗争，但她没有放弃，最终用近乎完美的展示完成了自己精神的蜕变，可以说，现在的她，已经成为我们课堂上一只美丽的白天鹅！她将和我们大家一起，在今后的学习生活中，向着更高更远的知识晴空展翅翱翔……”

接下来，一句句饱含着生命哲理的感悟语从孩子们的口中说出，哲理的芳香充溢在教室中。

“磨难是人生旅途中最可宝贵的财富，多一次磨难，就多了一份走向成功的资本。”

“命运中的坎坷，决定不了命运的最终结果。”

“要正视前进道路上的挫折，只要我们心中有阳光，就一定能迎来辉煌。”

…………

我陶醉在孩子们稚嫩而又充满灵性的话语中。

活动——课堂教学的智慧之花！通过活动，为学生打造一个学习、生活的平台，引导他们在这个平台上自觉地去探究，去感悟，去品味，去体验，去实践，去创造，去交流，去协作，去分享，去收获，去成功，应当成为新课程环境下我们进行课堂教学的最智慧的选择。

在这节课上，我通过一个简单的活动——画轨迹图，写解说词，悟人生理，不仅实现了语文课堂教学人文性与工具性的和谐统一，更有效地激活了学生的生命状态，提高了师生的课堂生活质量。

学生要画出丑小鸭的命运轨迹图，写出恰当的解说词，就必须认真阅读课文，具体感知文本，就必须条清缕晰，从纷杂的语言文字的表述中，抓住关键性的词语来琢磨、咀嚼，从而寻求到丑小鸭不同生活阶段的遭遇及心理体验。可以这样说，学生画丑小鸭命运轨迹图与写解说词的过程，其实也就是他们自我探究知识、自我创造学习成果的过程，更是学生返视生活、品味人生、感悟生命的过程。这一阶段的活动中，学生经历了根据文本创作画图，再由画图创作解说词的双向思维过程，也正是因为有了这样一个坚实的学习过程，学生才能从丑小鸭的生命历程中收获诸多精彩的人生感悟。接下来的互动交流，无疑又是孩子们分享成果、体验成功、感受幸福的课堂生活过程。

在这里，活动成了运载知识与能力、方法与过程、情感态度和价值观的有效载体，它不仅使新课程环境下的三维目标找到了质的归宿，实现了有机的融合，更彻底改变了学生的学习方式，为学生带来了多元化、立体式的收获，同时也使整个课堂学习过程时时焕发着生命的光彩，处处张扬着灵动的个性。

精彩、高效、充满生命灵性的课堂，从围绕文本特点，设计出充满魔力与学科张力的教学活动开始!

（原载《教育时报·课改导刊》2010年3月17日）

（六）亦曲亦画读《早晨》

根据文章的个性特点，引导学生进行创造性的阅读，往往可以使我们的课堂变得生机盎然，活力四射。下面是我引导学生在学习高尔基的《早晨》时的几个片段。

师：（在引导学生朗读、默读过课文之后，我开始了这一环节的教学）有人说，高尔基的《早晨》是一首——（说到这儿，我语音一顿，转身在黑板上写下了一行字：《早晨》是一首__________的曲子！）假如老师现在请你结合自己阅读文章后的感受，在横线上填上一个修饰语的话，你会填什么词语？（霎时，教室里小手如林）

生：《早晨》是一首活泼、欢快的曲子!

师：噢，你是从文中哪些地方看出来的?

生：整篇文章中处处都洋溢着欢笑，慈祥的太阳在发笑，带着露珠的花儿们在骄傲地笑，蜜蜂和黄蜂在唱歌，知更鸟在唱着恬静而欢悦的歌，燕子欢悦而又幸福地发出清脆的叫声……这些都让我们感觉到早晨的活泼和欢快。

师：太好了，他很善于在阅读过程中去发现、去归类。

生：《早晨》是一首高亢、激昂的曲子！因为在第52页有这样一段话："你要善于热爱太阳，热爱这个一切欢乐和力量的源泉，而且要像太阳一样对所有人都同样慈祥，做一个快活而善良的人。"我觉得这句话是全文的精粹所在，这是早晨在告诉我们应该怎样去做人，所以它应该是高亢、激昂的。

师：这句话是全文的精粹所在！大家觉得呢？（众生一致赞同）吴振同学这个总结太有价值了，他不光感受到了文章的美，更重要的是他从中领悟到了怎样做人的道理！我建议，大家把这一段话背下来如何？（于是，课堂上又荡漾出一片朗读的乐声来）

这个活动的设计，用一根小小的横线，放飞了学生的思维之旗。在师生的对话交流中，孩子们尽情地享受着朗读的成功，品味着默读的蜜果。

师：也有人说，高尔基的《早晨》是一幅——（同样的处理，我又在黑板上写下了一行字：《早晨》是一幅________的画！）凭自己阅读的感受在横线上填一个恰当的词语！想到的，请来写到黑板上。（这一下热闹了，你方上罢我登台，足足写了二十余个）

美丽、充满生机、充满活力、生机盎然、五彩缤纷、绚丽多彩、如诗如歌、饱含诗情画意、振奋人心……当这些词语一个个被写在黑板上的时候，我被眼前孩子们的思维灵光倾倒了——这就是我们的孩子，只要你给他们一片自由的灵空，他们的每一根神经就都能长出灵动的翅膀来！

师：孩子们，拿起你手中的笔，把自己心中感觉最美的那幅画勾勒出来，让书上的文字以另一种美展现在我们的面前！

千万别轻视自己的学生，他们每一位都是天生的画师！瞧，一根根稚嫩的线条组成的，都是一幅幅充满活力、富于想象的绝妙画卷！

生：我这幅画叫“海上日出”，画的是文章第六段所描绘的画面。瞧，这是“慈祥的太阳在发笑”，这是“调皮的海浪在舞蹈”……

生：我这幅画叫“早晨的精灵”，画的是第50页倒数第二段所描绘的画面。我认为，花儿、露珠、太阳是早晨的精灵，所以就把“阳光在露珠儿上闪烁，给花瓣和叶子洒满了钻石般的光辉”这句话所表现的意境给画下来了。

生：我这幅画叫“晨耕图”，画左上角是一轮刚露头的太阳，下面是一个老农在扶犁耕种……因为我觉得，一天之计在于晨，所以就选了第52页的最后一段作为我这幅画的表现内容。

看到这一幅幅精彩纷呈的画，作为老师，我们还能说什么呢？当时我在课堂上，心底涌动的只有一个词：了不起！因为我清楚，自己绝对没有孩子们那份想象力！

第三个活动，同样在昭示着孩子们无穷无尽的智慧——

师：《早晨》是一首优美的曲子，早晨是一幅多彩的画卷，也许这时候，我们心底的那颗感受的种子早已发芽滋长，现在请同学们再做一个工作，给“早晨”加上一个修饰语，表达你阅读此文后的真实感受。

如诗如画、生机勃勃、充满希望、饱含热情、幸福欢快、勤劳忙碌、甜蜜温馨、富于情趣……在孩子们的激情表述中，我用这样的结语把孩子带出了课堂——

师：高尔基笔下的《早晨》是一首优美的曲子，是一幅多彩的画卷，老师真心祝愿同学们的每一个早晨都是充满欢欣、充满幸福、充满希望的，愿同学们把握好自己的每一个早晨！

上完这一课，我的心中更加坚定了一个信念——让学生在活动中快乐地学习，自觉地去掌握知识，锻炼提高能力，获得多元化发展，将是我的课堂教学永远的追求！

（七）一个“，”让思维迸出火花

课堂上，学生思维的火花往往会在讨论中迸发得更加灿烂。教学鲁迅先生的《阿长与〈山海经〉》时，围绕一个小小的“，”，我与同学们共同完成了这样一个教学活动：

师："据说从北边带回去的马缨花,他的太太……"一句中，马缨花后边的"，"使用的是否正确？请大家围绕这一问题，可以独立探索，也可以小组讨论，比一下看谁的看法最有创造性。

一时间，课堂上活跃起来。有的托腮沉思，有的瞑目静想，有的对着课文反复推敲，有的小组交流热烈讨论……

答案出来了，但意见分歧很大。

薛慧杰、陈孟慧、杨斌……他们认为这个"，"使用正确，理由是逗号前写的是花，逗号后写的也是花，况且作者这样用，编辑及校对的人也这样认定，自有他们的道理。

张婉秋、刘源……他们认为这个"，"使用错误。张婉秋说："这个'，'前的内容写的是他喜欢花，而后边的内容写的却是他太太不喜欢花,前后并非一件事,所以不能用逗号,而应用句号。"刘源认为,前面写的是他喜欢花,后面写他太太不喜欢花,二者形成了鲜明的对比,不应用逗号,而该用分号。

古小涛等同学却折中了他们的意见。古小涛说："我认为,这个逗号说错也行,说对也行……"谁知他的话未说完,便有同学在下边喊："两面派。"搞得小涛挺不好意思。

这时,我适时地发表了自己的看法：其实,大家的发言都很有道理,陈孟慧等同学坚持文中的用法,说明他们有鲁迅的思想、编辑与校对的能力；张婉秋、刘源等同学敢于向名家质疑,向编辑挑战,这是一种敢于创新、勇于探索的精神；古小涛同学折中了他们的意见，同学们说他是"两面派"，我要说小涛这个"两面派"当得好,因为这说明他在研究问题时能从多个方面去考虑。我们知道"两面派"本来是贬义词,但它也可以贬义褒用,很明显在这里我们应该选择——

说到这儿,我有意识地拉长语音，用微笑的目光向大家一扫,聪明的孩子们便异口同声地喊出："褒义、褒义……"

小涛笑了,大家笑了,我也笑了。

在笑声中,孩子们思维的火花怒放得更加灿烂。

（八）在创造中享受音乐

学期初，听了我校陈冬平老师一节音乐课，课上得朴实无华，甚至还有点儿“土气”，然而这节课却分明地让我感受到了师生智慧的灵动、创造的热情和音乐的生活美。

师：老师让同学们在家里找一些可以发出声音的废旧物品，今天带到课堂上来，咱们要自制一些打击乐器，不知带来了没有？

生：带来了。

一时间，课堂上忙乱起来，孩子们一个个变戏法似的从抽屉里、口袋中、座位下取出了自己带来的材料，杂七杂八，什么都有，小葫芦、废铁钉、塑料瓶、石头子……

师：我看大家现在已迫不及待想一展自己的才华了，好，下面就请各自利用自带的材料，在五分钟内构思、制作出一种有自己个性的打击乐器。五分钟后，我们要从质量、音色、创造力三个方面来进行评比，看哪些同学制作的乐器最理想。

同学们都忙开了自己手里的活儿，教室里也发出了各种声响，其间还夹杂着孩子们得意的或是开心的笑声。

师：下面请大家上台展示自己制作的乐器，要求：先演奏自己的乐器，然后再介绍一下制作过程。

一个同学走上讲台，手里拿着一个长嘴儿小葫芦，只见他握着葫芦嘴像模像样地晃动起来。

“沙锤！”还没等他介绍，座下已经有孩子叫出声来。

生：我制作的乐器叫沙锤，我在这个小葫芦里装入绿豆、大米，这样一摇，嘿，还真像沙锤，于是我就带过来了。

说着，他又得意地晃了两下，然后一脸笑意地跑下台去了。

生：可别小瞧我这个烂塑料盆，拿在手里叫手鼓，口朝下放在桌上就变成了大鼓。

生：这两个废旧的铃铛，合起来就成了碰铃，听，声音多脆！

生：我用铁丝把这些小铃串起来，就做成了一副串铃。

…………

一个学生就地取材，用钢笔敲着眼镜盒走上了讲台。

“木鱼！”台下马上就有了回应。

给我印象最深的是一个穿着红夹克的男孩子，他说：“我把一个废铁片用螺丝固定在一个小手柄上，用铁钉敲，结果我发现，中间声音闷，边缘声音脆，于是我给这个乐器取了个名字叫多功能三角铁！”孩子发现奥秘后的喜悦、自豪的神情和着他的乐器声在教室里荡漾。

接下来，陈老师将学生按照所制乐器的不同分成四组，引导着他们用自己手制的乐器给歌曲伴奏，《外婆的澎湖湾》《乡间的小路》……当智慧的灵光、创造的快乐和音乐的美融为一体时，那将是一幅多么令人陶醉的画面！

最后，陈老师又亲自为大家制作了“瓷碗琴”——几只碗，一壶水，一把小木槌，几经调试，终于发出了悦耳的清音，在教师的手里变成了一把神奇的魔琴！这个创造的过程大约用了五六分钟时间，虽然显得有点漫长，表面上似乎给老师的课堂带来了几分尴尬，然而，随着孩子们“老师，加水”“老师，水太多了”的插话声，我知道，在这个过程中，孩子们不仅享受到了成功的欢乐，同时也经历了创造的艰辛！

当孩子们伴随着老师的瓷碗琴声唱起欢快的字母歌时，我也完全沉浸在那种创造性的艺术氛围中。

引导学生去生活中发现音乐、创造音乐，在音乐中去感悟生活、享受生活，让音乐与生活融为一体，从而使课堂教学绽放出一种撼动人心的和谐美，是这节课给我留下的最大感受。课堂上，陈老师通过引导学生参与自制乐器、演奏介绍、集体伴奏、和老师一起制作瓷碗琴等一系列活动，不仅有效地锻炼了学生发现音乐、感受音乐、创造音乐的实践能力，同时也激发了他们感悟生活、享受生活、创造生活的热情。整个教学过程“以人为本”，注重张扬学生个性，时刻关注学生发展，很好地体现了新课程理念。

（九）在对比中放飞思维

——《猫》教学札记

思维训练是语文训练的核心。在引导学生学习郑振铎的《猫》时，根据教材的个性特点，我设计了一组对比性阅读训练活动，将学生思维的风筝放飞在自由驰骋的天空。

活动设计如下：

1.制作档案卡片。认真阅读课文，然后从来历、外形、性情、在家中的地位四个方面，分别制作出每只猫的档案卡片。要求：要抓住文中的关键词句。

2.做好感情鉴定。认真阅读课文，并结合自己制作的卡片，给作者对每一只猫的感情做个鉴定。要求能抓住关键性词语，并注意其感情前后的变化。

3.进行档案对比分析。认真阅读课文，并结合自己制作的档案卡片及作者感情鉴定，从来历、外形、性情、在家中的地位四个方面对三只猫进行对比分析。要求：既要分析前两只猫之间的异同，更要注意第三只猫与前两只猫之间的差异。

4.写出简单的分析报告。①在报告中，要充分利用自己制作的档案卡片，可将其综合为一个简表，来概括介绍三只猫的情况。②要写清楚作者对每一只猫的感情态度，尤其是其中的变化，要善于引用文中的关键词句来分析。③做好前两只猫之间及其与第三只猫之间的对比性分析。④要写出经过阅读文章及对比分析每只猫之后所得到的生活或人生等方面的启迪。

课堂上，围绕这一组活动，老师似乎退出了课堂的舞台，只看见学生都在忙碌着自己该做的事情：阅读文章—设计卡片—制作表格—填写档案—比对分析—撰写报告，一切都是那么自然流畅，一切都是那样积极有序。在活动中，学生的主体作用充分发挥了出来，他们的思维获得了肆意飞扬的机会。

在此，选录几段学生分析报告中的话，作为对他们课堂上思维灵性的纪念（每次的课后随记，我都要在班里给学生读，谁的课堂答语出现在我的文章中，就会被同学们视为一种荣耀，我则将其变为了一种激励手段）：

作者对前两只猫都十分喜爱，单从这两句话中就可以看出：①“我心里也感着一缕的酸辛，可怜这两月来相伴的小侣！”②“大家都不高兴，好像亡失了一个亲爱的同伴……”作者在这里把猫当作了自己“相伴的小侣”和“亲爱的同伴”，其感情自然就不言而喻了。——侯珍

从对三只猫不同的外形描写上，就可以看出作者对它们的感情态度：第一只猫，“花白的毛，很活泼，如带着泥土的白雪球似的”。第二只猫，“黄色的小猫”，“比第一只更有趣、更活泼”。喜欢之情，在描写中自然就流露出来了。而第三只猫呢，则是“毛色花白，但并不好看，又很瘦”，“大家都不喜欢它”。我认为，作者其实是在以貌取猫，这种做法和社会上那些以貌取人的人有何两样？——李源

猫的来历不同，作者及其家人对它的态度就不同，这种做法合适吗？我看这是一种世俗的趋炎附势的思想在作怪！——王杰

课堂上，如果能让学生主动地参与到一项有意义的活动当中去，我们就会发现——每一个孩子都有无穷的潜力！

（十）漫步在两个《故乡》之间

鲁迅先生的《故乡》尽管是一篇经典之作，但它毕竟与学生现在的生活相去甚远，怎样引导学生读出新意、学得精彩，是我课前一直思索的一个问题。

这是一篇小说，根据文体的特点，老师只要引导学生循着“知背景—看环境—理情节—析人物—挖主题”的常规思路一步一步走下去，就可以使他们对这篇文章有个完整的了解。但是我清楚，对于一篇文章的阅读，如果不能有效激起学生的情感涌动，不能唤起他对自己所生活的这个社会的良性思考，那么其真正能够渗入到骨子里去的收获就一定会微乎其微。因此，在备课时我不断地更换着自己的设计思路，努力试图找出一个既能激发学生兴趣又能巧妙连接两个时代生活的导入角度。

这篇小说的故事情节并不复杂，似乎没有多少文章可作，因为引导得法，学生在

阅读的基础上一分钟之内就能厘清其思路：回忆中的故乡—现实中的故乡—理想中的故乡。文中的人物刻画相当精彩，但对于初涉小说的学生来说，即便在读文章之后能够对其有些感性的认识，但很难能从社会根源的角度自觉地去挖掘其形象意义。倒是文章开头精而少的环境描写为我打开了灵感之门，因为一方面学生对环境描写的衬托作用早已具有知识基础，另一方面这段描写不正是当时社会的一种形象化的缩影吗？而且其中饱含着作者的感情，极易唤起学生的情感呼应！还有值得一提的是正好星期天学生都要回家去，下周一才学这一课。

于是，我给学生做了这样的安排——请大家这次回家乡时，坐在车上注意品品自己的心情，到家乡后注意看看家乡的景物，然后利用星期天时间，结合自己在故乡的见闻，以“故乡”为题写一篇小作文。

星期一早上一到校，我就把学生的作文收了上来，简单浏览后，我被孩子们的文字倾倒了。王阳、李光、吴丹、刘佳怡……他们的文章一个比一个美。尤其是杨亚松，这个平时名不见经传的小家伙竟然写出了这样优美的文字。在陶醉中，我决定选用杨亚松的两段文字来导入《故乡》的教学。请看下面这个导入教学的片段：

师：看了同学们的作文，老师心中的那个美哟，无法用言语叙说。下面请听杨亚松同学的两段文字，也许你就能体会到我此刻的心情。

杨亚松：（自豪而有感情地朗读）当你步入我村，首先你就可以看到一望无际的荷花塘。夏天荷花开得正盛的时候，那香味随微风飘散，笼罩着整个村庄，村子里的人，便像进入了仙境一般，每个毛孔都往外溢着清爽和舒坦。荷花塘内水深有2～3米，底沉着1～2丈的淤泥，再加上有一条小河连着荷花塘和黄河水，所以荷花塘内长年有水，其内生活的鱼、虾、鳖、蚌也都疯了似的长。闲来无事，端着一条小凳子，拿上一根渔竿，来此地，一面欣赏红、白、绿三色相间的荷花群，一面钓出又肥又大的鱼儿，那真是“此乐何极”呀！我们村里的水稻也都仿佛沾了荷花的仙气，眼见得吃下的是米，可闻在鼻子里的却满是荷花的香气。那感觉就像塞了一大嘴莲子似的，又甜又清爽，别提有多美啦！

师：可以看出，大家已经被杨亚松同学笔下特有的中原水乡的美景陶醉了。的确，面对这样的人间仙境，我们自然会心驰神往，油然而生出无尽的喜悦。其实，在许多同学的笔下都有一个“景美如画”的故乡，在许多同学的字里行间都洋溢着对故乡美的讴歌。但是，今天我们要学习的文章中的故乡，在鲁迅先生的笔下又是一种怎样的景况呢？请大家打开书，迅速找到文中描写“我”初到故乡时所见自然环境的文段。

生：（齐读）时候既然是深冬；渐近故乡时，天气又阴晦了，冷风吹进船舱中，呜呜地响，从缝隙向外一望，苍黄的天底下，远近横着几个萧索的荒村，没有一些活气。我的心禁不住悲凉起来了。

师：请大家用笔画下其中最能突出景物特征的词语。

生：阴晦，冷，苍黄，萧索，荒……

师：面对此情此景，文中的“我”的感觉如何？心情如何？

生：感觉是“没有一些活气”，心情是“禁不住悲凉起来”。

师：同学们，在我们的笔下，故乡是一派如画美景，带给我们的是无尽的欢欣和喜悦；可在鲁迅先生的笔下，故乡却是“没有一些活气”，让人“禁不住悲凉起来”。不光如此，在我们的笔下，故乡的人、事、景、物皆带喜气，可在鲁迅先生的笔下却完全又是另一番景象。下面请大家认真阅读文章，看能不能从中找出具体有哪些差别以及造成这种差别的社会根源来。

就这样，我引导学生漫步在两个故乡之间，时而深入文中，时而回归现实，时而谈论鲁迅的作品，时而关注学生的文章，在轻松自然中，学生学得有滋有味。

课后，我在反思中写道：对于那些远离学生生活的文章，我们只有善于找到一个契合点，将其与学生的现实生活联结起来，巧妙地引发他们的时代共鸣，才有可能使文章印到学生的心里去，才会对他们的发展和成长带来最大的益处。

（原载《教育时报》2006年1月18日）

二、教育案例

（一）母亲被孩子推倒之后

特级教师窦桂梅曾说过一句话：“为学生的生命奠基，是每个语文教师责无旁贷的事。”这句话本来是针对语文教学而言的，笔者以为，借之来形容班主任在未成年人思想道德建设中的职责和作用，同样形象而准确。

几年前，曾遇到过这样一件事，对我触动极深。

那天下午放学后，我正在办公室和几个同事闲聊，忽听门外传来又吵又骂的声音，便连忙出来看是怎么回事。教室门前的走廊上已经围了一大群人，从中分明地传出一个成年妇女的哭骂声。

学生见我来了，都自觉地闪出一条道来。原来是王小亮的母亲！她正死死地拽着王小亮的一只胳膊使劲往后拖，王小亮连甩带搡地和她对抗。

“老师来了！老师来了！”随着孩子们的喊声，这对母子都松开了手。王小亮悻悻地站在那儿，他的母亲一把鼻涕一把泪地向我诉苦：“范老师，你看看这孩儿！你看看这孩儿！”我疏散了学生，把他们母子俩带进了办公室。

“范老师，你看看这孩儿，我就站在窗前向教室里瞅了瞅，想看看他到底在干啥，他就跑出来一下子把我推倒在地……”王小亮的母亲依然一把鼻涕一把泪。

“你就瞅了瞅？你到这儿瞅多少回了？俺班的同学都认识你了！你一站到窗前，俺班的同学就都笑话我说‘王小亮，你妈又来了’，真是丢死人了！”王小亮是一肚子委屈，满脸的愤怒。

事情的缘由就这样简单，是非曲直也很好评判，但其中隐含着的问题却让我感觉到解决起来颇有些棘手——不管是什么原因，一个孩子当众把自己的母亲推倒在地，这意味着什么？一个母亲，为了关心自己的孩子，结果却被儿子推倒在地上，这又意味着什么？作为班主任，我该如何在这对母子之间架起沟通的桥梁？

“西方有句格言：孩子一时的过失，连上帝都会原谅的。小亮平时在学校里其实很听话，今天做出了这样令人不愉快的事，他心里肯定也很不好受，我想他自己一定也不想这样做，只是一时的冲动而已……”我的话还没说完，原本悻悻的王小亮竟十分委屈地哭了起来。我用手抚着他的头，继续对他的母亲说：“其实，孩子也有他的自尊，我们做老师、做父母的应给予他充分的尊重和信任。孩子这么大了，已经有了自己的思想和主见，在学校里到底该怎么办，他会做出正确的选择，我们应给孩子留下属于他自己的空间，只有这样才更适宜他健康发展。如果我们每天都像防贼一样看着他，结果往往会适得其反……”小亮的母亲早已止住了哭声，静静地听着我的话，仿佛是一个遵守纪律的学童。但作为教师，我知道，更重要的是在她的身边还有一个推倒了自己母亲的王小亮。这时的小亮已完全恢复了平静，从他的表情上可以看出，他已经认识到了自己今天的错误。我把目光转向了他：“小亮，今天的事你现在怎么看？”“妈，是我不好，我不该推你。”母亲流着泪把儿子揽在了怀里。

当看着这对母子牵着手往回走的时候，我为又一颗鲜活的心灵没有因生活中的这次不愉快所蒙尘而稍感欣慰。同时，这件事也使我更深切地感受到，作为一个班主任，应该时刻注意为孩子们的健康成长营造绿色空间，构筑阳光通道，努力为他们的生命奠基，为他们全面、和谐、健康地发展助力！

（原载《河南日报》2004年7月21日）

（二）三枚铁钉的故事

上早读时，王杰对我说：“老师，不知谁在我的课桌上钉了三枚铁钉。”声音虽不高，但一脸愤激之情。“钉过后，还用桌布蒙上，刚才挂了我手一下。”说着，他撩开桌布，只见挨着桌边，并排钉着三枚寸钉，均有五六分露在外面。

显然，这是有人故意在搞恶作剧。看大家都在认真背书，王杰的手也没受伤，我就悄声对王杰说：“请先别声张，课后暗地里调查一下，看能不能发现点线索。这种事吵得越响越不好查出结果。”王杰接受了我的建议，很快情绪稳定下来投入了学习。但我知道，这事必须得查个水落石出，因为这样的恶作剧性质确实太恶劣了。

我在原浩面前停了下来。这个学生很有正义感，关心班集体，好表现，且在男生群中较为活跃，这事也许他会了解一些。于是，我弯下腰，悄声对他说：“原浩，不知是谁在王杰的课桌上钉了三枚铁钉，请你帮老师暗地里查一下行吗？”原浩毫不犹豫地接受了任务。

中午第二节大课间，原浩和王杰先后向我报告了调查结果——是古小涛所为！这很有点出乎我的意料。在我的印象中，古小涛应该是个很热心的人，他怎么会做出这种损人的事呢？

古小涛一脸尴尬地站在我面前，错误已经写在脸上，不用问，一定是他了。

“为什么要这样？”我还是想弄清楚这个一向老实的孩子为什么会做出这样的事。

“昨天晚上放学后，我没有走，在班里把几个坏桌凳修了修，最后剩下三枚钉没处用，就钉到王杰桌上了……”说这话时，小涛显出很遗憾的样子。

原来如此！这该如何处理呢？一面是自觉帮助同学修理桌凳，且不愿留名，本该受到表扬；一面是童心使然的恶作剧。我盯着小涛不安的双眼看了一会儿，心里做了最后的决定。

“小涛，你说这事该咋办？”

“我把钉给他起出来。”

“不行，钉起出来后，桌上不是要留下窟窿吗？那多难看。这样吧，你去和王杰商量一下，干脆把钉子钉进去，看行不行。”

后来我到班里上课的时候，特意到王杰跟前看了看，桌边上整整齐齐地留下了三朵小梅花。

这件事就这样过去了，在班里似乎从来就没有发生过。但在我心里却留下了深深的一笔：有些看似复杂的班务事，如果适当地引导学生自己去解决，往往会变得很简单，且能收到满意的效果。

（原载《中国教师报》2004年5月12日）

（三）学生送我一本书

这是学生临毕业前的最后一个夜自习。进班后，我习惯性地顺着教室左边的过道先走到孩子们中间去。蓦然间，我觉得孩子们的神情都怪怪的，于是我一下子变得茫然起来。不知是谁低喊了一声："老师，你向后看！"随着孩子们的目光，我发现——在堂桌的正中央摆放着一件精美的物什：湖蓝色的包装纸，浅粉色的丝带，一个很漂亮的花结……一种酸酸的幸福感开始弥漫在我的心头——这应该是孩子们送给我的告别礼物了！

凭直觉，这里面包着的应该是一个笔记本，或是一本留言册。

"老师，你打开看看。"又不知是谁低喊了一声。

打开看看吧，会是什么呢？我的手有些颤抖，连揭了几下都没有揭开黏着的封口。"老师，撕开吧。"孩子们显然在替我着急了。但他们怎会知道，这时的我实在是不愿意破坏那近乎完美的包装呢！

包装纸打开了，里面的东西赫然跳跃在我的面前——《九三年》！雨果的最后一部小说！

学生送给我一本书！刹那间，心底那种酸酸的感觉烟消云散了，澎湃起来的是一种汹涌的暖暖的幸福！

——我的孩子们长大了！从今以后，他们可以让我放心了！即便是空中仍有风雨，但有了书的相伴，他们翱翔蓝天的羽翼一定可以尽情地舒展！

两年了，自己追求的不就是这个目标吗？让孩子爱书，让自己的学生爱读书！

想想初逢时，一群小不点，每天关注的只是作业，一个个被代数式、方程组、几何图形、abc折磨得几乎成了机器人。那时，在他们的概念中，书就是课本，读书就是背课文、做习题。至于课外书，那却是人人心向往之却又时时担惊受怕的另一个概念，尤其是课堂上看“课外书”，更几乎是一种大逆不道的一定会受到老师惩罚的行为。还记得我在班上发布读书协约时孩子们的那个高兴劲！我说：“学习，尤其是学习语文，就是读书，读好书，多读好书。今后在我们的语文课堂上，只要你完成了老师布置的学习任务，随时都可以拿出自带的课外书阅读。”在那堂课上，我向孩子们推荐了《读者》《意林》《小小说选刊》《百花园》《中国校园文学》《小溪流》《少年文艺》等十多种优秀杂志……从那以后，课外书在我的语文课堂上彻底解禁，也正是从那时起，我发现——老师，只要你给了孩子们自由阅读的时间和空间，他们的阅读就会自觉地走上健康发展的绿色通道！

书读多了，视野开阔了，思维活跃了，胆子也就大了！孩子们开始把写好的稿子偷偷地拿给我看，让我帮忙投稿。陈梦慧在《教育时报》发表文章了，吴丹在《河南日报》发表文章了……十多个同学先后在班里、在学校制造了“新闻”。瞧吧，孩子们自由阅读、自觉写作的劲头更足了。

如今，手捧着孩子们送给我的这本书，我的笑从心底荡漾开来。面对着全班同学，我深深地鞠了一躬，说：“《九三年》，我还真没看过，以后，我一定会和同学们一样，努力读更多的书！”

孩子们把掌声送给了我，可傻傻的孩子们哟，你们可知道在那掌声里掩藏着一个大大的谎——《九三年》，老师早已读过！

（原载《教育时报》2005年8月6日）

（四）向小鸭鞠躬

那天，我在办公室里备课，屋门忽然被打开。教生物的古老师怒气冲冲地将两个学生推在我的面前，并扔下一句话：“上课时一人拿一只小鸭，闹得叽叽乱叫！”便愤愤地走了。

我正准备询问详情，没想到一下子又被赶进来十几个学生，手里拿的小鸭竟达23

只之多。这不成养鸭场了，也难怪古老师震怒！

我让他们把带来的小鸭放在一个纸箱里，然后就开始琢磨该怎样处理这件事。也许是他们输了理，也许是慑于我这个班主任的声威，他们一个个耷拉着脑袋，神情沮丧，默不作声。

大约过了五六分钟，一个叫王佳男的学生忽然哭了起来。对于他的哭我感到很不解，这可是一个有名的厚脸皮呀！何况看那表情确实又很伤心呢。于是我就问他为什么哭，谁知不问还好，一问倒使我心灵一颤。

“老师，你看那小鸭死啦。”

可不是嘛，刚才还活蹦乱跳的小鸭，如今都在瑟瑟发抖，其中一只的两腿正在一蹬一蹬，脖子一伸一伸，小嘴一张一翕，眼看就要被冬日的严寒夺去生命。

我不禁感到诧异：在这样冷的天气里，刚拿来时的小鸭为什么能够活蹦乱跳呢？于是便问王佳男：“你说该怎么办？”他一声没吭，弯腰捡起那只垂死的小鸭，迅速地揣进自己的怀里，其他的学生也相继揣起一只只小鸭，然后站起来，定定地看着我。

我审视着一个个稚嫩的面孔，从他们的眼睛里，我读出了后悔，读出了自责，读出了点点欣慰，读出了丝丝疑惧。下一步该怎样做呢？不容多想，我知道他们都在无奈中等待我的判决，在疑惧中考验我的心灵。

“留下王佳男同学看护小鸭，其他同学回班上课。”

学生慢吞吞地退出办公室。但凭我的直觉，事情并没有结束，其间一定还隐藏着什么故事。

放学后，我来到教室，当众宣布：“小鸭也是有生命的东西，它们是无辜的，请大家带回去好好饲养，但以后绝不能再带到课堂上来！”

说这些话时，我心里有点飘飘然，觉得这样的决定必能博来热烈的掌声。然而出人意料的是，全班89个学生竟无一人鼓掌，反而哄哄乱嚷起来，有几个女生竟还哭出了声。

听清楚了，同学们在说：“是呀，小鸭也有生命，可生物老师竟一连摔死了三只，亏他还是生物老师呢！”

我哑然了，心里不由得打了一个问号，怎么办？一方是同事，一方是学生，一面是纯洁的心灵，一面是错误的举动……慢慢地我拿起一支粉笔，扭身在黑板上写下了四个大字——善待生命，然后庄重地向同学们鞠了一躬……

这件事已经过去六年多了，但在日常工作中，它仍时时浮现在我的心头，提醒我去善待每一个学生。

（原载《知心姐姐》2004年第1期）

（五）心花从这里开始灿烂

2004年12月8日，中午，语文课结束后，我向学生说："同学们，马上就要到元旦节了，在今年的元旦联欢会上，老师想送给你们一份特殊的礼物，不知大家愿意不愿意接受？"

"什么礼物呀？请老师先说一说！"孩子们兴致很热烈。

我用温和的目光扫视了一下全班，心情不由得也激动起来："我想在元旦前和班里的每一位同学通一封信，如果你在生活中、学习上或是其他方面有什么困惑、想法、烦恼、忧愁和要求，不妨在你的来信中如实地写出来，也许在我们的心灵沟通活动中，老师可以给你带来一些帮助、一份满意、一点欣喜。"

听我这样一说，大多数同学反倒安静了下来。从他们的表情上可以看出，孩子们心里有顾忌。有几个同学倒是很干脆："那我们写的信你可不许让其他人看！"这个要求马上得到了班内同学的一致响应。我笑了："你们该不会怀疑老师连这点常识也没有吧？"

说实在的，平时我与学生们相处比较融洽，师生之间几乎没有什么心理隔阂，他们喜欢上我的课，愿意听我的话，在这一点上，班里的其他几位老师都很难和我相比。但我为什么要搞这次活动呢？其实绝非头脑一热之举。因为随着九年级课程的进度加快，我发现班内相当一部分同学每天表现得心事重重，即使一些"好"学生也终日愁眉不展，还有极个别的竟然干脆想放弃学业，得过且过了。虽说我不是班主任，但出于职业的敏感和本能，我知道面对这种情况，自己绝不能置身于事外。

当天，我就收到了学生的7封来信。第二天，收到来信26封……读着孩子们的一封封来信，我的心情凝重了起来，这哪是信呀，这是一颗颗斑驳的心在纸上游走！没想到，每天生活在自己眼皮底下的孩子们，笑脸下竟隐藏着这许多心事！这哪是信呀，分明是一双双渴望走出困境的眼睛！没想到，每天和自己同走一扇门同处一方屋的孩子们，天天竟在这样的心牢中苦苦煎熬！

12月9日夜，我开始坐下来写第一封回信，是写给小水梦（化名）的。她是我最得意的弟子之一，半年多来在省报上连发了三篇文章。但当我看到她信中的这段话时，完全惊呆了——“每天生不如死，有好几次都不想上了”，“不知怎么想的，竟想到了人活在这世上究竟干吗？……突然才发现，我就如行尸走肉一般，没有梦想，没有理想，没有追求，没有目标！”——我先是为自己平日的粗心而悔恨，继而又为当前的畸形教育而义愤，但面对学生我又能说些什么呢？于是，在给她的回信中我写下了当时自己的心声：作为你的老师，我现在没有能力去中止别人对你的伤害，但我可以向你保证，老师永远是你的贴心人和支持者！假如你要做雄鹰，我愿做送你上高空的轻风；假如你要做卫星，我愿做送你一程的火箭；哪怕你最终只做了一株小草，我也愿做一滴滋润你的露珠……水梦，别人瞧不起自己的时候，只有一种选择，我要抬头挺胸，活出个样子来！只有这样，日月才会为你刮目，山河也会为你唱歌！如果你选择了伤悲，那不是你的个性；如果你选择了消极，那不是你的本色；如果你选择了逃避，那是你的懦弱；如果你选择了放弃，那是你的毁灭！真正的强者，是心底有阳光的人；真正的强者，是胸中有抱负的人；真正的强者，是眼里有热情的人；真正的强者，是脚底有雷声的人……而你应该是这样的人！

这段话我不知当时是怎样写下来的，只知道从那以后的十多天中，我始终处于一种亢奋状态，一天5000字，只听键盘响，话从心底流。在那些天里，我几乎放弃了教学工作以外的一切杂事，就连自己在《新风教育》主持的专栏策划评稿工作也一度停滞下来，我把自己的全部精力交给了学生。12月24日（农历十一月十三日），平安夜，也是我的生日，我依然坐在办公室的电脑前。

尽管我付出了很多，但到后来，我每敲出一封信，心底就会升腾起一种幸福的感觉，而且愈来愈强！因为我觉得，自己是在认认真真地做着为生命奠基的事业！

12月27日，我拿出一部分稿费，替班里的每一位同学向班委捐献了一元钱，作为元旦联欢会的准备费用。

12月30日下午，我的来信成了班级联欢会的压轴节目。

元旦后，很多孩子的笑脸又重新灿烂起来。尤其值得一提的有两件事：一是几个学生竟在班里背着我悄悄地搞出了一个“和云翥”文学社，我发现时，稿件都已征选出来。我问到负责的小茜时，她笑着说：“我们也想给你一份惊喜！”二是这半个多月来，我感觉我上课时不用再想方设法去“激趣导入”了，随便一点，孩子们的学习劲头就上去了。

在这篇小文章结尾的时候，我心中默祝：让我的学生永远心花灿烂！

（原载《中国教师报》2005年1月25日）

（六）决赛比预赛更加精彩

为庆祝教师节，学校德育处决定在全校范围内举行一次诗文朗诵赛。从发出通知到进行比赛，只有5天准备时间。这下我可犯难了。孩子们一入校门便开始军训，连一节语文课还未上过，在我这个语文老师看来，清一色的迷彩服里裹着的，除能分清男女生外，似乎还都是一张脸呢！到底该让谁参赛好呢？由于时间紧，只好让班主任郑老师推荐两名学生。

稿子很快就写出来了，可让两个孩子一试稿，我却犯愁了。王力同学读得声情并茂、抑扬顿挫，一张口就使人觉得眼前一亮；可张世慧同学就差得多了，除音质还可以外，对作品的理解与处理都无法与王力相提并论，尤其致命的是语音上的障碍，部分舌尖前后音竟分不开！

怎么办？这可是新班级第一次在全校师生面前露脸呀！在张世慧同学刚读前几句

的那一瞬间，我的头脑中就涌出了一个非常可怕的念头——得换人！可这个念头也就是那么一闪而已。因为以我职业的敏感，我已经觉察到了张世慧同学心底的波澜——她也已经意识到自己与王力之间存在的差距！

我一直微笑着听她读完，不敢让心中的不如意有丝毫显露在脸上。

孩子读完了，用怯怯的目光等待着我的评判。

“很不错，你的音质很美，读得也很投入。虽说某些字音发的不是太准确，但老师相信，以你的聪慧，经过几天的练习，一定能读得和王力同学一样出色！有没有信心？”

“有！”听了我的话，世慧的兴致当即就高涨起来了。随后我帮助他们具体分析了一下作品，从感情的处理到节奏的把握，从语流的控制到字音的读法，都进行了详细的指导。最后，送两个孩子出门时，我以充满希望的口吻对他们说：“祝你们合作成功！”

看着孩子们很高兴地走了，我却又不由得开始反问自己，这样做到底行不行呢？这类活动的结果可是直接牵涉到班级的综合评定的呀，甚至还会影响到班主任本月的奖金，一旦这第一出戏唱砸了，我这当语文老师的面子上难看不说，人家班主任又会怎样看、怎样说呢？

第三天，学校预选赛的前一天，下午第二节课间，我把王力和张世慧两位同学叫到了办公室，班主任郑老师和教数学的宋老师都在，隔壁班的几位老师也在场。

我让他们当着老师们的面朗诵一遍。开始了，两个孩子读得都十分投入。尤其是张世慧，与三天前相比，已经有了很大的进步！激动得我当即就说：“太好了，再努力一把，老师相信明天的预赛你们一定能过关！”接下来，我又耐心地给他们讲了讲上下场时的注意事项，两个孩子练得都很认真。

谁知道两个孩子一出办公室，一边的老师就说开了。“王力读得真好，张世慧读得不行。”“和王力一比，张世慧读得太不好了，干脆再换个人！”班主任郑老师也征求我的意见：“不行的话，就再换个人？”说实在的，我也清楚，和王力在一起朗读，世慧的差距还是显而易见的。但在我心中，三天前就早已有了一个明确的决定，要让世慧读下去，人是不能换的！于是，我对几位老师说："的确，第一次让她读的时候，我就曾想到过换人。但是，从孩子的眼神中我看出来，不能换。因为一换，她失去的就不单单是这一次朗读的机会，更重要的是，她可能会从此失去对我这个语文老师的信任，失去对语文学习的兴趣，失去努力向上的动力，失去对美好生活的追求。事实上，她今天读的，与三天前相比，真的已经是好多了，这进步快得让我都不敢相信！"听了我的话，几位老师都沉默了。

第二天的预赛，同年级16个班，王力和张世慧同学的朗读获得第四名，顺利进入决赛！同学们欢呼，我也为他们加油："再努力一把，决赛就会比预赛更加精彩！"结果，他们果真为一（7）班捧回了优等奖！

几天后，教数学的宋老师就这件事写了篇小文章让我看，文中有这样几句话：我们做教师的，应该时时心怀学生，处处为孩子们的发展着想，努力避开每一次可能的伤害，给他们留下一片自由翱翔的蓝天，孩子们就一定会飞得高、飞得远。

是呀，避开每一次可能的伤害，给孩子们心中播下一份希望，他们就一定会飞得更高、飞得更远！

现在的每一节语文课上，张世慧同学的小手都会像一面充满灵性的小旗，带着她精彩的回答飘扬在课堂上。

（七）听学生讲身边的故事

老师，你可曾有过这样的烦恼：无论自己想什么办法，总也走不进学生心里去。那么，请你不要抱怨学生，也不要鄙薄自己，不妨再换一个角度，看行不行。——这就是，抽些课余时间，走到学生身边去（最初，千万别叫他们到你的办公室来），一块儿坐下来，听他们随便讲讲身边的故事。请看——

◆ 故事一：两个唇吸

讲述者　马琳

他叫杨亚松，乍一听这名字，哎呀，顶天立地的一个人物！其实呢，也就是一个又小又瘦的小屁孩儿，可偏偏同学们都叫他“武松”，咱们中国真是没有男子汉了。

那一天我正在埋头做作业，两只小手悄没声息地搭在我洁白的桌布上。一看那双小黑手，我没有抬头便随口问道：“说吧，武松，有什么事儿？”“借我个本呗，我没本用了。”“你就穷到这程度。”我不由得抬起了头。顿时，我禁不住大笑——隔着银白色镶嵌的玻璃防护罩，我看到一双肿肿的眼皮上有两个红红的唇吸，而且一边一个，那模样简直像个活生生的小丑！“武松，谁吻你了？都把你的眼皮吻出色了。”“侯强在寝室里把我按到床上亲哩！”此时的我觉得自己快要笑休克过去了。

可怜的孩子呀！我想他在那群野孩子群里一定天天遭受这种非人的“虐待”！不过，那一张张纯朴的笑脸却将这一切瓦解了。有什么会比这种集体生活更让人快活的呢？

两个唇吸在他的眼皮上停留了数日，每次从他身边走过，望着那两个玩意儿，我心里就不禁滑过一丝丝快乐。为唇吸而欢乐，为我们大家的真挚感情而感到无比幸福，为我们这样的集体生活而欢呼万岁！

听这样的故事，你和学生一块儿拍手，一块儿大笑，一块儿欢呼，一块儿享受，怎会不成为他们眼里的“自己人”呢？

◆ 故事二：另一种意思

讲述者　申震

那天中午，侯强向宋文静喊了一声“没牙”后，宋文静生气地转过身，一下子把侯强的书全推翻了。我百思不得其解，后来便问侯强“没牙”是什么意思，侯强挥挥手让我靠近他一些，小声说：“没牙就是没有牙齿，其实也就是无耻了。”

过了几天，侯强嘴里又出现了新词“靠墙”和“喝粥”，说出口后，书又被宋文静扔了一地。我又开始想“靠墙”和“喝粥”是什么意思，这一下侯强解释得更绝：

“‘靠墙’是用‘背’靠着‘墙’吧，墙又称壁，那不就是‘卑鄙’了吗？‘喝粥’单个不好说，但若连上‘没牙’就好理解了。你想，没牙的人喝粥会怎样？那不直接往下流进肚里了，懂了吗？”“噢，我明白，我明白，原来是‘下流’呀！”之后，我俩就大笑起来。

一日上课，侯强突然拉了我一下，对我说：“有了更有意思的，听好了，没牙老太婆靠墙喝粥。”这下不用他再解释了，我已心领神会。回头想想，“没牙老太婆靠墙喝粥”确实是我听过的最经典的外号，于是不由得就说出了口，并自个低声笑了起来。谁知……哇，不好，我的书怎么撒了一地？

听这样的故事，你不觉得自己又回到了那充满童真的、顽皮的童年时代吗？当你的学生能当着你的面讲述这类故事的时候，他的心还和你有什么隔阂呢？

◆ 故事三：老师竟然也撒谎

讲述者　侯国柱

那天历史课上，韩冰在下面说话，老师说了他几次他都不听，老师忍无可忍就批评了他一顿。可韩冰仍装着没听见一样，把老师气坏了，却也拿他没办法。正在这时，老师一抬头看见我正在看他们，就气冲冲地对我嚷：“你仰着个迷瞪脸看啥哩看！”刚开始我倒不想在乎，可是大家的目光都朝着我，接着就是一片大笑声，弄得我很没面子。于是我就问老师：“你说谁？”我也是想在同学面前挽回一点面子。可是老师竟然直说：“说你的又怎么了，让你看书你在干什么！”我低声说我看过了，老师见我的嘴唇动，就向我喝道：“你大声点！不要放那没声屁！”见老师厉害起来了，我也就不敢再吭声。下课后，班主任把我叫到办公室，当着历史老师的面狠狠地批了我。原来历史老师说我骂了她，而且说以前在班里顶撞她的也有我。这些都是根本没有的事，是她在冤枉我。这一切不仅损坏了我在班主任心目中的形象，更让我感到伤心，让我感到有这样的老师而自卑。我非常恨历史老师，我承认在这件事中我也有错，但是历史老师也太不给我面子了。我恨她不是因为她批评了我，而是因为她身为人民教师却在学生面前撒谎。这是我见到的老师中最失败的一个老师。

当学生能把这样的故事讲给你听的时候，他还有什么掏心窝子的话不能对你说呢？

◆ 故事四：一件趣事

讲述者　邱梦缘

今天下课后，我们都在尽情地说笑吵闹。这时宋文静拿了一张湿卷纸铺在了窗户栅栏上，只见她哈哈大笑，原来是她弄湿了别人的卷纸，正在进行通风晾晒呢。这时引起了我同桌申震的注意，他随手拿着橡皮扔了出去，结果却给弹了回来。

第二次射击，申震先闭上一只眼，然后用另一只眼瞄了瞄，子弹“嗖”地一下子飞了出去，可不幸得很，是从栅栏口飞了出去，惹得我们哈哈大笑，申震表现出一副无奈的表情，耸了耸肩走了出去。不一会儿，他就回来，接着排练自己的发镖。唉，申震的水平也太差劲了，卷纸照样没打到，橡皮又飞了出去，我们又一次笑得前俯后仰。正在我大笑之时，忽然一不明飞行物从窗户飞来，“咚”一声砸到了我的脸颊上，我不由得“哎呀”一声捂住了脸。宋文静连忙问：“你没事吧？”其实也不是太疼，但我想惩罚一下申震，就偷偷笑着并冲她眨眨眼说：“没事。”这时申震走了过来说：“你没事吧，我不是故意的。”“老疼了，虽然我以前一直欺负你，你现在也别这么狠吧！”“噢，这下你承认了吧，你整天欺负我这个老实人，我就这一次错，你还不原谅我？”我捂着脸颊瞪着他，他连忙说：“对不起，你若不原谅我，我就给你跪这儿了。”说着，他拿开板凳准备下跪，我透过指缝偷偷地看着他那可怜相，乐得直想笑。可在这时，他却滑稽地说：“地下太脏了，垫张卷纸吧。”他随手拿了张卷纸垫在地上，准备下跪，可在膝盖快跪到地面上时，他又站了起来，傻乎乎地说：“大姐，你就原谅我吧。”看着他那一副可怜相，我“扑哧”一下笑了出来，其他人也都跟着大笑起来。

“噢，你们都在骗我！”这时他才恍然大悟。接着我们又开始了新一轮的说笑打闹。

这样带有危险性、玩闹性的故事，学生都能讲给你听，他们还会对你设防吗？

◆ 故事五：下节课一定更精彩

讲述者　侯强

那天语文课上，我们学习《〈世说新语〉三则》，老师指导我们将其中的故事改编成课本剧，然后让我们自导自演进行排练，说下一节课上要分小组汇报演出。这样一来，班内犹如炸弹爆炸似的，同学们高兴极了。平时有的想做导演，有的想当编剧，有的想当演员，这次都能梦想成真了。

首先，老师让我们通读一下课文，看看课下注释，在理解的基础上我们便纷纷投入了创作。嘿，别看有的同学平时名不见经传，可这一会儿，才能就都显现出来了。瞧，光我们组内同学创作的剧本就看得人眼花缭乱，有的是大话版，有的是古典版，有的是现代版，有的是音乐版，还有的是“半洋版”（掺和一些English），真是五花八门，无所不有。

接下来就是选剧本排戏了。嘿，这场面热闹极了。这个说用我的剧本，我的剧本形象且赋予了现实意义；那个说用我的剧本，我的剧本经典且带搞笑。但因为课上时间有限，我们组最后采取了“抓阄儿定夺”，结果我的剧本有幸当选。

开始排戏了，别看刚才你争我抢的，现在可就不一样啦。同学们精心演绎着各自的角色，绝对是百分之二百的努力。那劲头，我看什么张艺谋、陈凯歌，什么成龙、“四大天王”，到我们班这些积极分子面前差远啦！同学们都在努力“卖弄、炫耀”着自己的本事，连下课都未出去一人，老师都已经走了，他们却还都在想着怎样把自己的角色演得更生动形象一些。我知道，同学们都是铆足了劲儿盼着下节课能够在大家面前出彩露脸，下节课一定更精彩！

但这节课令我稍稍遗憾的是，老师没有加入我们排戏的行列，若是他也能在我写的戏中演一个角色的话，那我的戏就一定会成为经典。

当学生能在讲述中坦诚地指出你的缺点、道出自己的缺憾时，他的心不已经与你贴在一起了吗?

朋友，我们所从事的工作，有时候乍看上去确实如一堆乱麻，但只要你静下心来想一想，其实也真的是很简单——只要你能用爱心抽出一根坦诚的线来，就一定能把你和自己的学生连在一起。

（原载《新风教育》2004年第12期 ）

（八）昵称通信，让学生打开心扉

说网络改变我们的生活，如今已不再是一句夸张的话。大家可能都有这样的体会，网络在改变着我们的学习、工作、生活方式的同时，也在多角度地更新着我们的理念。

今年元旦，我与班里的学生进行了一次书信沟通活动。一开始学生的来信很少，后来，我收到了这样一封信——

范老师：

首先感谢你举行这次心灵沟通的活动。

九年级以后，化学成绩很不好，那些方程式无论我多努力就是背不会，有时背混的也有，我很想补课，但写作业困了，也没有心情。

"一味地退让，是种懦弱"这句话给了我很大的震撼，我决定放弃那份友谊，我会用智慧解决的。

我向别人倾诉时她们说，现在不需为友谊付出太多，顺其自然就好。这不是所谓的"不要为哨子付出太多"的另一种解释吗?

梦雨天空

这封短信，当时最吸引我眼球的应是信后的署名，因为它——“梦雨天空”这个昵称，一下子使我找到了一把打开学生心扉的钥匙！对，何不利用网络昵称的方式来完成这次通信呢？于是我向学生叙说了我的想法，效果好得出乎我的意料！水梦、紫枫泉、可乐、茜、梦幻精灵、月笼纱、梦幻紫樱、冰梦龙……一个个独具个性的孩子，开始向我坦然地倾诉着他们藏在心底的话。请看若水的一段来信：

“既然是谈心里话，我肯定不会隐瞒什么，我会直截了当地说个清楚，这时你肯定想问我为什么会分心呢，具体的我也不知道，可能是因为正处于青春期男孩和女孩之间的事吧。说起这事，大多数老师肯定是百分之百反对的，肯定认为它会影响你的学习，你的前途，你的……不知道您是怎样想的，您肯定不会这么片面地认为吧？现在学习成绩直线下降，我想和男孩分开，但我又怕他难以接受，那天晚上，我说了许多伤害他的话，不知他现在怎么样了，我十分希望自己得到一个解决的办法，老师帮我一把。”

若是实名通信，学生中有几个愿意把这样的内容主动说给老师听呢？网络昵称，缩短了师生之间的心理距离，消除了两代人之间的感情隔阂，让本来难以实现的沟通一下子变得容易起来。下面是我给若水的回信：

若水：

你好。

看到你的信后，有一种感觉久久在我的心底萦绕，那就是——若水是最信任我的学生之一，因为她把自己心窝子里的话一股脑儿全掏给了我！在那一刻，我沉浸在一种特有的幸福中，是我做教师以来很少享有的一种特殊的精神体验，我的职业的灵魂在你的信前又一次得到了升华。

你在信中提到的两件事，我知道，对于你来说，远远要比学习不如意给你带来的影响更大。但是我从你的信中很分明地感觉到，尽管这两件事已经影响了你的生活、学习，但它们却没有完全统治你的心灵，没有摧垮你的意志！因为，你已经对此有了觉醒，并已经开始了行为的抗争——如“就经常请教别人怎么才能收一下心，认真地去学习，他们一致同意再把心揪过来，重新学习，再次分心，再次揪回来，一直分心，就一直揪回来，我已经试验了几天……”——若水，在这种事面前，尚能这样清醒地去做的人不多，而你是很优秀的一个！我想，只要有这种信念在，一切阴影最终都会为你的努力让路。

若水，你在信中说：“既然是谈心里话，我肯定不会隐瞒什么，我会直截了当地说个清楚，这时你肯定想问我为什么会分心呢，具体的我也不知道，可能是因为正处于青春期男孩和女孩之间的事吧……”在这里，老师很欣赏你的坦诚，因为坦诚是解决问题的开始，坦诚是和谐关系的一把钥匙，坦诚还是战胜困难的一种武器，因此，在谈这个问题时，老师也会直截了当，坦诚相见。你说：“说起这事，大多数老师肯定是百分之百反对的，肯定认为它会影响你的学习，你的前途，你的……不知道您是怎样想的，您肯定不会这么片面地认为吧？”说到这儿，老师的答案可能要让你失望了，我非常坚决地表明——我也百分之百地反对！因为这样做，的确会影响你的学习，你的前途，你的……事实不是已经摆在了你面前吗？成绩的下滑，你不是已经看到了吗？给你带来的烦恼你不是也已经感受到了吗？但是，作为你的朋友，我很理解你的苦恼；作为你的老师，我很愿意帮助你走出忧伤；作为你最信任的人，我永远会为你保守秘密（除非是你愿意公开）。

下面我谈一下你现在应该怎么办。你说：“那天晚上，我说了许多伤害他的话”，你企图通过这样的办法来解决问题，但事实上你失败了，因为你自己还没有从中走出来，又怎能让他离开呢？“不知他现在怎么样了”，不是表明你还在担心他吗？其实，在这个问题上，我觉得你没有错，他也没有错。老师为什么这样说呢？少男钟情，少女怀春，是青春期很自然的生理反应，尤其是女孩子，身心发育要比男孩子成熟得早，更容易出现这样的事。这都非常正常，人人都要经历这一步，并不是什么丑事！既然都没有错，为什么非要通过伤害对方的方法来解决呢？这显然不是一种明智的选择。有道是“心病需要心药医，解铃还须系铃人”，我觉得要解决这个问题，最关键的还是要搞清楚你对这一件事的真正认识和看法。老师想问你三个问题，你体验一下自己在看到这三个问题时第一时间内的自然反应是什么（可别在经过认真思考之后去回答，那样就不准了），然后，你就会知道下一步自己该如何去做了。①你是否真的很喜欢这个男孩？你喜欢他什么？你可知道他又喜欢你什么？②假如现在你面前又出现一个比他更优秀的男孩，你会不会重新选择？假如他面前又出现一个比你更优秀的女孩，你可知道他会不会重新选择？③如果你真的深爱着他，你现在有没有勇气对他说："为了我们的幸福，我想让你等我8年，到那时，我们上过了高中，上过了大学，我一定携着你的手步入幸福的殿堂，但在这8年里，为了检验你对我的诚意，请你在爱的面前表示沉默，不要干扰我正常的学习生活。"听到你这样的话时，你可知他会出现什么样的反应？他能不能为了你的爱沉默8年？——如果他真能在沉默中等你8年，你也能在沉默中等他8年，那么，若水，老师可以很欣然地告诉你，你很有眼光，你的他值得你用自己的一生去爱！否则的话，你们就没有必要空耗时光，浪费感情。

至于你和偶然（也是一个学生的昵称）及其他同学之间出现一些磕磕碰碰的事，老师送你一首打油诗，一天读五遍，三天后，保你能够从中找到解决问题的妙法：锅碗瓢盆酱醋茶，杯匙铲筷和刀叉，一日相碰两三遍，天天还住在一家，临到上阵乱吆喝，相互关爱才无差，若是各自使小性，生尽闷气误年华。

祝明天看到你的笑脸，愿一生享受爱的幸福。

你的大朋友　懂得你的心

若是面对面地谈这种事，别说学生会难为情，就是做老师的也难免会不好意思。但在这里，用网络昵称，我们却可以少了许多生涩和尴尬，多了几份坦然和流畅，自然更有利于问题的解决。

我想，那些有上网条件的师生，若能通过网络来做这样的事，也许能收到更好的效果。

（九）三句话——伴你走好毕业路

亲爱的同学，作为一个九年级的新生，面对新的学习生活，面对新的老师、同学，面对家长新的要求，你准备好了吗？在此，作为一个教毕业班的老师，想送给你三句话，希望能伴你一路走好！

◆ 第一句话：老师永远是你的贴心人和支持者！

水梦是我最得意的弟子之一，语文成绩很好，半年中曾连续发表三篇文章，但其他科目一般，在刚升入九年级时她曾给我来信谈当时的感受，她在信中这样写道：“……学不进啊！我该怎么办呢？好像现在老师们都不理睬我了，英语老师看不上我，物理老师不看我，化学老师现在还不认识我，数学老师懒得搭理我！看，我竟混到了如此地步，真是可悲加可怜啊！现在，学得更不来劲了！”甚至还有许多很消极很偏激的话。其实，水梦的这种感受在刚升上九年级的学生中很具有代表性，我在给她的回信中写过一些话，节录在此，也许读后能给你带来些帮助。

水梦，说实在的，前些时候我也有几次听到班主任及其他几位老师谈到你的一些情况，说你晚上在寝室看书到半夜不睡觉了，说你只学语文不学其他课了，说你可能有什么特殊动向晚上常往外打电话了，说你竟与寝室管理员吵架了，等等，但我并没有深入去了解一下事情的真相，只是象征性地给你提过要注意的话。没想到，事情竟发展到现在这一步，想起来，我为自己的大意、漠视、麻木悔恨！假如我能早一些走近你和你谈谈心、说说话，也许不会出现如今这种情况。但后悔有何用呢？

作为你的老师、朋友，我还是了解你的。谁说我的小水梦没有理想？谁说我的小水梦没有追求？谁说我的小水梦没有生活的目标？那是因为你还没有真正了解她！她是一个有才气，重感情，好读书，爱写作，善思想，常做梦，怀叛逆，富爱心，极具个性但又有点“小燕子”脾气的活泼女孩！她是我这几年来遇到的一个少有的文学天才！教她才一年的时间，她竟在省级报刊上连续发表了三篇文章，给我这个当老师的挣足了脸面！在这一点上，她远比许多语文老师都强得多——君不见，有多少语文老师昏头昏脑地讲了一辈子文章，到头来评职称要论文还得找人代笔！可我的小水梦呢，如今已能凭自己的能力挣稿费了！我敢说，她这只雏凤有朝一日定能展翅高飞，最起码在写作方面超过我应不是什么问题！

水梦呀，你在信中说：“好像现在老师们都不理睬我了，英语老师看不上我，物理老师不看我，化学老师现在还不认识我，数学老师懒得搭理我！看，我竟混到了如此地步，真是可悲加可怜啊！”对你目前的处境，我真的很痛心、很担心，一是为你，更多的是为与你一样饱受着当前教育折磨的同龄人！作为你的老师，我会努力去中止别人对你的伤害，但我可以向你保证，老师永远是你的贴心人和支持者！假如你要做雄鹰，我愿做送你上高空的轻风；假如你要做卫星，我愿做送你一程的火箭；哪怕你最终只做了一株小草，我也愿做一滴滋润你的露珠……水梦，别人瞧不起自己的时候，只有一种选择，我要抬头挺胸，活出个样子来！只有这样，日月才会为你刮目，山河也会为你唱歌！如果你选择了伤悲，那不是你的个性；如果你选择了消极，那不是你的本色；如果你选择了逃避，那是你的懦弱；如果你选择了放弃，那是你的毁灭！真正的强者，是心底有阳光的人；真正的强者，是胸中有抱负的人；真正的强者，是眼里有热情的人；真正的强者，是脚底有雷声的人；真正的强者，是敢于直面磨难的人；真正的强者，是能够甩下嘲笑的人；真正的强者，是能够包容一切的人！——而你，水梦，具有这样的潜质！你的老师就从没在困难面前低过头，从没在挫折面前弯过腰，从没在打击面前灰过心，从没在失败面前却过步！你也应该成为这样的人！

水梦，我的可爱、可怜、可气、可恼的朋友，你是一个会独立思考的人，更是一个有主见的人，还是一个富于智慧的人，至于以后的生活之路，我不想多言，你自己做出正确的选择吧。最后，我只想让你再看一个字——“人”——你瞧，一撇一捺，不偏不倚，正身挺立于天地之间，难道你从中不能体会到点什么吗？

水梦是好样的，尽管她的其他科目仍然不是太理想，但她在九年级的路上一直走得很快乐。

◆ 第二句话：要善于用充满爱心的眼睛去看这个世界

茜是一个爱好文学、有才气但很自负的女孩儿。她在给我的信中写道：“您是长辈，是大人，大人们的烦恼肯定会比我们更多、更复杂，想到这儿，便不忍心再让自己那微不足道的烦恼流淌在这张纸上了。但是，人人都是有烦恼的，更何况正处在如花似玉、似懂非懂的年龄段。我们对一些事物的抉择的确很难，真可谓是‘进亦忧，退亦忧’也，促使我们总在原地不断徘徊。然而身边值得相信的人又是那么少，极端说来，我是不会相信任何一个人的。……我一定能展翅高飞！”

亲爱的朋友，不知你会如何看待身边的同学，也许你不会像茜这样，那实在是太好了；如果你碰巧也有她这种心态，那么，我想对你说，在你们这个年龄段，这种心理也很正常，只要稍做调适就更好了。

就这个问题，我是这样和茜交流的：

茜你好，收到你的来信，我很高兴！原以为，你不会给我来信的，因为我们相处的时间毕竟太少，我不可能给你留下多少印象，当我看到你的“范老师，展信快乐”的时候，我真的笑了，这种笑是从心底流出来的，那种感觉真美！

看别的同学的来信，总是越看心情越沉重，唯有看你的来信，心里是越来越舒畅！茜就是不同！从信中可以看出，你善解人意，懂得包容，富有爱心，乐于追求，尤其是一句“人是绝对的个体”喊出了你个性的特立，一句“我一定能展翅高飞”道出了你志向的高远和性格的坚韧。读到这些话时，我的敬意油然而生，既而发出了“有生如此，为师何求”的感叹。

然而有一点遗憾，对你在这句话“然而身边值得相信的人又是那么少，极端说来，我是不会相信任何一个人的”中申明的观点，老师着实不敢苟同！我不知道你在形成对世事的这种看法的过程中究竟经历了什么故事，我不知道你以前是处在怎样一个生活环境当中，但对像你这样一个优秀的人的内心深处会藏有这一点点偏激的瑕疵，我却感到非常不安。尽管我清楚，任何一个能够成就伟业的人身上都会有这种敢于怀疑的精神，否则人云亦云，就只能成为人群中的应声虫，但是我也清楚，他们绝不会用怀疑一切的眼光去看这个五彩缤纷的世界！他们拥有的不仅仅是敢于怀疑，更重要的是善于怀疑，该疑则疑，该信就信！有了这种科学的怀疑精神，才使他们变得目光敏锐，头脑睿智，观点独特，见解超人，且又虚怀若谷，博采众长，最终成就一番伟业。况且，在我们的身边真的就人人都不可信吗？茜，这些道理其实不用我多讲，你是个冰雪聪明的女孩，一点就明白。但老师之所以在此提出来，真的不希望你在以后的成长道路上会因为个性中的“偏激成分”而栽跟头，不希望你因为个性彰显却被人误为高傲而吃亏。试想一下，以前有没有因此犯过错误，或是被人误解过？

你热爱文学，就该搞清楚，“文学”其实就是“人学”，有道是“世事洞明皆学问，人情练达即文章”。如果我们以怀疑一切的眼光去看这个社会，去看每一个生活中的人，又怎能“世事洞明”？又如何“人情练达”？其实，当我们真正睁开双眼去看这个世界的时候，就会发现太阳内部尽管有些黑子，但毕竟还是光亮者居多；大海中尽管有许多污浊，但其却始终都被蔚蓝卷裹！茜，你富于爱心，若能时时善于用充满爱心的眼睛去看这个世界，就会发现，身边可信的人确实很多，他们的每一张脸上都抒写着灿烂，他们的每一颗心中都绽放着阳光！

记得以前我曾对你说过，你是我遇到的具有文学天赋的好苗子之一，尤其是你细腻的感情和对人情世事的敏感，为我这么多年来的学生中所仅见，这些东西不是谁想有就能拥有的，也不是通过后天的训练就一定能够得到的，你一定要珍惜这份天资。真的，茜，从与你接触的这些日子里，我一直坚信你是文学女神缪斯派来的使者，她是让你到这个世上来为全人类拯救文学的！也许是我爱才心切吧，因此就格外地希望你能如出水芙蓉般一尘不染，就格外希望你不会因为性格的一丝缺憾而在成长的路上出现偏差！

刚升入九年级，路还有很长，要善于用充满爱心的眼睛去看这个世界。

经过一年的学习，茜不但在省报上连续发表了两篇文章，在2005年元旦时还策划组织了班级庆元旦联欢会，最后顺利地考上了县重点高中。

◆ 第三句话：愁到最后又能解决什么实际问题呢？

方树曾和我谈过一个很现实也普遍的问题，她在信中这样说：“父亲是坚强的，他承担着一个大家庭的压力，他从来没有让我们在生活上有压力，从来不把他的痛苦表现在我们面前，他只希望我们能健康地成长、安心学习，继而以后有好的生活。我知道爸爸的心里承受着很大的痛苦，我希望可以帮他分忧，我恨自己为什么那么没骨气，连自己的学习都顾不了。多少次了，我的泪水夺眶而出，自己的无能，只让我更加伤心。进入九年级以来，每次回家，父母脸上的微笑明显比以前少了，无情的岁月在他们的脸上刻下了深深的烙印，工作上的烦恼让爸爸的笑脸消失得无踪无迹，看不到他们的笑脸，我的心里也有一丝凉意。面对家庭问题，我不知该怎么办；面对学习成绩，我不知该怎么办；面对父母，我不知该怎么办。（我从没向别人讲过这些，今天鼓起勇气写下这些，我无人可倾诉，希望您不要告诉他人）”

方树面对的问题，我们每一位九年级学生也许都会面对。怎样解决它？

也许你能从下面的回信中找到答案——

方树，咱们的话题就从你这封信的最后一句话谈起吧。

“我从没向别人讲过这些，今天鼓起勇气写下这些，我无人可倾诉，希望您不要告诉他人。”方树，你知道老师在看到这句话时的真实想法吗？也许会很出乎你的意料——看到这句时，我的第一感觉就是，我太幸福了，我的学生愿意让我第一个倾听她的心声，这实在是给予了我莫大的信任；但随之而来的却又是一种浓浓的忧虑，关爱家庭、关爱亲人，这样好的事，为什么要担心告诉别人呢？我真想对你说：不，方树，这一次老师不能听你的，我一定要把你的这些好品德、好行为让咱们班全体同学都知道。但理智告诉我，必须尊重你的选择！

方树，你实在是一个很完美的女孩，心地善良，责任感强，积极上进，努力好学，老师很欣赏你这样的学生——在我的印象中，你一直都是这样优秀！

但今天读你的来信，我却感觉到你心事重重，而且这种心事似乎已变成了你心灵上的一个包袱。面对着你的重重心事，我久久无言，但当我把手指敲向键盘要给你回信的时候，我却舒心地笑了，为什么？因为我发现你的心结快打开了——你已经把心底的从不愿向别人讲的秘密告诉了我！好多心事就是这样，如果让它永远埋藏在心底，就会一直是个负担，而且还会愈来愈重，不过一旦讲出来，一切心理重负就会悄然而逝了。想到这儿，你知道我有多高兴吗？我有好多话要对你说哩。

我最想对你说的第一句话呀，就是以后无论是在学习上还是在生活中若遇到了什么问题和困难，不要老把它藏在心里，找个朋友或是亲人，给他们说说，请他们帮你出出主意、想想办法，也许很容易就把这些问题解决了，即便暂时得不到解决，也可能会理出个头绪，定下个方向，这样心理压力也就不至于太大。你想：你自个儿在心里愁呀愁呀，愁到最后又能解决什么实际问题呢？

我想对你说的第二句话呀，就是你有一个好父亲，你应当按他说的去努力，千万别东想西想辜负了他的期望。方树，你能有这样一个好父亲，实在是太幸福了，这种幸福可不是人人都能拥有的，你应当好好珍惜。你体谅自己的父亲，想为他分忧，想用好的成绩来报答他，这些想法确实是伟大的，但你可曾想过，父亲的希望难道就是想得到你的一点点体谅、一点点报答吗？我也是一个父亲，我也有自己的女儿，我理解你的父亲，他现在最希望的就是你能够安安心心地学习、快快乐乐地生活，家里任何事都不需要你去操心。也许你会说，那是我的父亲呀，我心里能不装着他吗？是呀，为人儿女，心里时刻都应装着自己的父母，也应该时时记着将来要报答自己的父母。但是，方树呀，你想过没有，你现在每天感叹“面对家庭问题，我不知该怎么办；面对学习成绩，我不知该怎么办；面对父母，我不知该怎么办”，又怎能安下心来投入学习呢？安不下心来，又怎能保证成绩呢？成绩不能保证，会不会影响你下一步的发展？到那时你又用什么来回报自己的父母呢？因此，你目前最需要去做的就是收回心来，不要想那么多你目前还没有能力做到的东西，一心放在学习上，心能专一了，成绩自然也就上去了，成绩上去了，将来也就能拥有回报父母的资本。你想，是不是这个道理？

亲爱的同学，九年级的生活道路上可能会遇到这样或那样的问题，但你应该坚信，有老师、同学、家人与你一路同行，你一定能在这段艰苦的岁月中创造出自己的辉煌。

（十）善待折翼的鸟儿

受伤的鸟儿，其实也总想飞上高空。

近读几篇“差生”习作，一段段文字撞得我心在颤抖——这些可怜的孩子，顶着心灵的重负，艰难地在生命的隧道中穿行。

◆ **选录一**

一进门妈妈又开始了："你还知道回家啊，你一天才学习多长时间，你是不是想挨打？"越说越厉害，当时我真想离家出走，活着也没什么意思了，但是……我听妈妈说完以后就回到自己的屋里哭了起来，我恨自己为什么要做人。

——小原《星期天》

"玩"是孩子的天性，也是孩子的权利，更是开发孩子智力、锻炼提高其与人交往、参与社会等实践能力必不可少的一条途径，对孩子性格的形成，起着极其重要的作用。然而在一些家长甚至老师眼里，"玩"却成了"浪费时间""虚度光阴"的代名词，于是，如遇仇人般的恶毒语言、风雨如磐般的心灵重负便排山倒海般向孩子们压来。当听到一个如花少年感叹"活着也没什么意思了""我恨自己为什么要做人"时，作为家长、老师，我们的心会如何呢？

◆ **选录二**

在每次上课的时候，就没有打满过勇气，因为打满也是白打。老师讲的全是英语，听懂的只有十分之一。每当下课的时候，都是很悲伤。我总是想，为什么听不懂呢？是因为我笨！

——小廉《我多么想哭》

人，就是这样，随着时间的流逝，自己的言谈举止大多都会改变，不是变得幼稚，而是变得成熟了，而我不想注重太多，因为它让我觉得很累，活着很累，我想回到从前。

——小任《我多想回到从前》

今天的英语课，真是糟透了。我看到了这节课的糟糕和陌生，感到了老师那恨铁不成钢的心情，窥见了同学们那幸灾乐祸的表情和一些同学紧张的心理！谁想让本来愉快而又轻松的英语课变得死一般沉寂？唉，整个世界已罩上了黑暗的一层网，在迷惘中我们也没力气了，更让我们惭愧的是，这节课几乎快让老师崩溃了。

——小白的日记

瞧，这就是心灵重负下走出来的孩子！他们自卑、自责、消极、厌世，甚至心灵扭曲、玩世不恭、幸灾乐祸，难道这就是我们的教育、我们的家庭所希望看到的结果吗？寒冬摧压下也许会有傲雪开放的蜡梅，但万紫千红的景观毕竟出现在春天。作为家长、老师，为什么就不能以和善的语气、科学的方法去善待自己的孩子、学生呢？要知道，体质柔弱的小苗、心有残疾的鸟儿更需要温情的呵护呀！其实，透过这些孩子闪闪烁烁的目光和言辞，我们可以发现，在他们的心灵深处，也有一颗蓬蓬勃勃的心！

◆ 选录三

当我考试失败时，我没有发呆，没有沉默，也没有伤心，而是“吃一堑，长一智”，重新站起来，笑着对待整个世界。

——小任《我多想回到从前》

我看着别人在努力地学习，在天上自由地飞翔，而我自己，在地上观看，没有自己的一片天空，但我总想着也能飞起来，去拥有自己的一片天空。

——小廉《我多么想哭》

我是一个爱做梦的女孩，梦是幻想的影子，有思考就有那些绮丽和离奇的梦。有一天我做了一个非常古怪的梦，美梦醒来，嘴边还带着笑容。梦是这样：我是一个女侠，有一个指挥棒，用它一指某个地方，那个地方就得放假，玩得开心极了。我多么希望这个梦可以实现。

——小李的日记

多可爱的孩子们呀！尽管他们饱受歧视，常遭责罚，屡蒙“不白之冤”，然而，他们在磨难中仍保有一颗活脱脱的渴望上进的心！在痛苦中还固守着自己多彩的梦想和希望！在老师和家长的双重威压下，他们逐渐变得有个性、有思想，他们学会了自我宽慰，他们磨炼得意志如钢！

先前，我对那些没有多少知识却能取得成功的人总持有偏见，认为他们不过是抓住了时运而已。现在看来，在这些“差生们”的心海里不正蕴藏着一些成功的必然吗？

善待那些折翼的鸟儿吧，也许他们还真有翱翔蓝天的那一刻！

三、家教案例

（一）送给女儿三件往事做礼物

女儿8岁以前，我从没有送过她什么生日礼物，看着女儿一天天长大了，懂事了，心里总觉得有许多话要向她说，于是，便写了下面这封信，在女儿生日那天当作礼物送给了她，结果，女儿一天内连读了三遍。

小冰：

再过几天就是你8岁的生日了。长这么大，爸爸不曾给你买过一件像样的玩具，也不曾给你送过什么生日的礼物。想起来，爸爸有许多地方都欠着你的债。好在，你现在长大了，懂事了，爸爸欠你的债可以向你说说了。不过，咱话可得说到前头，有些债看来爸爸这一辈子都是难以还清了，或许在以后的日子里爸爸能够慢慢补偿你，但也未可知。因为爸爸只是一个普通的教师，注定了没有多余的积蓄送给你，没有空闲的时间陪伴你，既无法给你带来精神上的荣耀，更无法给你带来物质上的满足。

这第一笔债，还在你未出生的时候。那一天夜里，你妈妈肚子疼得厉害，很明显是你要跨入这个世界了。当时，其他亲人都不在身边，家里只有我和你妈妈两个人，我们俩又是头一次遇到这种惊天动地的事，一下子觉得非常的孤苦和无助。好在你妈妈是医生，临事比较镇定。她让我在学校门岗上借了个脚踏三轮车，带上一些褥、垫、纸之类的必用品，拉着她一路颠簸便上了医院（那时候医院还没有“120”）。在路上，你妈的肚子疼得更加厉害，我总担心她坚持不到医院，就可了劲地猛蹬车踏，你妈妈却很乐观，劝我悠着点，不要着急，她说多在路上颠一会儿，到生的时候就会好生一些。也许我真不该那样着急，到了医院，你妈妈的反应却没有那样强烈了。医生检查后，说有可能到下午才能生。也许是听了医生的话，也许是我认为那些医生都是你妈妈的同事，好歹会有个照应，天亮后，我撇下在病房中待产的你妈妈，又回到了学校的课堂上。当时我教的也是个毕业班，学生马上就要参加中考。当我上完课重回到医院的时候，大老远就听到了你妈妈撕心裂肺般地惨叫。我的头轰的一下就大了。当我冲进产房时，你妈妈全身都已被汗浸透，仿佛刚从水里捞出来的一般。就在那一霎时，我知道自己为了给学生上一节课而欠下了一份永远无法偿还的债，是你的，也是你妈妈的。

小冰，爸爸之所以在今天把这件事说给你听，是想让你记住你妈妈的艰辛。我想，你一定能记住的。其实，在你对这个世界发出第一声啼哭的时候，爸爸就在心里对自己说，你妈妈能够冒着生命危险为爸爸生下了你，咱们还有什么理由不善待她一生呢？也就在那时，爸爸做了决定，今生就要你一个女儿，说什么也不再让你妈妈受这样的罪了。

这第二笔债，是你刚会走路的时候。那时咱还没买房子，一家人挤在学校办公楼四楼的一间小屋子里。爸爸记得很清楚，那一天，天上下着小雪，地上结有薄冰，你妈妈上夜班未回，爸爸一早去上早读，家里只剩下还在酣睡的刚学会走路的你。也许注定了那天要发生这件事，爸爸在班里上早读时心里总忐忑不安，偶尔站在门口向对面的楼上望一望，一幅让我今生难忘的画面出现了：透过朦胧的雪雾，借着微弱的晨光，我看见，在对面三楼的楼道里，一个弱小的、赤裸着身子的小人影，蹒跚着一步一步地向前挪。我的女儿呀，那就是你呀！要知道，那一天你才一岁六个月零八天！要知道，你才刚刚学会走路！要知道，从我们住的屋子到我发现时你所在的地方，足足有150余米，而且全是冰凉冰凉的水泥地面，中间还有20层楼梯台阶！要知道，那天是农历十一月二十九日凌晨，天上有雪，地上有冰！那就是你呀，我的女儿！爸让你遭了多大的罪！我不知道自己以怎样的速度到了你身边，只记得我含着泪将你揣在怀里的时候，你居然没哭！只是对着爸爸一个劲地喊："脚儿脚儿、脚儿脚儿……"

孩子，记住这段苦难吧，也许将来会对你有用。

这第三笔债，你应该依稀记得了，那是你上幼儿园小班的时候。一天下午放学，爸爸忘了接你，结果，你从滑梯上被小朋友推了下来……不过，那次你表现得很坚强，从接骨、打石膏绷带到卧床养病，爸爸从没看见过你的眼泪。

小冰，我亲爱的女儿，爸爸欠你的其实还有很多很多，但这封信已经够长了，不知道你可有耐心把它读完？爸爸相信你是有这个耐心的，你说是吗？

祝你

健康成长每一天

爱你的爸爸范通战

2003年6月15日

至今，女儿还珍藏着这份特殊的礼物。我发现，从她读到这封信的那天起，变得更加懂事、更有爱心了。

（原载《知心姐姐》2004年第4期）

（二）旋转的手帕

女儿放学回家，浑身洋溢着喜气，不用问，肯定是遇到了什么高兴事。

“爸，你让不让我参加元旦文艺演出？我被老师挑选上了。”

这鬼丫头，平时完成作业后，总是一头钻进书堆里，拽都拽不出来，都快变成书中的虫子了。小小年纪，我并不希望她每天都这样生活，很想让她像其他孩子那样，利用课余时间去学点音乐、美术什么的，可说了多次，都没做通她的工作。今天太阳从西边出来了，怎会突然有这样高的兴致？

“你平时不是不喜欢这些吗？”我故意想打打她的兴头。

“我本来没有报名，可俺老师说我的条件不错，想让我参加舞蹈队，于是我就同意了。”从女儿的神情中，可以看出，其实在她的心里，对参加这次活动还是很感兴趣的。

遇到这样的大好事，我怎会不积极支持呢？“行，爸爸向你祝贺！”女儿能做出这样的选择，我打内心里为她高兴。

“那今天下午需要给老师交6元钱，要统一买一对跳舞用的手帕。”噢，原来是这样。交就交吧，难得孩子有这样高的兴致。

下午放学回来，女儿捎回了一对跳舞专用的手帕，红色，灯芯绒料，铜叶镶边，看上去挺美。女儿拿在手里，高兴地把玩不已，时而跳起步子甩起胳膊做两个动作，还真像那么回事儿。

然而，接下来的事情似乎就没有那么称心如意了。在训练过程中，女儿遇到了难题——那手帕在她手中，竟然怎么也转不起来，尽管她也下了很大的功夫。眼看就要演出了，那手帕还是不听话，不是搅在指上，就是飞出手去。我知道，这次演出，恐怕是要让女儿扫兴了。

果然，元旦前的一天放学回来，一进门，女儿就把书包中的手帕掏出来，狠狠地扔在沙发上。我知道，问题出来了。

见女儿坐在沙发上一声不吭，我便故作轻松地问她：“怎么，演出结束了？是不是不太理想？”

“不演了。”女儿口中迸出了三个字，那声音里似乎有些委屈，又好像有些悻悻然。

作为父亲，我觉得自己有责任引导孩子把心里不应该憋着的那股气发散出来，于是，就顺着她的话头问下去：“为什么不演了？是你一个人不演了，还是其他同学也不演了？”

“是我一个人不演了，其他同学还都演。”说这话的时候，女儿的眼泪流了下来。

我坐在女儿身边，把她揽在怀里，一边用手抚着她的头发，一边想着该怎样去做她的工作。一个热情满怀的孩子，本来充满着希望，结果却在临参加演出的前一天被排除在外，对她来说那该是怎样一种打击呀！

我有点开始怨怪她的老师了，难道演出的名次真的就比一个孩子纯真的心灵更重要吗？那么多的孩子演出，让她一个人杂在其中，真的就会有很坏的影响吗？然而，这些想法又怎能对孩子说呢？

“不让你演出了，你老师是怎样对你说的？”我想了解清楚这其中还有没有其他问题。

“老师说我不会转手帕，为了班集体的荣誉，先不让我参加了，让我好好练，争取下一回参加。”

好了，还有颗希望的种子在心里，我真感谢这位细心的老师！作为一名老教师，我深知，只要还能给孩子留个新的希望在心里，一切就还都好办！

“小冰，其实你老师说得对，你想想，咱不会转手帕，如果演出时一旦出了问题，那多给班里抹黑呀，你一向是关心班集体的，这样的结果你愿意看到吗？”

女儿不再啜泣了，可还是有点赌气似的对我说：“反正我以后再也不练了。”我知道，孩子开始有点想通了，只是还觉得面子上有些过不去而已。

“那怎么行，你想想，你老师还希望你下一次参加呢！再说，在爸的记忆里，你可一直都是个坚强的孩子呀，怎能为这一点小挫折就退却了呢？”

第二天，女儿又拿起了手帕。我知道，我的女儿又站起来了。几天后，看着那手帕在女儿的指尖上飞旋的时候，我和女儿都舒心地笑了。

（原载《成长》2004年第7期）

（三）找到那把金钥匙

有一段时间，我发现女儿放学回来总是闷闷不乐的，很明显是有心事。但她不说，我也不想马上问她。大约是两三天之后吧，女儿终于和我提起了这事。

“爸，我前几天当组长了。”女儿显得很平静，但这话却说得并不轻松。我知道她肯定会有后话，就故意装作很惊喜的样子：“噢，当组长了？这是好事呀，爸向你祝贺。”女儿的反应在我的意料之中：“唉，别提了，这几天净遇些倒霉事，都是马武举，一个人把我们组给害惨了！”说这话时，我发现，女儿在失落之中又夹杂着些怨气，但很明显，女儿心里的结是为班集体打的。

我笑了——自己的女儿知道为班集体的事忧虑了，这不是一件大好事嘛！我拉着女儿一块儿坐下来，说："来，给爸说说马武举咋把你们组给害惨了。"接下来女儿说了两件事。

"我们组值日时，其他同学都能认真完成任务，可马武举就是不扫地，还扬言说以后也别想让他扫地。"这件事让女儿觉得很头疼，"轮到其他组值日时，人家都能把地扫得干干净净，轮到我们组了，就因为他一个人，连累大家都得跟着受批评不说，还得受罚，连扫三天地。"

"你老师知道这件事吗？"

"知道，老师批评他，不管用，老师一走，他照样不扫。"女儿显得没有一点办法，一副很为难的样子。

"他以前在你们班就不值日吗？"

"他才不值日哩！他是我们班的打架大王，还敢骂老师呢！这几天，老师把他调到我们组，让他挨墙角坐着，每天上下课，他都是踩着俺同学的桌子出来进去，可烦人啦！"这不，事里还套着事呢，看来，这个孩子确实是有些难调理，但问题总得解决，该怎么办呢？作为父亲，我觉得自己有责任教会女儿和各种人和谐交往。

"小冰，你可以要求老师把马武举调走，他只要不在你们组不就行了吗？"我故意这样说，想试试女儿有什么反应。

"不可能，哪一组都不要他，老师说，马武举就是一堆臭狗屎，走到哪儿臭到哪儿！"

"噢，你觉得他真有这么坏吗？"我对女儿可能也会有这种看法感到很担心。

"他来我们组这几天，也没有干过啥大坏事，就是不扫地、不交作业、踩桌子。"

这样的孩子，哪一个班级都有，又何尝会只是一个马武举呢？自己当了十几年教师，调理这样的孩子自认为不是什么难事，可如今是女儿需要走过这道坎呀，也许她能把这个问题处理好了，以后在与同学们相处时，就再也不会遇到什么难题了。看着女儿，我在想，路有两条：一是为女儿画出条道道，帮助她把问题解决；二是适当启发启发她，然后让她自己去想办法。选哪一条更好呢？我选择了后者。

据我了解，女儿的班里有130多人，典型的超大班额，桌子一个连着一个，中间的空当就只能挤进一个小脊梁。试想，坐在墙角的人该怎样才能过去呢？况且是有“打架大王”之称的马武举！我想就以此为突破口帮助女儿找到解决问题的方法。

“小冰，你们班有多少人？”我明知故问。

“130多人。”

“多少张桌子？”

“一人一张桌子呀。”

女儿被我问得一头雾水，可我还是一本正经，继续问道：“每张桌子之间有多大空当？”

“只能坐下一个人，我们的前胸后背都顶着桌子，没一点儿空当。”

“那你们出来进去咋走呢？”女儿似乎感觉到我的话要往哪儿绕了，脸上露出了沉思。果然，女儿皱了两天的眉头很快舒展开来：“爸，我知道咋做了。我们过时，同学们都能站起来让一让，可马武举要过时，因为我们看不惯他就都不理他，所以他才踩桌子。”看着女儿逐渐灿烂起来的笑脸，我知道，女儿在自己的人生路上又走过了一道坎。

第二天中午一放学，女儿就向我报告了一个好消息：马武举不踩桌子了。但我知道，问题不会一下子都解决，就提示道：“还有值日呢，你想好办法了吗？”女儿显然还没顾得上考虑这个问题，一下子就又凉了下来，带着求助的目光看向我：“爸，你说该咋办？”可我心里清楚，这个问题的答案得靠她自己去找了。于是，我很认真地对她说：“孩子，这个问题爸爸帮不了你！但我相信，你能处理好踩桌子的事，就一定也能找到解决其他问题的好方法。”听了我的话，女儿的小眉头又皱了起来，但我坚信，它一定还会有自然舒展的那一天！

三天后，女儿向我做了这样的汇报：马武举开始值日了，而且扫得很干净，受到了老师的表扬。事情的经过是这样的：一开始，女儿和马武举商量，自己帮助他完成一半值日任务，结果呢？马武举居然同意了！于是，在完成这次值日后，女儿就将情况报告给了老师，并要求老师在班上表扬了马武举。后来，再值日的时候，马武举早早地就完成了自己的任务。

春风化雨，暖日融冰，孩子学会了关爱和帮助，就拥有了一把与任何人和谐交往、顺利沟通的金钥匙。

（四）女儿的创意画

上周四，我突然有了一种想法，想让女儿邀一个她最要好的朋友到家里来动手做一次饭。没想到，当我把这个想法告诉女儿后，掩抑不住的喜悦马上在她的心底荡漾开来："爸，你早就该让我做一次饭啦，我今年已经9岁了！"

看着女儿兴致盎然的样子，一旁的妻有意打趣她："今天，我要给妈妈一个惊喜，可是做什么饭呢？对，米饭！于是，我就淘了一碗米放在锅里，又往里边加了三碗水，便打开了火……哎呀，什么味？煳了……"妻还未背完，女儿脸上就挂不住了，"饭煳了吧！"女儿吼了妻一句，悻悻地钻到自己屋里去了。

这是女儿以前编过的一篇日记，因为其虚假，曾挨过我的批评，现在已成了女儿的忌讳。

星期五下午放学回来，女儿一进门就对我说："爸，明天我邀杨柳来咱家做饭，做啥菜我已经想好了。"这小东西，心里惦记着这件事哩！

星期六早饭后，我在电脑前忙着写一篇文章，女儿在她的房间做作业，我也有意没再提中午让她做饭的事。十点钟刚过，敲门声响起，是杨柳来了。原来她们早已约定，今天先做作业，十点后一块儿去买菜。

"爸，给我20元钱，我和杨柳一块儿去买菜。"女儿拿了钱出门要走的时候，又在门口顿了顿，对我说："爸，等十一点时把火先打开烧点水。"

当她们采购东西回来的时候，已经是十一点十分了。

"都买了些啥？"瞧着她们提的几个鼓鼓囊囊的小塑料袋，我不由得问道。

“你看吧，都在这儿了，还剩三块五毛钱，给。”接过女儿递来的钱，我用眼睛打量着她们摊放在茶几上的东西：两个西葫芦，两小把菠菜，一斤双汇店里拌好的半成品鱼香肉丝，让我感到奇怪的是，还有一小瓶香醋。

“买这醋干啥？”我问。“咱没有醋了，俺调菜要用。”哦，是这样，我看着细心的女儿笑了。

女儿系好围裙，戴上袖罩，乍一看，还挺像那么回事！接下来，淘米，下锅，择菜，洗菜……女儿俨然是个小大人，指挥着杨柳打着下手干这干那，一切竟然都有条不紊。

“爸，鱼香肉丝我不会炒，你来炒吧。”

她们忙碌的时候，我一直在旁边看，一是想看看她们究竟在怎样做，另外，也还是有点担心，毕竟孩子还小，玩的又是刀、火、油。女儿发出了求助，可我却不愿按照她说的去做，就说：“我当指挥，还是你来做。”“我怕油乱溅。”女儿似乎有些畏难。“别怕，当油起烟的时候，用铲子铲着肉，这样由里往外推着下锅，油就不会往身上溅了。”我一边说，一边拿着铲子给她比画着示范。

饭菜做成了，妻还未下班。这时两个孩子的脸上早已是一片灿烂。

“爸，你猜，我们做的这个菜叫啥名？”女儿指着桌上的糖拌圣女果，有点炫耀似的对我说。

其实，我早就注意上这个菜了：盘子中间的圣女果上，撒了一层厚厚的白糖，四周环拱着一圈精心摆放的橙黄色橘瓣，红白相衬，如雪映日，菜虽简单，却别有一番创意！

“白糖拌小西红柿。”我故作轻描淡写地说。

“太俗了吧！什么小西红柿，那是圣女果！”瞧女儿那神情，好像我的话亵渎了她的作品一样。

“那叫什么呢？”

“先保密，等我妈回来再宣布。”说这话时，女儿的眼神里似乎有什么东西想要冒出来，果不其然，“不过，其他几个菜可以先告诉你。”

“这还用你说，炒西葫芦、烧菠菜、鱼香肉丝。”我故意激她。

“哈哈，只猜对一个，只猜对一个。”女儿和杨柳一块儿笑着喊起来，“我们这叫阳春白雪、碧玉仙葫、绿波荡漾、鱼香肉丝，连起来就是一幅画。”

听到这儿，我不由得笑了起来。两个小机灵鬼见我一笑才意识到：“哎呀，说漏嘴了。”于是，又是一屋子的笑声！

教育思考：作为家长，要注意多给孩子创造这样的活动机会，应该坚信，只要我们给孩子提供了自由活动的舞台，就会发现，孩子的表现真的十分精彩！

（原载《知心姐姐》2004年第7期）

（五）女儿的选择

中午我一进家门，女儿便对我说：“爸，给我12元钱，我要买一套手工材料。”平时在花钱上我对女儿的控制是很严的，听她这么一说便问道：“什么样的手工材料就值12元？”“听我同学说的，是12大张硬纸，每张上面都有12个生字、12个成语，每个成语都可以做成一个美丽的小动物。”女儿兴致勃勃地向我介绍。

从她的语气和神态中可以感觉出来，女儿很想得到这套手工材料。但从她所说的情况看，似乎这套手工已不适合于一个七八岁的孩子了。于是，我回绝了她：“不要买了，你想想，12个生字、12个成语，值12元吗？有这12元还不如你买一本故事书看呢！”没想到一向温顺的女儿却不干了：“你又没见过，咋就知道不值，我就要买！”

几经解劝，女儿还是坚持她的意见。瞧着她那吃了秤砣般的样子，我知道今天是拗不过她了，可又不愿意女儿用12元钱去买一套物非所值的东西来。怎么办？一个念头突然闪现出来：“好，可以买，但需要你用自己积攒的零花钱。”说这话时，我留心到女儿原本阴着的小脸极快地灿烂了一下，随即便又沉了下来，其间还用一种很复杂的目光扫了我一眼。

女儿似乎是下了很大决心，从自己的存钱罐中取出12元钱，悻悻地就往门外走。我没有阻拦她，只是又抛给她一句话：“见到东西后，只要你觉得值就可以买，不要买来后再去反悔。”女儿走后，不知什么原因，我的心里总有点儿忐忑不安。

“爸，我没买。”女儿回来了，脸上很灿烂。

“为什么没买呢？”

“那都是小孩们要的东西。”

我努力忍住要溢出的笑，问：“钱呢？”

“花了10元，买了一本《神话故事》。”

看着女儿递上来的《神话故事》，我那颗忐忑不安的心一下子舒朗起来——是啊，有时候把选择的权力交给孩子，大胆地让他们自己去选择、去判断、去尝试，好多棘手的教育问题不都可以迎刃而解吗？

（原载《成长》2004年第4期）

（六）墨水污染了裙子之后

12点40分了，女儿还没有回到家，这在往常是极少见的。我和妻正在着急，防盗铁门的门把手“哐啷”响了一下，我赶紧打开门，果真是女儿回来了。

面前的女儿神情很复杂，似乎有几分沮丧，有几分懊恼，还有几分委屈和担心。女儿站在门口看了看我，像是想说什么，但却什么也没有说，只是眼里早已流下了泪来。

“你身上咋弄那么多墨水！”随着妻的一惊一乍，我这才注意到女儿身上的那条花裙子。这条裙子是妻前两天刚花了60多元钱买来的，粉白色的底子，上边衬着一些很好看的黄花。早上起来，女儿高高兴兴地第一次穿上它，欢欢喜喜地上学去了。可眼前，从胸部往下一片斑驳，大团大团的蓝墨水痕迹可恶地在那露出来的白底子上晃动，像是神话传说中刚从宝瓶里钻出来的魔鬼，显得狰狞而恐怖。

——这就是女儿迟迟没有回来的原因了。

“都是王玮给我弄的！”看着女儿近乎气急败坏的样子，三天前同事赵老师与其女儿小伊晴之间发生的那一幕又重新浮现在我眼前。

那天下午放学后，我和几个同事正在班里闲聊即将毕业的学生，小伊晴放学回来了，一进门，她就掂起自己的裙子下摆让赵老师看："妈，你看他俩把我这裙子弄的！"那是一条草绿色的细纱裙，也是赵老师刚给孩子买的，可眼前的裙子下摆上分明地印上了一大团圆珠笔芯中的油泥！这时，我极不愿看到的一幕发生了——

"妈那×，是谁哩，明天我去把他个小兔孙的×脸扯烂了！"妈妈可怕的样子一下子把小伊晴吓呆了，孩子站在那儿，哭不敢哭，说不敢说，浑身的汗如水洗一般，脸上的器官似乎只剩下了一双睁圆了的恐惧的大眼睛。可赵老师的怨气很显然并没有因此而打住，而是把矛头又转向了自己的小女儿，用手一搡孩子："你咋这吃材哩，你不会动手打他！""我打不过他。"孩子显得很无奈。赵老师的声浪却是一波高过一波："你咋不去喊你冰月姐，喊你原航哥！"孩子怔了怔，说："俺老师批评他俩了。""批评批评就中了！咱的裙子谁赔？"孩子不知道该怎样回答了，停了一会儿，似乎又有了些什么想法，说："妈，那你明天去找他俩。俺班别的同学一受欺负，人家家长就去找了，一去找，人家就不受欺负了……"

后来，在我的劝说下，赵老师冷静了下来，并听从我的建议妥善处理了此事。可现在，面对自己女儿同样的遭遇，我该怎么办呢？

"来，先去把衣服换换，然后洗把脸，吃过饭后给爸说说是咋回事儿。"我用右臂揽着女儿的肩头把她送进了她的房间。

待女儿换好衣服洗过脸后，妻已经把盛好的饭端了过来。女儿平时都是自己盛饭的，今天受到了这样的优遇，可能感觉到有些意外，看了看自己的母亲，拧着的眉头似乎舒展了一些。

吃过饭，女儿把碗洗了洗，心情明显好转了许多。但从她的表情可以看出，问题还一直压在心底哩。我打开电视，将音量调得低些，然后，我、妻和女儿都坐了下来，一边看电视，一边聊起了刚发生的事。

"小冰，给爸说说是咋回事儿。"

"第二节下课时，我正在座位上往钢笔里吸水，王玮一下子撞在我身上，墨水瓶翻了……"

“老师知道这件事吗？”

“知道，俺老师把我叫到办公室，让我洗了洗脸上的墨水，还让把我裙子脱下来，她用肥皂洗了好几遍都洗不掉，最后俺老师说，如果真洗不掉的话，就让王玮给我赔。”听到这儿，我为自己的女儿能遇到这样的好老师而深深地感到庆幸。

“你觉得王玮是故意的吗？”我想看看女儿对待这件事的真实态度，也想考查考查她评判是非的能力。

“不是，有人追他，他从走道上跑，不小心撞在我身上。”女儿的座位靠走道，发生这样的事，在小学生中间也是很常见的，自己身为老师，很清楚这一点。

“王玮认识到自己的错误了吗？”

“老师批评了他，他也向我道了歉。”

“假如裙子洗不干净，你想不想让王玮赔？”

“王玮哭了，他不想让家里人知道这件事。”

接下来，我知道该如何去处理这件事了。

“小冰，你认为这件事中你有没有过错？”女儿缄默无语，定定地瞧着我，也许是确实不知自己错在何处，也许是不清楚我的话究竟是什么意思。

“爸以前就给你讲过‘凡事预则立，不预则废’的道理。下课时人来人往，你坐在走道边，吸墨水时，就应该注意一点，如果你能往里边挪一下，再去吸墨水，今天这件事可能就不会发生。”女儿听得很有耐心，目光显得很平和。我继续说道：“这件事中，你自己也有过错，既然也有过错，咱就得承担责任。再说，王玮已经受了批评，又向你道了歉，这时候他心里肯定也很不好受，如果咱再让他赔裙子的话，他到家里怎样向父母交代？这裙子咱再想办法洗洗，如果真洗不干净，就只当花几十元买了个教训，咱再买条裙子。”妻这时也接过话来：“去上网查查，看看有没有什么好方法可以洗掉。”

“蓝墨水是可以洗掉的！”这个结论我是早就知道的，但当女儿从网上查出清洗的方法后飞出来向我报喜时，我的笑一下子从心底荡漾开来：我知道，我的女儿又可以轻轻松松高高兴兴地去上学了。

（七）看着孩子上楼

“你这个范通战呀，简直是害性命哩！”侯老师一进门就满脸气愤地冲着我嚷，也不管我正在忙什么，拽着我的胳膊就往门外走，“走，你自己到外边看看去！”

真拿这个侯老师没办法，五十多岁的人了，一惊一乍的，还和二十来岁的小青年一个样。我给闹了个一头雾水，只好跟着她往外走，同办公室的几个同事以为发生了什么大事，也一起跟出来看热闹。

“瞧，你瞧，你两口子咋恁狠心哩！”

顺着侯老师所指的方向望去，只见西三楼的楼梯上，我弱小的女儿正弯着腰用双手提着一个差不多有她半人高的小花篮，努力地由下一级台阶向她站着的那级台阶上挪。

“看看，看看，让一个还不满两岁的孩子出这样的苦力，你咋恁狠心哩！”我和几个同事都静静地观赏着眼前这幅幼女登楼图，侯老师却并没有冷静下来，显然还有点激动，她开始给我们介绍自己的所见：“刚才我在南楼上，看见这个小人儿提了个大篮子站在一楼的楼梯前犹豫，就想看看她到底会怎样上楼。一开始她用双手掬起那篮子攀，努力地往上一级台阶上举，可连续试了几次都没成功。后来，她不往上举了，停了下来，好像是在想什么办法。过了一会儿，我见她把篮子放在地上，自己先上了第一级台阶，然后弯下腰来双手抓住篮子攀，一用力就提放到了自己站着的那级台阶上。就这样一级一级地挪上去……我足足看了有十分钟，见孩子上了二楼，就想过去看看她的篮子里到底提了些啥，于是，我就跟了过去，你们猜都有点啥？一包酱油、一包盐！当时我想帮她把篮子提上去，可她还不让我提。你们瞧瞧，你们瞧瞧，让一个小孩儿去又买酱油又买盐，这大人咋恁放心哩！”

我被眼前的女儿感动了，一个不满两岁的孩子，今天竟会提着篮子上楼了，而且里面还装着帮妈妈买的一包酱油、一包盐！

不过，我没有去帮她，而是站在那儿，一直看着女儿攀上了我们住着的四楼。因为我知道，既然女儿能想出办法从一楼走到三楼，那么她也一定有能力走完后边的路。

其实，这并不是女儿第一次为家里买东西。从她11个月会走路的那天起，我们就有意识地锻炼她自己走出去的能力，一岁半左右，她已经可以走到校门口的小卖铺去买东西了（店主都认识她，要买什么东西我们给的钱也正好）。不过，以往最重的也不过是一包酱油或是一包盐，其他大都是一个气球、几枚皮筋、一匣火柴、一小包味精之类很轻的东西。每次女儿都是很高兴地去做这些事，从没有出过什么差错。现在她竟学会提着篮子上楼了，而且里面还装着一包酱油、一包盐！可以想到，当女儿自己提着篮子攀上四楼时，她心里该有一种怎样的自豪和激动！

现在回想起来，孩子在成长过程中所走过的有标志性意义的每一步，不都是她自己亲自努力、尝试的结果吗？

（八）葡萄籽儿哪儿去了

那天，我和妻带女儿到外婆家去。外婆家的西院墙边种了一棵葡萄树，当时正值葡萄成熟的季节，树上一嘟噜一嘟噜的葡萄晶莹圆润，着实喜人。见宝贝外孙女来了，外婆欢欢喜喜地摘下一小筐葡萄来款待她。

“哈哈，我们沾了小冰的光了，这下可得吃葡萄了！”女儿的二表哥手里抢了一嘟噜葡萄，边往嘴里塞边高兴地喊道。岳父也拿了串葡萄逗孩子：“今天要不是小冰来，外公还吃不到这葡萄哩！”

听了表哥和外公的话，女儿显然不懂得是怎么回事，瞪着一双小黑豆眼想了想，就跑到我身边悄悄问我：“爸，小二哥和外公为啥都说沾了我的光呀？”

“你说呢？”我微笑着看着女儿。

“不知道，好像是外婆不让他们吃，可外婆为什么不让他们吃呢？”女儿还是有些想不通，依然看着我。

“你去问问外婆？”我在征求女儿的意见。

女儿跑到外婆身边去了："外婆，小二哥和外公为啥都说沾了我的光呀？是不是你不让他们吃葡萄？"

外婆笑了，把女儿抱起来，亲了亲她的小脸蛋，说："外婆的葡萄就是给小冰冰种的，你还没吃呢，外婆咋会舍得让他们吃哩！"

老人这样说，是因为老人疼孩子，可少不更事的孩子会怎样想呢？

"外婆，你给冰冰种的葡萄，冰冰让小二哥吃，也让外公吃，也让外婆吃。"听了女儿的话，我笑了，外公外婆也都笑了。

在孩子的眼里，整个世界都是新鲜的。这不，刚吃完了葡萄，问题又出来了。

"外公，葡萄干是咋做的？"女儿歪着小脑袋一本正经地问岳父。我一时也搞不清楚孩子这小心眼里怎么会忽然蹦出这样的问题。

岳父想了想，对女儿说："葡萄长熟后，把它挂起来晾干，就成葡萄干了。"

"那葡萄干里边的籽儿哪去了？俺四伯从新疆带来的葡萄干里都没籽儿。"——原来是这样！外婆种的葡萄是有籽儿的，而女儿吃过的葡萄干是无籽儿的，这才引出了她的问题。

这个问题好像一下子把岳父给难住了，可不是吗，这葡萄籽儿哪去了？

"这还不简单，人家把葡萄籽儿挤出来了！"小二哥觉得自己这句话说得够聪明，但女儿很显然对这个答案不是很满意，就又跑到我身边问我："爸，是不是这样呢？"

我看了看女儿，又看了看小二哥和岳父，最后还是问道："你说呢？"

女儿想了想，又来到岳父面前："外公，小二哥说葡萄籽儿是挤出来的，可那葡萄皮为什么没有烂呢？"

这个刁钻的问题一下子把小二哥和岳父都给难住了——可不是嘛，葡萄籽儿挤出来了，那葡萄皮为什么就没有烂呢？

六十老翁竟让三岁多的小孩儿给难住了，院子里洋溢着一片欢笑声。

在生活中，我们会碰到很多类似的问题，当孩子向我们询问、求援时，作为家长，我们不要轻易地把答案交给孩子，一定要善于多问孩子几个"你说呢"，这样，既可以让孩子体验到自己被尊重的感觉，同时又可以引导他自觉地去思考，主动地去探索。一旦孩子养成了这样的好习惯，我们还何愁他不能融入社会，不能与他人沟通交流，何愁他不能健康、和谐地发展呢?

（九）一元钱的选择

“小冰，给一元钱，去买个雪糕吃。”

天其实并不热，女儿也不渴，但岳母见了外孙女，热情得不得了，非要塞给女儿一元钱不可。

一开始，女儿说什么也不要，但最终经不住姥姥的连嚷带塞，只好很不情愿地接过了钱。

从女儿的表情上，我知道女儿很不想要这一元钱，可面对姥姥过分的热情，她好像又没有办法拒绝。

女儿不好意思地拿着钱，用很尴尬的眼神看着我。我知道，她在向我求助。说实在的，我也极不愿岳母这样做，但面对她这种朴实的表达爱意的方式，我又怎好说什么呢?

“小冰，去给你外公买个雪糕。”女儿听了我的话，很高兴地去了。

看着岳父愉快地接过女儿递来的雪糕，我也笑了。

反思：作为父母，我们无权剥夺老人对孩子的爱，但却有责任采用合适的方法引导孩子做出正确的选择。这样，老人高兴，亲情和睦，孩子从中又能受到教益，不是一条解决“隔代教育问题”的明智之路吗?

（十）教育日记——家教的智慧之花

在为女儿撰写教育日记的过程中，我深深地体会到了教育日记所特有的教育魅力。看着女儿身上所发生的一系列细微变化，我的心底情不自禁地澎湃着一股希望的泉流——把自己的做法和教育日记这一特殊的教育形式介绍给更多的朋友，愿这朵家教的智慧之花在每一个家庭绚烂开放。

◆ 为心芽掬一缕阳光

赏识，是一缕温暖心灵的阳光，是一捧滋润心田的甘露。每一棵成长中的心芽，对其都充满了渴望。在这一点上，无声的日记更胜过有声的语言。

2005年9月26日　星期一　小雨

小冰，说实在的，爸爸很欣赏你的这种精神，甚至有些敬佩！这就是你无论做什么事都有始有终，不完成任务就不罢休的精神。这是什么精神？这是持之以恒的精神，这是锲而不舍的精神，这是一种通向成功的伟大精神！而你恰恰具备了这种精神！爸爸能不欣赏能不敬佩你吗？

你知道爸爸是怎么发现你身上的这种精神的吗？就是从你对待作业的态度！

你每次作业都像今天一样，一定要做完、检查过后才愿意跟爸爸一块儿回去。

小冰，这种伟大的精神已经属于你，你一定要继续保持这种精神，因为它可以使你走向成功，可以使你一步步地实现自己的梦想、理想！

2005年9月29日　星期四　雨

小冰，今天爸爸实在太高兴了，你知道为什么吗？猜一猜？对了，青出于蓝而胜于蓝，雏凤清于老凤声，就是因为爸爸发现你现在的字比爸的强多了！以后爸会努力向你学习，争取把字写得更好些。

不过，你可别骄傲呀。虽说爸的字不如你，但爸还是可以看出你的字的缺点的。你的字有些圆、软，而咱们的汉字是方块字，讲究横平竖直，讲究笔力，因此，要想更上一层楼，就还得在基本笔画上下功夫。

字如其人，字写端正了，就会给人留下好的感觉，让人觉得你是个行为端正的人，是一个充满正气的人。

把字写得更好，把人做得更好，是爸对你永久的期望。

2005年10月26日　星期三　晴

我回到家时，你妈妈已在看电视了，中央6台正上演《杭州知府》，很精彩。可爸发现，你到家后，并没有受到多少干扰，而始终能够坐在书桌前认真做作业，的确很了不起！爸很佩服你这份定力！

爸坚信，只要这份不受外物干扰的定力能在你身上生根、发芽，有朝一日，它定能开出鲜艳的花朵，结出甜美的果实！

这样的语言，在面对面的交谈中可能会打许多折扣，但在日记里，就可以随心挥洒，信情而发。我发现，孩子读了这样的日记，笑脸比阳光还要灿烂，心花常常洋溢着甘甜！

◆ 轻轻抚平心湖的微波

孩子在生活中、学习上，碰到挫折，遭遇困难，难免会有心情不好的时候。怎样调适孩子的心理？教育日记——能轻轻地抚平其心湖的微波，使一颗原本打结的心荡漾出如花般怡人的涟漪！

2005年9月28日　星期三　雨

人生中有许多次考试，每顺利通过一次，就会向成熟靠近一步。

小冰，你说马上要月考了，担心考不好。其实，每一个有上进心的学生，在考试前都会有这种想法，爸爸为你有这种想法高兴哩！

不过，听爸爸说，离考试还有几天，你现在应该做的，就是坚定信心，然后去认真学习，仔细复习，只要功夫下到了，以你的基础和能力，一定能取得理想的成绩。

退一步说，即使这次月考考砸了，只要你真正付出了努力，只要你认真对待了，那么爸爸也会很高兴地对你说："祝贺你，我亲爱的女儿，能够早日经历风雨，这也是你的福分哩！因为阳光总在风雨后，成功总是青睐敢于正视失败的人！"

怎么样？想好怎样做了吗？祝一路走好！

2005年11月4日　星期五　晴

小冰，今天爸偶尔听你抱怨说，这个星期天的作业太多了！这在你身上可是从没有发生过的事，当时爸听了后感到很吃惊。

爸不想去具体了解你们老师究竟布置了多少作业，我只想就这个问题谈谈我的看法。我想，你们老师布置的作业多了些，可能是因为马上要期中考试了，想让你们利用星期天好好复习一下功课。可你为了明天能和杨柳一块儿去玩，今晚就想一下子把两天的作业都做完，这样怎么会不感到压力大呢？如果你做个更恰当的安排，既能完成作业，又不感觉到特别累，还能适当地抽出点时间玩一玩，那该多好呀！我是不太赞成你像现在这样搞突击的。当然，何去何从，还是由你自己选择，爸不会替你决定的。

从另一个角度来讲，其实在生活中，我们会经常遇到一些给自己带来压力的事，比如像今天这么多的作业，面对这样的生活压力，有的人会咬紧牙关挺过去，于是就走向了成功，走向了光明；可也有些人在压力和困难面前退缩，败下阵来，于是一辈子也就变得碌碌无为。

在爸眼里，你是一个有思想、有抱负、有毅力的人，爸相信你会正确地面对生活中遇到的这些困难和压力，而且爸还相信，即使你遇到了比这更大的困难和挫折，也一定能笑着去面对！

祝你周末愉快！

面对孩子出现的思想波动，只要我们拿起教育日记，写上几句，也许这些语言就会像把梳子，一下子理通孩子烦乱的心绪，让孩子豁然开朗，找到正确的处事方法来。

◆ 把特殊的爱献给特殊的你

在教育日记中，若能写下那些孩子给我们带来的特殊的爱，孩子读后，脸上会洋溢出一种幸福的光彩。

2005年10月14日　星期五　晴

今天爸爸非常感谢你——是你提醒爸爸去看望你的爷爷奶奶，爸爸真的非常非常感谢你！

你的爷爷奶奶，我的父亲母亲，他们确实老了！这是爸爸见到他们后所留下的最深的感觉。望着二老的龙钟老态，我的心头不由得袭上一阵阵酸楚。

想二老操劳一生，把八个儿女抚养成人、成才、成家，如今人至暮年，身体不好，虽生活无忧，但儿孙平时都工作在外，他们其实真的很难享受儿孙绕膝共叙天伦的乐趣呀！

今天，是你，我亲爱的女儿，是你提醒我去看看我的父母，你的爷爷奶奶，这才让我们在叙谈中重温了久违的天伦情、父子爱，也让我加深了对人生的又一重体验，爸爸怎能不感谢你呢？

接你爷爷奶奶来咱家住一段时间，好吗？

2005年11月7日　星期一　晴

小冰，今天爸爸受到了你的优待，真的从心底里感到高兴！

在我的记忆中，虽然你也曾多次关心过我，但像今天这样，在你妈妈不在家的情况下，认真完成作业，然后盛上饭菜，喊爸吃饭的现象似乎还是第一次。

你知道吗，我亲爱的女儿，当你第一次喊我吃饭的时候，耽于未看完的文章，我竟忽视了你的热情，当你第二次又喊我的时候，我的心底蓦然涌上一种非常异样的感觉——我太幸福了，因为我的女儿不但学会了自理，而且已经能开始照顾她的亲人了！

于是，我马上关上了打开的网页，来到餐桌前，和你一道共进晚餐。

今天的小米汤真好喝，菜和馍真香！

以后，爸还能吃上你盛的饭和菜吗？

记下孩子奉献的爱，爱的种子就会在孩子的心田发荣滋长，开花结果，这不也是我们回报孩子的一种特殊的爱吗？

◆ 我们共同拥有一个家

家庭教育的起点，在于让孩子热爱自己的父母，热爱自己的家。在教育日记中，我们应留心家里发生的事，有意识地对孩子做出这方面的引导。

2005年9月25日　星期日　小雨

小冰，今天爸爸受到了你妈妈的批评。现在想想，她说得很对。是的，作为家庭中的重要一员，我应该努力为咱们这个家的幸福创造条件。在这一点上，爸爸确实做得不够好。以前，我太过于关注学校的工作，太过于经营自己的事业，以至于在生活中都被你和妈妈惯懒了。以后我会注意，会尽快变得勤快，变得更负责任。

在此，爸爸也想对你说几句话。其实，你也是我们家很重要的一员。假如把我们家比喻成一个由三条腿支起来的桌子，那么，我、你和你妈就是那极其重要的三条腿。无论是哪条腿出了问题，这个桌子就会倾斜，甚至倒塌。因此，爸真诚地希望我们三人，在以后的生活中，都能肩负起自己的那份责任，共同为把我们的家营造得更加温馨和幸福而努力。

你说呢？

2005年10月5日　星期三　晴

今天咱一家三口上街买衣服，你有什么感受？爸爸感到幸福极了！

记得咱们很长时间没有这样一块儿出去了。一来是我和你妈工作忙；二来是你上学紧，咱们三人的休息时间总赶不到一块儿。今天好了，我们终于一起出来了！

走在阳光下，走在商厦中，试穿着一件件新衣，左有妻子欣赏，右有小女评判，爸能不感到幸福和惬意吗？

小冰，爸真心希望咱们一家三口在生活中相互欣赏、相互支持、相互关爱，每天都能过上这样美好和谐的生活。

爸爸相信，你和你妈妈一定也是这么想的！

如果孩子能够肩负起家的责任，还何愁我们的家庭教育不好开展呢？

◆ **让我们共同记写历史**

利用国家发生的重大新闻事件，引导孩子在教育日记中共写历史，是培养孩子爱国情操的重要方式。

2005年10月12日　星期三　多云

亲爱的女儿，你是世上最幸运的人！因为你生长在一个繁荣昌盛、国泰民安的伟大国度！你虽年仅十岁，但已亲历了我们的祖国两次航天的空前盛事！

今天，是“神舟”六号顺利登空、成功入轨的日子，爸想请你亲手记录下这一伟大盛事，它将成为你一生中最宝贵的记忆珍宝之一。

在此，爸祝你的一生如“神舟”五号、六号这样，有成功翱翔理想蓝天的那一天！

下面是女儿写的一段文字：

今天早上九点整，“神舟”六号在酒泉卫星发射中心成功发射。听到这个天大的好消息，我兴奋极了，我为自己是一个中国人而骄傲，我为我们的祖国取得这样伟大的成就而自豪。

以前，我们的祖先连自行车都没有，现在太空飞船已经上天了！让我们努力奋斗吧，我相信，我们的科学技术将更加发达，现在是“神舟”六号，以后，“神舟”一百号都会有！

稚嫩的文字记录着历史，理想的心儿已悄悄萌芽，当孩子能把自己的信念和自己的祖国连在一起的时候，你说，我有什么理由不相信她会健康发展？

亲爱的朋友，拿起手中的笔，为孩子记录教育日记吧。只要坚持走过一段日子，当你回头再看的时候，就会发现你的收获绝不仅仅是一些文字，在那些文字里面，还可以看出你和孩子的共同成长来。

媒体报道

范通战：归真教育的实践者

吴松超

他身处教学一线，一年时间里却能在《中国教育报》《中国教师报》《教育时报》《师道》《新风教育》等报刊上发表教育教学文章五六十篇；他在《河南日报》上撰文揭批教育时弊，震动全县，引起教育改革大讨论；他有多次机会可以改变教书匠的命运，或做官，或做省报的编辑记者，然而他对教育教学更有兴趣；他有自己的教育梦想，即为改变教育生态——激活师生的生命状态、提高师生的生活质量多做些实事……

他叫范通战，武陟县实验中学的一名语文教师，教科研室主任。2004年，范通战从全市1万多名“竞争者”中脱颖而出，成为焦作市23名“科研型教师”中的一员，随后他又获得一系列沉甸甸的荣誉。范通战虽然在焦作市乃至全省的基础教育界颇有些名气，但是他认为，教师专业成长的标志并不是获得各种各样的荣誉、有多大名气，而是教师对于教育教学有自己的见解，形成自己的思想体系。“不可能人人都成为魏书生、李镇西，但是你一定要有自己的教育思想体系。”

寻找自己的成长标志

“谈起成长不能不说我对‘活动式训练课型’的研究。”范通战开门见山。

1994年，范通战在新乡听了上海名师陈钟梁的一节公开课《中国石拱桥》。这节课，陈钟梁拖堂十几分钟，有些教师就开始议论，“名师也不怎么样”，而范通战则看到了门道：阅读课文后，陈钟梁请学生到黑板上画石拱桥大拱、小拱的相对位置。学生一画，就出现了很多问题，一时间兴致高涨，跃跃欲试，课堂气氛也迅速活跃起来。最后，学生在轻松愉悦的氛围中很快就分清了“两肩”“两边”“两端”“两旁”等词的区别，一节课紧紧扣住了说明文语言表达准确性的主旨。

名师课堂上的这个细节让范通战很受触动，“活动”二字从此在他心里扎下了根，不过他的“顿悟”还是在1995年秋天一个午后读到《论语》中的一句：子曰：“赐也，女以予多学而识之者与？”对曰：“然，非与？”曰：“非也，予一以贯之。”

“那个时期，教育教学的各种提法、模式非常多，自己教学就是跟着风潮东抄一下、西学一下，想比葫芦画瓢，却总画不成，教学累，也不出成绩。读到这一句时立刻又想到了陈钟梁的那节课，就有一种豁然开朗的感觉，自己的教学为什么不能让‘活动’一以贯之呢？”

范通战认为，教育教学不可能只依靠一种思想、模式或方法，教师应该“广采博取，含英咀华”，即大量吸收先进的教育教学思想，对它们进行哲学化思考，挖掘其核心，结合自己的教育教学实践，形成自己的教育思想，或创造一种适合自己的、自己擅长的教育教学方法。

课堂教学：活动一以贯之

对于范通战的“活动一以贯之”，可能很多教师不屑一顾，甚至嗤之以鼻，因为新课程改革实施以来，活动成了课堂教学尤其是公开课上的一大景观，不过很多所谓的“活动”毫无意义，根本体现不出合作学习、探究学习的核心理念。

因此，范通战在向别人解释时常要费些口舌。他认为，对活动的理解不能简单化、片面化，以为学生肢体动了就是活动，“只有那些将学生的知、情、意、行与各类课程资源有机融合，在实施过程中学生乐于参与的活动，才是真活动。这样的活动才能激活学生积极昂扬的生命状态，其在学习知识、发展能力的同时，还能真正体验学习的快乐”。

《给女儿的信》这篇课文选自苏霍姆林斯基写给自己14岁的女儿的信，在信中，苏翁对“什么是爱情”这个话题与女儿进行了交流。面对七年级的学生——十三四岁的少男少女、苏霍姆林斯基女儿的“同龄人”，这节课上范通战设计了三个活动：1.请每位同学用一句话表达“什么是爱情”，用一张纸写下来，匿名，对折之后放到讲桌上；然后请5位同学走上讲台，各随机抽取一张“爱情答卷”，念给大家听，然后作个短评。2.认真阅读课文，重点围绕奶奶讲的童话故事，然后针对故事中所讲的三个阶段（一年之后、50年后、妻子去世之后），以“爱情就是那……”的句式，再分别用一句话来定义爱情，然后请同学们展示、相互评论。3.请你以“女儿”的身份，给“父亲”苏霍姆林斯基写一封回信。

范通战说，设计这三个活动就是为了引导学生初步去面对爱情、了解爱情和思考爱情，为其将来确立正确的爱情观奠定基础，另外活动中还蕴含着对学生概括、写作、表达等能力的锻炼。

这节课上，自始至终，学生的思维都处于活跃状态，真正融入了课堂，即使是最调皮的学生，也被深深吸引。在第一个活动的交流阶段，一位同学读道：“爱情，就是一杯二锅头！”这个答案立刻引来哄堂大笑，有人高喊：“酒鬼！”有人趁势说：“我提醒每一位女同胞，将来千万别找这样的人！”教室里又是一阵大笑。范通战则适时引导：“这个同学对爱情有独到的理解。北京二锅头，浓烈，香醇，绵润，我想他未来的爱情生活一定会像二锅头那样让人感到回味无穷。”学生则在笑声中鼓掌称善。

这样的精彩课例在范通战的“活动式课堂”上比比皆是。范通战说，他的目标就是想尽办法改变学生的精神状态，使他们快乐地学习、积极地学习，“这些活动一扫以往课堂上的死气沉沉之气，看到学生精神抖擞、充满自信、踊跃表现的样子，真的感到教育是一个幸福的事业”。

归真教育之梦

在学校校长郭玉珍、语文教研组组长任玉仙的大力支持以及同事们的通力合作下，2004年，范通战的“活动式训练课型”研究获得省优秀教研成果一等奖。课题虽然结题，但是他对“活动”的研究并没有结束，他积极引导学校各功能室及全体教师大胆实践，将“活动”理念贯彻到学校的管理、德育、教研等多个方面，现在学校德育的活动特色已经凸显，另外，“校本教研活动化”的思路给学校的教科研工作注入了原动力。2008年，学校语文教研组被焦作市教研室推荐为省优秀教研组——全市学校中仅有两个教研组能获得此殊荣。

范通战心中还一直在构想一个更大的计划，即通过活动把僵化的教育激活，使变异的教育回归本真追求。他将此命名为“归真教育”。

范通战认为，学生学习就是为了明天能生活得更幸福些，教师工作就是为了生活能更美满些，我们的学校教育就是要为师生的幸福美满生活注入一些原动力，然而教育的现实状况却与这样的初衷并不相符。“改变师生的生命状态，改善师生的校园生活质量，让师生享受今天、享受教育、享受生活、创造生活——这是生命价值的归真、生活的归真，亦是教育的归真。”

教育归于活动，师生的生命及生活状态就会发生质的转变；真正为生命奠基、为师生的幸福生活服务的教育就是“真”教育——这是归真教育提出的基本理念。范通战说，这种认识来自活动式训练课堂上师生昂扬向上、智慧倾泻的生命气息的启发。

在筹备2005年的元旦联欢会时，范通战策划了一个活动。他对学生说，想在元旦前和班里的每一位同学用通信的方式交流一次，如果你在生活中、学习上或是其他方面有什么困惑、烦恼、忧愁和要求，都可以在来信中如实地写出来，也许在我们的心灵对话中，老师可以给你一点帮助。

范通战与学生关系一向很融洽，师生之间几乎没有什么心理隔阂，但范通战说之所以要搞这个活动，绝非头脑发热，主要是因为随着九年级课程压力增大，他发现班内相当一部分同学每天都是心事重重的样子，即使是一些所谓的“好学生”也终日愁眉不展，还有极个别学生想干脆放弃学业，得过且过了。

由于策划得当，学生没有了顾忌，当天，范通战就收到了7封信，第二天收到了26封……范通战说，读着孩子们的一封封来信，心情十分沉重。“自以为与学生关系不错、了解学生，没想到孩子们的笑脸下竟隐藏着这么多心事！他们天天竟在这样的心牢中苦苦煎熬！”当他读到他的得意弟子之一的信时，完全惊呆了，信上写道：“每天生不如死，有好几次都不想读下去了”“不知怎么想的，竟想到了人活在这世上究竟干吗……”

他为异化的教育愤慨，同时，为成长的心灵化解困惑的责任陡增。在那十多天里，范通战推掉了教学工作以外的一切杂事，就连在《新风教育》主持的专栏策划评稿工作也一度往后推，他的主要事情就是读信、回信。“那几天一直处于亢奋状态，一天5000字，每写出一封信，心底就会升腾起一种幸福的感觉，而且愈来愈强！因为我觉得，自己是在认认真真地做着为生命奠基的事业！”

范通战告诉记者，他现在的理想就是践行和完善自己的归真教育理念，真正实现教育与生活的有机融合，既让师生“过上一种完整、幸福的教育生活”，又使师生在真实的生活过程中接受教育，获得发展。

（原载《教育时报·课改导刊》2009年1月21日第1版）

后记

做一把归真教育的燎原之火

“为一大事来，做一大事去。”陶行知先生的这句名言对我影响颇深，原因有二：一是这句话让我认识到——教育是大事，从而顿生职业自豪感；二是这句话告诉我——人生也有涯，能做好一件事足矣。

我坚持一个观点，对于教师而言，越早确立自己的教育教学思想，越有利于实现自己的专业发展。回顾自己走过的27年教育人生路，非常值得庆幸：25岁时，我受到上海陈钟梁先生执教的《中国石拱桥》一课启发，走上了对“活动式训练课型”的探求之路，一路行来，虽多坎坷，却乐趣无限，收获多多。30岁时，基本的教育教学思想已经确立，并在实践中收到良好效果。后几经琢磨，提升完善，在40岁之前建构了归真教育思想体系。其间，围绕“活动式训练课型”，围绕归真教育，我在省级以上报刊发表了近300篇文章，出版了两本教育随笔，也凭此，2009年，我有幸被评为“首届河南最具成长力教师”。

站在生命“不惑”的关口，捧着“首届河南最具成长力教师”的奖杯，怀揣着归真教育的梦想，面对着不容乐观的教育现实，我陷入了深深的思索——我的专业发展将走向何方?

我曾在《找到专业发展的核心支点》一文中阐明了自己在职业生涯的黄金时期专业发展的三个转向：一是实现了从“在专业化写作中求发展”向“构筑理想教育的实践范本”的行为转向；二是实现了从“追求个人专业成长”向“引领教师团队专业发展”的行为转向；三是实现了从“向往成为名师名家”向“享受创造性教育生活”的行为转向。（2010年5月19日《教育时报·课改导刊》）现在重新审视，心中更加明晰，信念更加坚定——构筑理想教育的实践范本，做一颗归真教育的燎原之星，将成为下个十年乃至我毕生事业的核心追求！

值得欣慰的是，从2009年秋学段开始，我身处的武陟县实验中学，“以学习杜郎口教学模式为切入点，以活动式训练课型为生发点，以实现归真教育为归宿点”的课改工作已经全面启动，并且运转良好！作为学校的教科研室主任，能够亲自操刀学校的课改行动，能够成为归真教育推进过程中的一把燎原之火，我的心底充满了无限喜悦——尽管这其中还有诸多的不如意，还有数不清的磕磕绊绊，但我绝对有理由坚信：既然已经上路，就一定能迎来庆典的时刻！

接下来，我会竭尽自己的智慧和心血，引领身边致力于课改的同人们努力唱好归真教育的行动三部曲——

之一：构筑具有普适意义的归真教育实践范本。目前，我的归真教育研究，尚处于“个人主义”的层面，尽管已经建立了自己的理论雏形，也在班级层面积累了一些成功的实践案例，但在没有成为“群体智慧”的实践结晶——没有打造出一所实施归真教育的成功学校之前，其普适意义都会大打折扣。因此，用数年时间，精心缔造一所具有普适意义的归真教育学校，将成为我心中里程碑式的追求。

之二：丰富具有操作指导意义的归真教育理论体系。随着归真教育实验的深入，我们将以来自第一线的实践性案例为基础，组织编写“归真教育系列丛书”，如《归真教育简明讲稿》《归真教育优秀案例》《归真教育经典叙事》《归真教育活动案编写范例》《归真教育师生创意选编》《归真教育校本课程》《归真教育学生优秀习作选》《归真教育励志读本》等，力求从多个维度构建起具有实践操作指导意义的归真教育理论体系，为其日后的推广普及奠定必备的理论基础。

之三：创设多种交流及传播平台，逐步扩大归真教育的社会影响力。如创办“中国归真教育网”、《归真教育校报》，择机与相关媒体联合推出“归真教育专栏”，举办“归真教育研讨会”，创立“归真教育校园电视台”，成立“归真教育信息中心”等，力争在引导教师实现愉快工作与幸福生活和谐统一的同时，最大限度地扩大归真教育的社会影响力。

当编写完这本厚厚的稿子时，我的心忽然紧张了起来，因为我知道，我们的归真教育实践才刚刚起步，前面待走的路还很长很长，很远很远，我无法估计在前行路上还有多少磨难与坎坷，还会有多少问题与困惑！好在我的身边有一群铆足了劲儿要在教育改革的征途上大干一场的有志同人，尤其是想到有张欣校长的鼎力支持，我的心继而又变得坚强起来。

心中有景早描画，一朝达成惠乾坤。归真教育的星火已经点燃，实现“为灿烂生命奠基，为幸福生活铺路”的教育本真的回归还会远吗？达成“教育与生活融合，成长与发展同步”的美好意愿已经可以在身边看见！

能做一颗归真教育的燎原之星，此生夫复何求？

2015年1月